AF869687

IMAGES ET SOCIÉTÉS

LE PROGRÈS, LES MÉDIAS, LA GUERRE

paramètres

Catherine Saouter

IMAGES ET SOCIÉTÉS

LE PROGRÈS, LES MÉDIAS, LA GUERRE

CDI Chartres La Saussaye
Date d'acquisition 10 JUIN 2005
Cote 070.449 SAO
Nº exemplaire 27902

LA SAUSSAYE
CDI
CHARTRES

Les Presses de l'Université de Montréal

Catalogage avant publication de la Bibliothèque nationale du Canada
Saouter, Catherine, 1956-

Images et sociétés : le progrès, les médias, la guerre
(Paramètres)
Comprend des réf. bibliogr.

ISBN 2-7606-1868-4

1. Communication visuelle.
2. Illustrations, images, etc. — Interprétation.
3. Sémiotique et médias.
4. Guerre dans les médias.
5. Photographie documentaire — Aspect social.
6. Progrès — Aspect social.
I. Titre.
II. Collection.

P93.5.S258 2003 302.23 C2003-941116-8

Dépôt légal : 4e trimestre 2003
Bibliothèque nationale du Québec
© Les Presses de l'Université de Montréal, 2003

Les Presses de l'Université de Montréal remercient de leur soutien financier le ministère du Patrimoine canadien, le Conseil des Arts du Canada et la Société de développement des entreprises culturelles du Québec (SODEC).

IMPRIMÉ AU CANADA EN SEPTEMBRE 2003

à Kerry-Anne

Du même auteur

Le langage visuel, Montréal, XYZ, 1998.

Communication en temps de crise (sous la direction de D. Maisonneuve, A. Char et C. Saouter), Sainte-Foy, Presses de l'Université du Québec, 1999.

Conflits contemporains et médias (sous la direction de C. Saouter et C. Beauregard), Montréal, XYZ, 1997.

Le documentaire, contestation et propagande (sous la direction de C. Saouter), Montréal, XYZ, 1996.

Comme l'eau, comme le gaz, comme le courant électrique
viennent de loin, dans nos demeures, répondre à nos
besoins moyennant un effort quasi nul, ainsi serons-nous
alimentés d'images visuelles et auditives, naissant et
s'évanouissant au moindre geste, presque à un signe.

Paul Valéry, 1934

INTRODUCTION

Cet ouvrage propose une pérégrination à travers un peu plus de cent cinquante années d'utilisation des images documentaires. Il débute avec l'invention de la photographie en 1839 et se clôt, en épilogue, sur les signes d'une nouvelle utilisation, éventuellement fructueuse, de ce genre d'images par les internautes.

L'ouvrage décrit la place, les fonctions et les usages de l'image documentaire dans les sociétés occidentales, de la Révolution industrielle au tournant du XXIe siècle. Tout en suivant le fil du continuum historique, il retrace la généalogie des techniques qui complexifient et accentuent progressivement la démultiplication des images dans l'espace social : photographie, presse imprimée, cinématographie, vidéographie, télévision et réseau Internet. L'image dite documentaire ne peut être envisagée et, *a fortiori*, discutée, sans tenir compte, au-delà de la phase de sa production, de son exposition et de sa circulation dans l'espace public. L'étude de l'image documentaire, pour être cohérente par rapport à son sujet, doit nécessairement prendre en compte la part qu'elle accomplit dans l'élaboration du discours social, autant par les configurations du monde qu'elle propose que par les objectifs communicationnels qu'elle remplit. Contrairement à l'image dite artistique, dont la culture contemporaine retient essentiellement la démarche de son auteur et les dimensions esthétiques, l'image documentaire est fondamentalement liée à sa communication en société. Elle dépend donc foncièrement des moyens de sa diffusion, autrement dit des médias de communication, médias qu'il faut entendre au sens large, c'est-à-dire comme supports matériels de médiation, autant la presse imprimée ou le réseau de télévision que la carte postale, l'affiche ou les sites et courriers électroniques du réseau Internet.

L'ordonnancement chronologique de l'ouvrage permet de discuter, en parallèle, les rôles assignés aux images et la problématique de leur *mise en média* dans une culture de masse. Les premières pratiques de la photographie, les moyens de diffusion, le rôle de la propagande en démocratie, les guerres médiatisées et la culture de masse, l'espace public et la chronique médiatique, en autant de chapitres, fournissent les corpus nécessaires pour repérer l'enjeu de la démarche : cerner un point de vue sur le monde exprimé par et dans des images.

Le traitement du sujet s'appuie de façon prépondérante sur la photographie documentaire et, tout en suivant son évolution dans le temps, fait avec les autres formes d'images — illustrations, gravures, caricatures, cartes postales, films, reportages, etc. — les renvois, comparaisons et compléments nécessaires. Cette description s'appuie abondamment et systématiquement sur des analyses d'images, cas exemplaires ou corpus, choisis fréquemment dans la production canadienne et québécoise de 1839 à aujourd'hui.

Le but ultime de l'ouvrage est de cerner les représentations par l'image médiatisée que les sociétés occidentales dites démocratiques et industrielles se sont données d'elles-mêmes. Cette image, contradictoire, exprime le paradoxe de l'utopie du progrès au service de la concorde, dans des sociétés que ce même progrès place en fait parmi les plus guerrières de l'histoire. Pour cela, les représentations de la guerre occupent ici la portion congrue de l'étude et elles en donnent le fil conducteur. L'histoire de la guerre, pendant la période considérée, sinon toujours, rythme, conditionne, modèle l'histoire des sociétés. Depuis le début de la Révolution industrielle, la guerre est à la fois le premier bénéficiaire et le plus grand promoteur du progrès technique, particulièrement dans le domaine des communications. Depuis le XIXe siècle, les conflits marquent régulièrement les étapes de l'avancée technologique. La conquête de l'Algérie, la guerre de Crimée, la guerre de Sécession ont démultiplié l'extension des réseaux télégraphiques. La Première Guerre mondiale a inauguré la radiophonie, la seconde a retardé le développement de la télévision, la guerre froide a livré l'invention d'Internet... Paroxysme des disfonctionnements des sociétés, la guerre livre aussi, à ce moment, une expression exacerbée des visions du monde, aussi bien par la révélation des souffrances que par l'acharnement des propagandes. En cela, il n'y a pas à se surprendre que les plus grandes photos du siècle, celles que l'on considère ensuite comme emblématiques, soient régulièrement prises pendant des conflits. De surcroît et de façon paradoxale, les périodes conflictuelles rendent très explicite le vœu profond des sociétés qu'elles déséquilibrent, celui de la paix et de la sécurité que le progrès devait justement combler de façon perpétuelle. Les représentations de la guerre offrent donc un panorama incontournable des enjeux profonds de la vie en société et imposaient qu'on les privilégie dans la présente étude.

Une telle entreprise n'aurait jamais pu être réalisée sans le soutien de collaborateurs dont l'apport a été essentiel. Je veux saluer tout d'abord les personnels des centres d'archives et de documentation, dont la discrétion traditionnelle masque l'importance du soutien décisif qu'ils apportent au chercheur. Que ceux d'entre eux qui liront ces lignes aient l'assurance de ma très grande reconnaissance. Je veux aussi remercier Serge Bernier, directeur de l'histoire et de l'héritage aux quartiers généraux de la Défense nationale à Ottawa, et ses collaborateurs, pour leur appui dans mes démarches et pour l'accès qu'ils m'ont livré à la mémoire des conflits canadiens. Je veux tout particulièrement remercier mon collègue Daniel Kieffer qui m'a fait don de sa collection de photographies documentaires, stimulant et rendant possible bien des aspects du présent travail. Enfin, que ceux qui ne sont pas nommés, mes étudiants, mon éditeur, mon entourage, qui ont subi l'épreuve de côtoyer une personne en train, longuement, d'écrire et de réécrire, sachent combien j'ai de gratitude à leur égard.

1

DOCUMENTER, REPRÉSENTER : LA NAISSANCE DE L'IMAGE PHOTOGRAPHIQUE

En juillet 1839, à Paris, la Chambre des députés et la Chambre des pairs de la monarchie de Juillet adoptent une loi pour acheter le brevet d'une invention dont leurs collègues physiciens François Arago et Louis-Joseph Gay-Lussac leur avait fait une présentation enthousiaste : le daguerréotype, mise au point par Louis Jacques Mandé Daguerre et Nicéphore Niépce. Cette invention permet de capter, de conserver et de restituer de façon permanente les traces de la lumière réfléchie sur un support photosensible. Le gouvernement français décide de donner accès libre et universel au procédé : c'est le début de l'aventure photographique.

Un daguerréotype est une surface de cuivre enduite d'un sel d'argent, placée dans une boîte noire, vis-à-vis d'une lentille qui laisse passer la lumière sensibilisant les grains du sel. Soumise à des solutions et à des vapeurs chimiques qui permettent de dissoudre ou de fixer les grains exposés ou non exposés, la plaque conserve une empreinte d'une définition extrêmement fine. La lisibilité de l'image obtenue est parfaite, même si elle est inversée latéralement, comme vue dans un miroir. Le daguerréotype est un exemplaire unique — un même support sert à la prise de vue et au tirage — que l'on incline légèrement pour mieux voir le sujet. On l'enferme dans de petits présentoirs de protection qui deviennent éventuellement de véritables chefs-d'œuvre d'artisanat.

Les avancées de l'optique et de la chimie au cours des décennies précédant cette invention ont permis de réaliser un objectif poursuivi depuis la Renaissance, la reproduction parfaite, authentique, de la réalité :

> La Chambre a pu se convaincre, par les épreuves qui ont été mises sous leurs yeux, que les bas-reliefs, les statues, les monuments, en un mot la nature morte, sont rendus avec une perfection inabordable aux procédés ordinaires du dessin et de la peinture, et qui est égale à celle de la nature, puisque, en effet, les empreintes de M. Daguerre n'en sont que l'image fidèle. [...] Déjà, ce réactif a reçu très distinctement l'empreinte de la faible lumière de la lune et M. Arago a conçu l'espérance d'une carte tracée par le satellite lui-même[1].

Par l'emploi du mot *empreinte*, Gay-Lussac souligne le caractère authentifiant du procédé. La *camera obscura* n'est plus un auxiliaire de la peinture et du dessin, elle est celui de la science. Dans le discours qu'il prononce devant l'Académie des sciences, Arago en donne une formidable et célèbre perspective: « [P]our copier les milliers d'hiéroglyphes qui couvrent, même à l'extérieur, les grands monuments de Thèbes, de Memphis, de Karnak, etc., il faudrait des vingtaines d'années et des légions de dessinateurs. Avec le Daguerréotype, un seul homme pourrait mener à bonne fin cet immense travail[2]. »

Les pères de l'invention, Daguerre et Niépce, comme tous les inventeurs de leur siècle, font partie d'une communauté de chercheurs qui, avant eux ou en même temps qu'eux, expérimentèrent dans le domaine qui leur valut de passer à la postérité. Selon les histoires nationales et l'importance accordée au procédé ou au dépôt du brevet, on retient Daguerre plutôt que l'Anglais William Henry Fox Talbot, qui réalisa des empreintes photographiques, des calotypes, dès 1835 mais ne déposa son brevet qu'en 1841. Selon les appuis dont on disposait, on réussit ou non à faire parler de soi. Ce fut le cas de Daguerre, soutenu par l'illustre François Arago, ce ne fut pas celui de son compatriote Hippolyte Bayard, timide employé d'un ministère qui ne sut se faire valoir, malgré des résultats supérieurs et légèrement antérieurs. Et puis, l'histoire a même quasiment oublié Nicéphore Niépce, pourtant auteur d'un tout premier héliographe en 1827 représentant une vue sur les toits qui avait nécessité huit heures d'exposition. Associé à Daguerre en 1829, il mourut en 1833, laissant la suite des événements et la meilleure part à son collègue, ses héritiers se contentant amèrement d'une portion modeste de la vente du brevet au gouvernement français.

Cependant, le daguerréotype, bien que promis à un destin florissant, est relativement éphémère. Le terme lui-même ne devient pas générique. Il est rapidement remplacé par *photographie*, de l'anglais *photography*, créé par l'astronome John William Herschel en 1836 et décliné par H. F. Talbot sous la forme *photogenic drawings*. Les *photographes* supplantent les *daguerréotypistes* ou les *photographistes*, terme découlant pourtant plus logiquement des racines grecques[3]. Un problème persistant contraignait l'utilisation du daguerréotype : le temps de pose extrêmement long. Dans son ouvrage, Daguerre en avertit l'usager avec une minutie qui illustre bien le scrupule du technicien mais qui, aujourd'hui, prend une coloration toute poétique :

> Ce temps peut varier, pour Paris, de 3 à 30 minutes au plus. Il faut aussi remarquer que les saisons, ainsi que l'heure du jour, influent beaucoup sur la promptitude de l'opération. Les moments les plus favorables sont de 7 à 3 heures ; et ce que l'on obtient à Paris dans 3 ou 4 minutes au mois de juin et juillet exigera 5 ou 6 minutes dans les mois de mai et d'août, 7 ou 8 en avril et en septembre, et ainsi de suite dans la même proportion à mesure qu'on avance dans la saison. [...] On conçoit que dans le midi de la France, et généralement dans tous les pays où la lumière a beaucoup d'intensité, comme en Espagne, en Italie, etc., les épreuves doivent se faire plus promptement[4].

Dès 1851, des procédés autrement plus efficaces entrent en concurrence. L'Anglais Frederic Scott Archer achève avec succès la mise au point de plaques de verre enduites, au moment de la prise de vue, d'une nouvelle solution de collodion humide. Le temps de pose est réduit de façon significative à quelques secondes et la sensibilisation à la lumière dans la *camera obscura* fournit un négatif transparent qui rend possibles des tirages multiples. Cette reproductibilité donne à la photographie son caractère de média, et l'on se souvient que le sociologue allemand Walter Benjamin, témoin contemporain de l'expansion de la culture de masse, fait de cette reproductibilité le vecteur par excellence de cette phase de la civilisation.

> En multipliant les exemplaires, [les reproductions] substituent un phénomène de masse à un événement qui ne s'est produit qu'une fois. En permettant à l'objet reproduit de s'offrir à la vision ou à l'audition dans n'importe quelle circonstance, elles lui confèrent une actualité. Ces deux processus aboutissent à un considérable ébranlement de la réalité transmise — à un ébranlement de la tradition, qui est la contrepartie de la crise que traverse actuellement l'humanité et de son actuelle rénovation. Ils sont en étroite corrélation avec les mouvements de masse qui se produisent aujourd'hui[5].

Jalonnant la voie de ce développement, les améliorations techniques de la photographie apportent toujours plus de maniabilité et de simplification dans la procédure. Alors que les plaques de verre au collodion humide exigeaient encore autant de dextérité que de motivation de la part de techniciens avertis, l'utilisation conjointe de l'enduit de gélatino-halogénure d'argent, préparé par l'Anglais C. E. Bennett en 1878, et du support souple en celluloïd fabriqué par l'Américain George Eastman à partir de 1881, facilite de façon déterminante l'appropriation de la photographie par les masses.

Parallèlement au perfectionnement des solutions chimiques et de leurs supports à l'étape de la captation, sont améliorés au même rythme les procédés de tirage des images positives. Les supports métalliques du daguerréotype tombent en désuétude, et sont remplacés par les cartons, puis les papiers. Dès la fin du XIXe siècle, la technique est tout à fait au point et n'est plus remise en question avant le tournant du XXIe siècle, avec l'apparition des techniques dites numériques, reliées au développement de l'informatique. En même temps, les lentilles et la *camera obscura*, désormais appelée boîtier, connaissent, grâce à des entreprises telles l'autrichienne Voitlanger, l'allemande Leica ou l'américaine Eastman avec son célébrissime Kodak, des perfectionnements et des miniaturisations qui font de la photographie un procédé absolument efficient en tous lieux et toutes circonstances. Facilité d'utilisation, rapidité de la prise de vue, performance des résultats, modicité des coûts : la congruence de ces facteurs est pleinement acquise avant la fin du siècle. Entre autres symptômes de cette édification, la pratique amateur s'est très largement répandue, donnant naissance à des clubs de passionnés, parmi lesquels une certaine Société caennaise de photographie qui propose de façon exemplaire, comme sujet de son concours de 1894, le meilleur « instantané pris pendant la marche d'un train au cours des excursions des 13 et 15 mai[6] » de cette année-là.

Comme pour bien d'autres inventions, la réussite expérimentale de la procédure ne préfigure que très imparfaitement la réalité des usages qui en seront fait. Au départ, dans le cas de la photographie, des voies d'exploration sont esquissées. Avec Arago et Gay-Lussac, il est question d'un usage auxiliaire de la science : photographier la lune et les hiéroglyphes. De fait, en 1851, John Adams Whipple réalise un premier daguerréotype de la lune. En 1862, Warren de la Rue photographie 12 phases du satellite. Progressivement, les expéditions scientifiques remplacent l'indispensable dessinateur-aquarelliste par le photographe désormais chargé de documenter les travaux.

Pour les amateurs férus de nouveauté, il est question de performance dans la maîtrise du procédé : accumuler des vues, faire le meilleur instantané de n'importe quoi. Ainsi fait Jacques Henri Lartigue, qui commence à prendre ses photos en 1900 à l'âge de six ans. L'enfant-photographe prend des milliers de clichés qu'il agence soigneusement dans des albums. Il dresse la chronique de la Belle Époque, saisissant au passage les balbutiements de l'aéroplane et les premières passions automobiles. Cette œuvre enfantine et spontanée, 70 ans plus tard, a les honneurs du Museum of Modern Art de New York, puis du Musée des arts décoratifs de Paris.

Pour le grand public, c'est la captivante démocratisation du portrait. Elle provoque une véritable daguerréomanie, fait la fortune des premiers studios photographiques et tue le métier de miniaturiste, trop coûteux et trop lent à répondre à une demande jusque-là essentiellement réservée aux classes supérieures de la société. Pour le monde des beaux-arts, c'est la catastrophe. Charles Baudelaire a beau vitupérer contre l'industrie photographique, « refuge de tous les peintres manqués, trop mal doués ou trop paresseux pour achever leurs études[7] », non seulement le nouveau procédé est plus performant en matière de réalisme parfait, mais encore, au nom de ce même réalisme, risque-t-il de confisquer à son profit le domaine du beau et de la création des œuvres d'art. W. H. F. Talbot n'a-t-il pas déjà réalisé son autoportrait en photographe, arborant boîtier et objectif, à la manière du peintre arborant palette et pinceaux ?

Cependant, il n'est encore aucunement question de photographie de reportage, genre qui deviendra primordial et donnera ses lettres de noblesse au nouveau média. Pour l'heure, la pratique empirique, au moins autant sinon plus que le débat intellectuel, expérimente la photographie dans tous les lieux possibles de l'exercice scientifique, culturel, social ou politique. L'anathème jeté par Baudelaire au nom de l'art tombe en désuétude ; aux anticipations d'Arago succèdent l'usage anthropométrique rapidement envisagé par les corps de police à Paris, adopté dans toute l'Europe avant la fin du XIXe siècle, puis l'usage universel de la photographie de passeport. La démultiplication des pratiques et leur qualification par les contemporains s'organisent à partir d'un problème déterminant : la photographie relance la question du rapport au réel, sous les angles de la documentation et de la représentation.

La redécouverte du paysage

Dans le domaine des expressions visuelles, le rapport au réel, tel qu'il est exprimé depuis la Renaissance, soutient une production d'images formalisées en fonction de règles strictes élaborées par Leon Battista Alberti, Piero della Francesca et Filippo Brunelleschi, entre autres. La perspective monoculaire permet l'imitation parfaite et un compte-rendu fidèle du monde vu par une fenêtre dont le cadre est celui du tableau. Dans les instruments du peintre et du dessinateur, voici rajoutée une *camera obscura*, initiée par le même paradigme, dont les versions portatives permettent la projection sur une tablette à dessin, par exemple celle de Canaletto, de tel point de vue sur Venise ou sur Londres, grâce à la captation des rayons lumineux à travers une lentille taillée à cette fin. Le dessinateur n'a plus qu'à tracer les contours des formes ainsi projetées.

Le projet photographique consiste à trouver la solution pour remplacer le dessinateur par un support sensible. C'est bien ce qu'exprime Daguerre à propos de ses « recherches dont le seul but est de fixer les images de la chambre obscure[8] ». La solution trouvée, le réel lui-même laisse son empreinte — la lune se dessine elle-même, dit joliment Gay-Lussac. Les premières pratiques de la photographie consistent alors à re-regarder le réel dans les voies exactement tracées par la peinture. On s'installe dans les mêmes positions, devant les mêmes sujets et on refait le corpus. Il est frappant de voir que la première image de Nicéphore Niépce est *une vue par la fenêtre* sur les toits de sa demeure, que celles de Daguerre sont une *nature morte* dans son atelier et une *vue par la fenêtre* de son studio sur un boulevard parisien. Talbot, équipé de sa toute petite *camera obscura*, sa *mousetrap*, sort à l'extérieur comme le peintre de Venise, prend des vues de son domaine et les rassemble dans l'ouvrage *The Pencil of Nature*. De la classique hiérarchie des genres issue des académies royales du XVIIe siècle, le photographe, spontanément, reprend à son compte la tradition du paysage, la nature morte et ne pense pas encore aux mises en scène, à la manière de la peinture d'histoire, genre considéré jusque-là comme le plus noble : il est question de documenter, non de représenter. Quand il se pique d'audace, le photographe se lance dans de grands voyages pour aller aux sources de la réalité, aux fondements de la civilisation qui a mené à une si magnifique

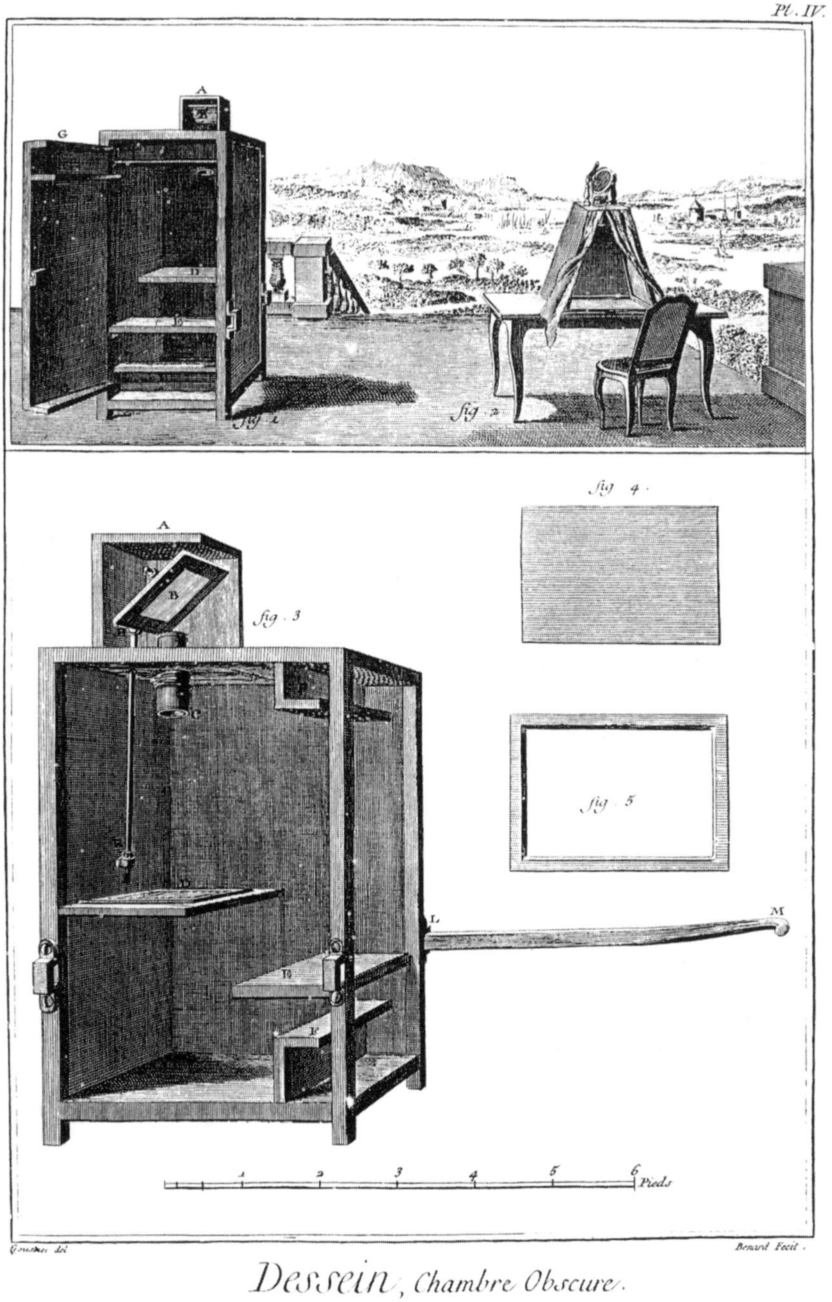

ill. 1 : *Camera obscura, Encyclopédie Diderot et d'Alembert.*

invention : il va prendre les empreintes des monuments antiques, ceux de Rome, de la Grèce et même du Moyen-Orient.

C'est ce que fait Pierre Gustave Gaspard Joly de Lotbinière, originaire de Suisse et nouveau résident du Bas-Canada, dès la fin de l'année 1839. Né en 1798, il est devenu seigneur de Lotbinière, seigneurie située sur la rive sud du fleuve Saint-Laurent, entre Montréal et Québec, par son mariage avec l'héritière. Il se trouve à Paris au moment de l'annonce de l'invention et il a d'ores et déjà prévu un voyage en Grèce et au Moyen-Orient[9]. Il acquiert immédiatement un équipement complet. À la suggestion de l'éditeur français Lerebours, il emporte son matériel et produit 92 daguerréotypes de l'Acropole d'Athènes, du Sphinx de Gizeh, de la pyramide de Khéops, de Jérusalem, du Liban, de la Terre Sainte. Toutes ces vues sont perdues[10]. Certaines sont cependant connues par leurs reproductions gravées dans l'ouvrage en deux volumes publié en 1841 et 1842 par Lerebours et trois associés, justement titré *Excursions daguerriennes, Vues et monuments les plus remarquables du globe*[11], et dans *Panorama d'Égypte et de Nubie* publié en 1841 par Hector Horeau. Cinq vues de Joly de Lotbinière figurent parmi les 60 reproductions gravées de *Excursions daguerriennes*. Le globe, dans ses deux volumes, est composé des pays de l'Europe et de la Méditerranée. Une vue sur les chutes de Niagara vaut pour toute l'Amérique et le reste de la planète. L'Italie, terre de la prestigieuse antiquité romaine, en compte 24 pour elle toute seule… À Joly de Lotbinière revient l'honneur des premières vues de l'Acropole, ce qu'il exprime fièrement dans l'extrait de son journal imprimé en vis-à-vis de l'image : « Cette vue a été prise dans l'automne de l'année 1839 ; je tiens à le constater, parce que c'est la première fois que l'image du Parthénon a été fixée sur une planche par le procédé si ingénieux de Daguerre, et parce que chaque année peut amener de nouveaux changements dans l'apparence de ces ruines célèbres […][12]. » Enthousiaste, « [son] embarras fut grand, cependant, lorsqu'il fallut choisir entre tant de chefs-d'œuvre[13] » et, sur les bords du Nil, il laisse exprimer avec ferveur ce projet de documenter les plus hauts lieux de la civilisation, tels qu'on les concevait au XIXe siècle :

> Où trouver ailleurs un champ plus vaste à réflexions ? Cette île [Philae] ne fut-elle pas la limite de la puissance des Grecs et des Romains, celle des armes de Napoléon, celle même du soleil, dont les rayons verticaux venaient autrefois

LA SAUSSAYE CDI CHARTRES

> plonger dans tant de magnificence ? Les Pharaons, les Ptolémées, les Césars, les Justiniens, n'ont-ils pas mis à profit chaque point de ce terrain, si sacré autrefois, pour dresser des arcs de triomphe à l'entrée du monde civilisé et pour transmettre leur nom à la postérité ? Ces noms seront effacés, la civilisation s'est retirée au loin vers le nord, le soleil vers le sud, comme s'il fuyait la civilisation ; le chacal seul habite maintenant ces magnifiques débris de tant de peuples et de tant de rois !...[14]

Lerebours n'a guère eu de scrupule à s'approprier tous les crédits des 60 clichés en plaçant son nom, avec celui du graveurs, sous chacune des vues. Cependant, les textes d'accompagnement redonnent leur place aux voyageurs-photographes et cette formidable publication laisse découvrir Joly de Lotbinière, premier parmi les pionniers de la photographie. Ce travail d'édition inaugure une association à l'origine des magazines illustrés qui perdure sous cette forme jusqu'à la Première Guerre mondiale : celle du photographe, du graveur et de l'éditeur qui offrent au grand public des articles accompagnés des versions gravées de photographies prises à travers le monde sur toutes sortes de sujets.

Faire le relevé du monde devient une œuvre gigantesque toujours renouvelée. En la matière, à la fin du XIXe siècle, le continent nord-américain est un terrain inépuisable. Les photographes suivent la construction du chemin de fer tant aux États-Unis qu'en Amérique du Nord britannique. Dans les années 1860, l'avancée de la frontière fait découvrir de nouveaux espaces à Carleton E. Watkins, Edward Muybridge, William Henry Jackson[15], qui entrent avec les géographes dans la vallée de Yosemite au sud-est de San Francisco. Leurs plaques au collodion humide engendrent les premières icônes photographiques du Far West. Pendant les années 1860 et 1870, Timothy O'Sullivan travaille pour le U.S. Government Fourtieth Parallel Survey le long du Central Pacific Railway, pour le Darien Survey qui recherche une voie pour le creusement du canal de Panama, et pour le Geographical Surveys West of One Hundredth Meridian. Il monte enfin sa propre expédition dans le canyon de Chelle, où il prend une de ses images les mieux connues[16].

Pendant les dernières décennies du siècle, l'opulent studio Notman, de Montréal, envoie Jacques Query, Benjamin Baltzy et William McFarlane Notman suivre des expéditions vers le Pacifique. Ils réalisent, pour le compte

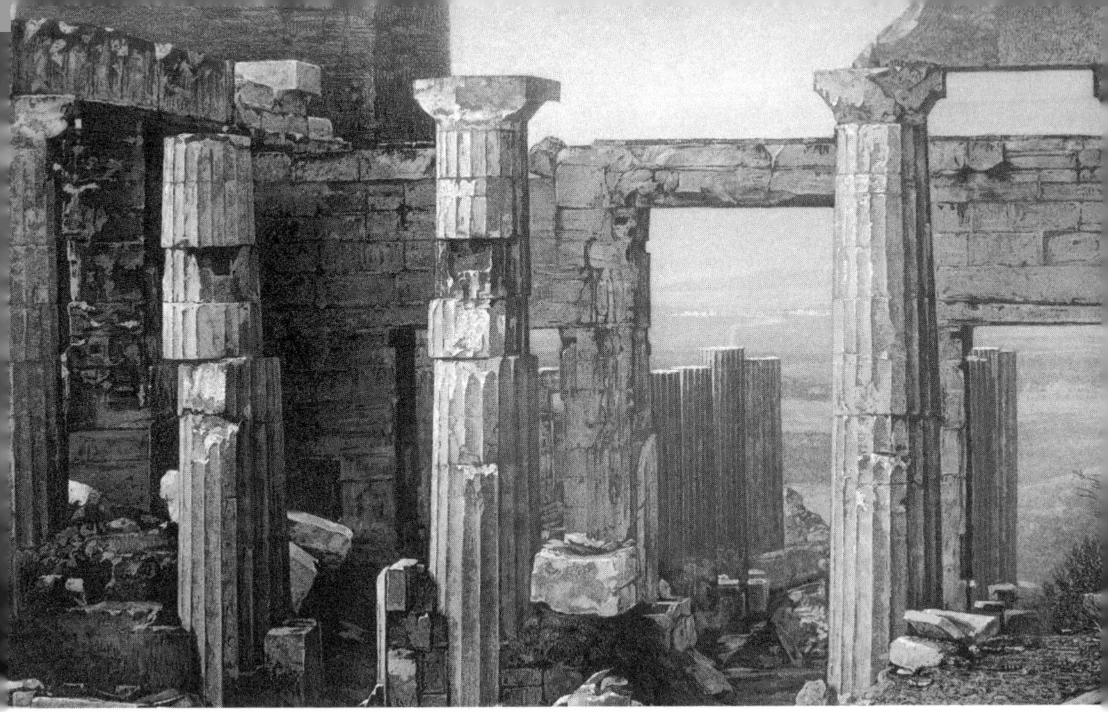

ill. 2: P. G. Joly de Lotbinière, Vue des Propylées (Athènes), 1839.

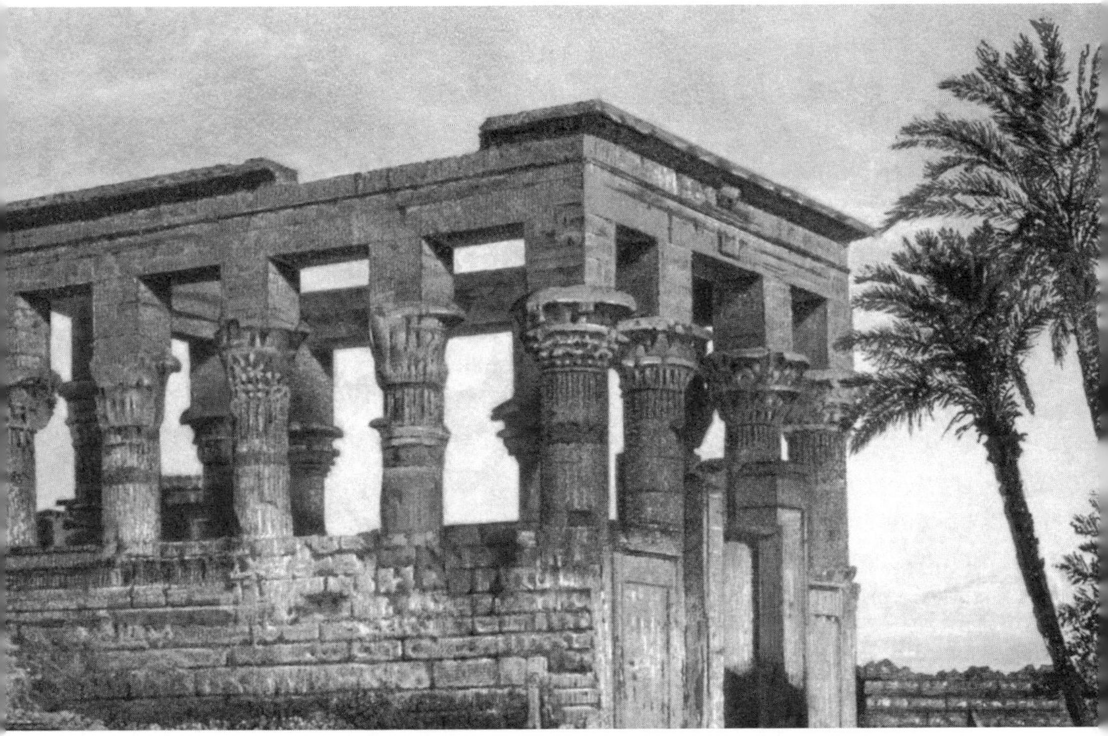

ill. 3: P. G. Joly de Lotbinière, Temple Hypètre dans l'île de Philae (Nubie), 1839.

du gouvernement, des centaines de vues sur l'Ouest canadien progressivement harnaché par la colonisation et le chemin de fer aux terroirs historiques de l'Est. Par leurs photographies, s'édifie le mythe des montagnes Rocheuses, à l'horizon d'un État de la taille d'un continent.

Jules-Isaïe Livernois, originaire de la sage plaine du Saint-Laurent au Bas-Canada, se lance sur les routes jusqu'en Californie, revient fonder un studio florissant à Québec, cotise volontiers aux sociétés de colonisation et envoie ses employés couvrir tout le territoire autant au Saguenay qu'en Gaspésie.

Au début du XXe siècle, l'aviateur Jacques de Lesseps, fils du constructeur du canal de Suez et du canal de Panama, commence la couverture aérienne du territoire gaspésien, avant de s'abîmer en mer avec son photographe, tous deux victimes de leur passion. La nouvelle société industrielle, en révolutionnant les moyens de transport, livre des territoires jusque-là inaccessibles à une nouvelle forme d'exploration : leur relevé photographique. Le rôle des nouveaux moyens de transport est à cet égard déterminant ; en cette période de Révolution industrielle, la conquête de l'espace devient indissociable de sa mise en images.

Le relevé du monde est aussi celui du monde urbain. Dans l'espace européen, complètement approprié celui-là, une des recensions des plus monumentales est celle qu'Eugène Atget effectue des rues de Paris. Entre 1897 et 1927, date de sa mort, il produit plusieurs milliers de négatifs sur verre. Atget demeurant peu connu de ces contemporains, ce sont les institutions de l'État français qui font l'acquisition de ses négatifs : musée Carnavalet de la Bibliothèque nationale entre 1910 et 1915, ministère de l'Instruction publique et des Beaux-Arts en 1920, Commission des monuments historiques en 1921. La conjonction entre l'initiative individuelle et les instances collectives signale cet entendement commun autour de la photographie comme document. Quelques décennies plus tôt, l'Anglais Roger Fenton avait été mis à contribution au moment de la construction du Victoria and Albert Museum pour photographier les collections qui y seraient abritées. Prosper Mérimée, inspecteur des Monuments historiques, a enclenché une procédure identique en recensant le patrimoine architectural français.

Tout connaître, tout inventorier, tout décrire. La culture positiviste du XIXe siècle trouve dans la photographie un auxiliaire idéal de la science, de la géographie et des sciences naturelles. Cet engouement général trouve chez

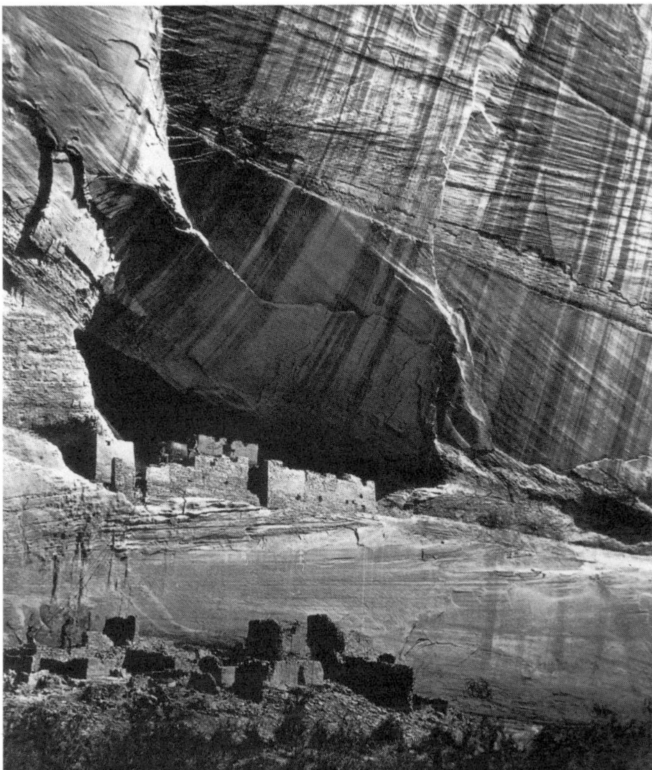

ill. 4 : T. O'Sullivan, le Canyon de Chelle, Nouveau Mexique, 1873.

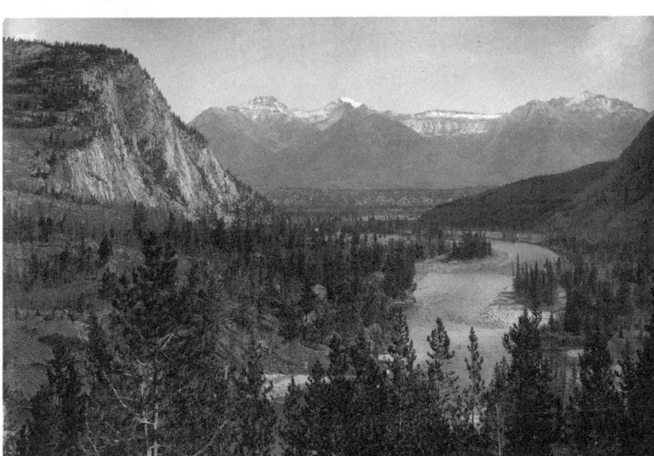

ill. 5 : W. M. Notman, Vue sur la vallée Bow à Banff, 1887.

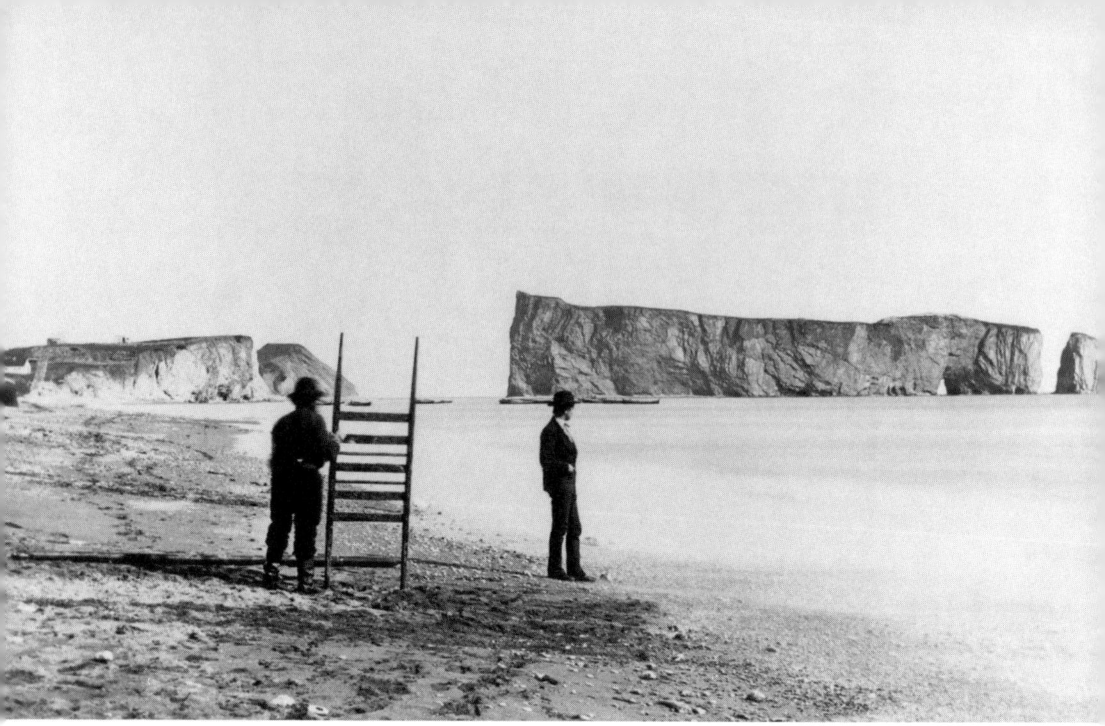

ill. 6 : J. I. Livernois, Le rocher Percé, c. 1870-1880.

les éditeurs de puissants promoteurs des nouveaux savoirs auprès du grand public. Un tel travail de vulgarisation est effectué de façon exemplaire par la National Geographic Society. Incorporée en janvier 1888, les 33 amateurs de géographie et fondateurs de la société ont pour premier président Gardiner Greene Hubbar, puis Alexander Graham Bell, inventeur du téléphone et gendre du précédent. Ils se donnent pour mandat « the advisability of organizing a society for the increase and diffusion of geographic knowledge[17] ». À cette fin, ils créent un périodique dont le premier numéro sort en novembre 1888. Il s'intitule *National Geographic*. Très vite et pendant les 55 années subséquentes, le magazine est placé sous la responsabilité de l'éditeur Gilbert Grosvenor, gendre d'Alexandre Graham Bell. Après plus d'un siècle de publication sans discontinuité, devenue une véritable institution, elle est vendue à des millions d'exemplaires, dans une vingtaine de langues[18].

La photographie de paysage comme preuve et document du monde reste un genre photographique extrêmement vivace et prolifique. Enracinées dans les tout débuts de la pratique photographique, sa compréhension et sa nécessité restent inchangées. En 1989, une mission photographique française envoie 28 photographes à travers la France « créer de nouvelles représentations du territoire pour saisir un moment singulier de son évolution[19] ». L'appareil photo est dans le submersible de la mission Ballard qui, en 1985, permet à Emory Krystof de photographier l'épave du *Titanic.* En 1969, il fait partie des instruments des astronautes qui posent le pied sur la lune. En février 2003, une agence de presse annonce : « Washington — Il s'agit peut-être de l'un des événements scientifiques les plus importants de ces dernières années : la NASA a rendu publique mardi une photo d'une netteté étonnante des premiers instants de l'univers prises (sic) par la sonde WMAP[20]. » Le réel continue bel et bien à produire son empreinte lui-même.

Le triomphe du portrait

Le paradigme scientifique a établi la valeur authentifiante du procédé photographique. La réception des images par le public, la pratique amateur, l'intervention des artistes vont mettre en évidence que les dimensions techniques du procédé, si elles donnent incontestablement un caractère indiciaire aux photographies, n'éliminent en aucune façon le travail de construction qui régit leur composition. Si la photographie est une empreinte de ce qui est vu, elle est tout autant, et fondamentalement, un point de vue sur ce qui est donné à voir.

L'histoire du portrait témoigne de façon éloquente de ce cheminement. Comme à la Renaissance, deux centres d'intérêt prépondérants marquent la production : l'espace de la réalité et l'humain dans cette réalité. Cela avait rapidement donné naissance à deux genres picturaux spécifiques : le paysage et le portrait. Malgré les délicatesses de la procédure, les pionniers de la photographie coururent les quatre coins du monde pour faire des paysages. Très vite, il ont aussi ramené des portraits, comme Edward S. Curtis, qui photographia notamment les Indiens des prairies nord-américaines de 1885 à 1928. Malgré la longueur des temps de pose, le daguerréotype dut sa gloire à la demande avide d'un public indifférent à la torture des accessoires et prothèses qui les immobilisaient devant l'objectif. Les bourgeoises font la queue dans la rue. Les paysannes accomplissent des voyages en ville, quand leur prend « la démangeaison de passer à la postérité par la photographie[21] ». Même Baudelaire va poser, à plusieurs reprises, devant l'appareil de Félix

Tournachon, dit Nadar, un des premiers grands portraitistes du nouvel art. Prolifèrent alors ces visages imprimés sur des formats dits *carte de visite*, le col estompé dans un fond lisse et uniforme. On photographie aussi en buste, en pied. La pose est rigide et impassible. Le portrait photographique atteste l'existence de tel ou tel individu. Des décennies plus tard, Roland Barthes écrira des pages émouvantes sur une photographie de sa mère, récemment décédée, livrant à cette occasion ses réflexions sur la preuve par la photographie d'un « ça-a-été[22] ». Puis, on installe un décor, on prend la pose, on pose tout seul, en famille, en groupe, on met ses plus beaux atours, on se déguise, on pose devant des paysages peints en trompe-l'œil. On ajoute des accessoires qui évoquent un métier, une activité, un statut. Le portrait est ouvertement devenu une mise en scène de la personne. Littéralement, elle se donne en représentation.

La question du beau resurgit alors et on trouve alors à apprécier l'influence des beaux-arts. Le mouvement pictorialiste propose une première esthétique de la photographie. Julia Cameron, pour ne citer qu'elle, se découvre à l'âge de 48 ans une passion pour la photographie. De 1848 à 1875, dans sa propriété de l'île de Wight, l'aïeule de Virginia Woolf met en scène des portraits photographiques de son entourage, dans lesquels les costumes à l'antique et les poses méditatives sont nimbés de lumières longuement nuancées, jouant sur le net et le flou.

Dans le cadre de ce vaste genre, une catégorie particulière prend progressivement sa place : le portrait officiel des hommes publics. George E. Desbarats, fondateur du premier magazine illustré du Canada, *The Canadian Illustrated News*, campe en couverture de son tout premier numéro du 30 octobre 1869, le portrait du Prince Arthur, *From a Photography by William Notman*[23]. On connaît aussi les portraits de Lincoln faits par Matthew Brady et leur version gravée dans les magazines illustrés :

> La légende historique veut que Lincoln ait même attribué son élection à la présidence aux effets conjugués que la photographie de Brady et son discours au Cooper Union de New York avaient eus sur les électeurs. Aujourd'hui, c'est la photographie que Brady a prise de Lincoln le 2 septembre 1864 qui orne le billet de cinq dollars[24].

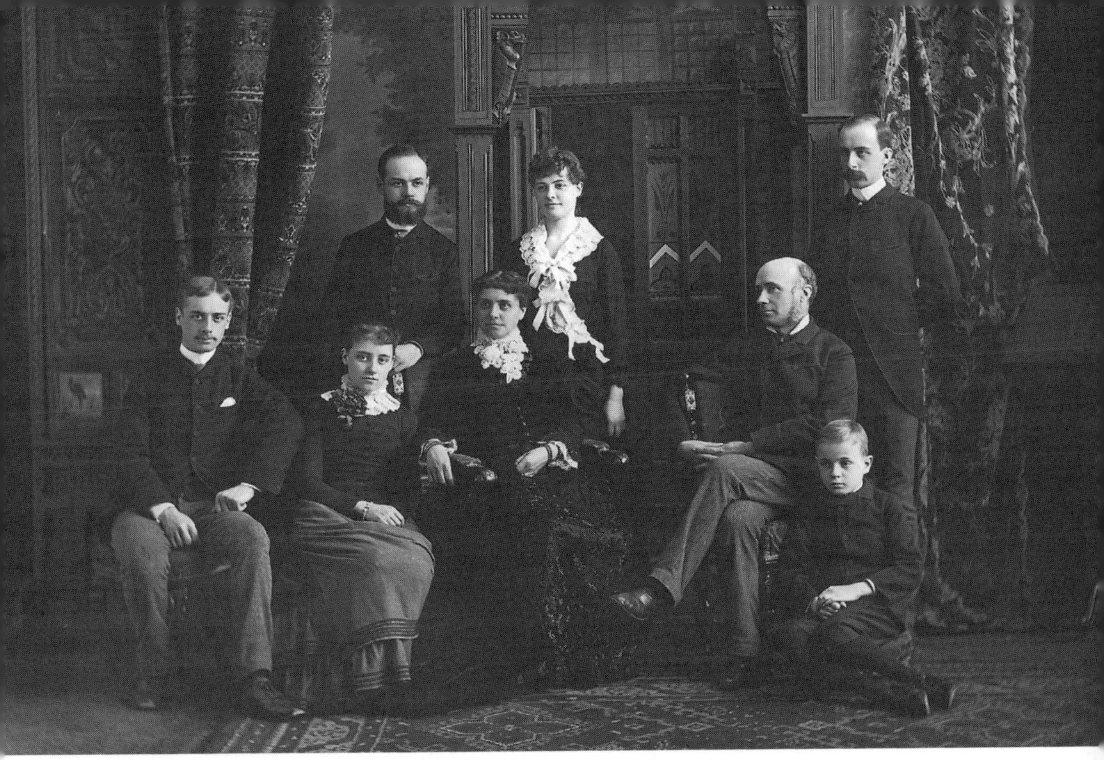

ill. 7 : Studio Notman, L'imprimeur G. W. Desbarats et sa famille, 1885.

En 1866, Élisabeth L'Heureux Livernois, veuve de Jules-Isaïe, dirigeant à son tour le studio de Québec, réalise un photomontage, une *mosaïque*, de tous les notables du moment disposés dans des médaillons : « La direction de la maison Livernois espère que ce travail, l'un des plus grands qu'est paru en ce genre, en ce pays, sera accueilli avec faveur et apprécié comme une œuvre patriotique, comme c'était la pensée du fondateur de cet établissement[25]. » Par intuition autant sans doute que par sens des affaires, d'autres photographes guettent le passage des hommes politiques. C'est ainsi que George Roberts, de Saint John au Nouveau-Brunswick, et Jules-Isaïe Livernois, de Québec, propulsent la photographie, chacun à sa façon, au rang de document historique. Ce faisant, ils offrent l'occasion de discuter de façon exemplaire des questions de documentation et de représentation, du rapport au réel proposé par la photographie et de sa nouvelle valeur interprétative, comparée à sa rivale : la peinture traditionnelle. Ils livrent un véritable état de la question à l'occasion des conférences constitutionnelles de 1864 organisées par les provinces de l'Amérique du Nord britannique, dont le résultat est l'établissement du Canada.

Les conférences de 1864 : compréhensions d'un événement

La fin du XIXe siècle a été le témoin, dans la colonie anglaise d'Amérique du Nord, d'une convergence déterminante des domaines politique, culturel et technique. La Révolution industrielle a porté fruit et poussé vers la maturité politique cette lointaine dépendance de l'Empire britannique. On considère alors comme essentielle la construction d'un chemin de fer commun et, dans le même mouvement, d'une concorde, d'un contrat social, nonobstant les écarts qui ont déjà opposé les différentes parties. En septembre et octobre 1864, ont lieu des réunions rassemblant des délégués à des conférences constitutionnelles. La première a lieu à Charlottetown, sur l'Île-du-Prince-Édouard, la première semaine de septembre, la seconde à Québec, du 10 au 27 octobre. Là, 29 délégués du Canada-Uni, de l'Île-du-Prince-Édouard, de la Nouvelle-Écosse, du Nouveau-Brunswick et de Terre-Neuve, à huis clos et à marche forcée, composent l'essentiel d'un projet de loi constitutionnelle, ratifié lors d'une troisième et dernière conférence, à Londres, en 1866. La reine Victoria proclame alors que la nouvelle Confédération canadienne prendra effet le 1er juillet 1867[26].

Une première photo de groupe[27] est prise à Charlottetown, devant la maison du gouverneur, le 1er septembre 1864. George Roberts, photographe venu spécialement de Saint John, a installé les délégués, sous un beau soleil, dans une pose décontractée. Plusieurs sont même accroupis sur les marches du portique de la façade. La deuxième photographie[28] a été prise par Jules-Isaïe Livernois, devant l'édifice du Parlement, à Québec, le 27 octobre. Elle démontre un important effet de mise en scène. Un tapis a été déroulé devant le bâtiment qui abrite les sessions de travail ; une table est dressée, portant deux encriers sur un plateau. Les délégués sont alignés sur deux rangées, les uns assis dans des fauteuils, les autres debout en arrière. Il fait froid : les délégués sont engoncés dans leurs manteaux et tiennent la pose. Apparaît plus tard une troisième représentation : une peinture à l'huile désormais disparue, dont on connaît bien la composition et le dessin grâce au carton préparatoire[29] du peintre Robert Harris, qui travailla à cette œuvre en 1883 et 1884. La scène rassemble 34 personnages autour d'une grande table, dans la salle des délibérations de la Government House de Québec. Trois grandes fenêtres cintrées encadrent la vue sur le fleuve Saint-Laurent. Les délégués sont répartis, dans des poses diverses, le long de la longue table de conférence. John A. McDonald et George-Étienne Cartier, leaders des débats, sont placés au centre, à la convergence des lignes de construction. Quelques objets complètent la scène : des rouleaux de papier sur le sol et un plateau portant deux encriers sur la table. Dans les trois images, l'identité des compositions et l'insistance, à l'avant-plan, sur l'horizontale sont tout à fait frappantes, malgré l'écart géographique ou chronologique qui démarque ces représentations les unes des autres. Par ailleurs, la progression dans le hiératisme permet de les ranger dans une sorte de séquence, ce qui accentue les liens de l'une à l'autre, indépendamment de la différence des techniques — photographie *vs* peinture — et du saut temporel de 20 ans qui sépare la peinture des photographies.

Dans la photo de septembre 1864, une nonchalance certaine émane des délégués. Ceux-ci se prêtent à la demande d'un photographe tout en profitant du soleil. Chacun s'y trouve sur un pied d'égalité et aucun effet hiérarchique particulier ne transparaît. La photo d'octobre 1864, malgré de grandes similitudes avec la précédente, montre les délégués rigoureusement installés dans des poses de convenance. Il s'agit d'une photographie officielle, au plein sens du terme. Cette fois-ci, c'est du sérieux, on refait le monde. Dans le tableau, la scène se passe à l'intérieur — la peinture à l'huile permettant de rendre tous les artifices nécessaires de la lumière — et la disposition des délégués ainsi que leur pose révèlent toute la dimension apologétique voulue par le peintre. Non seulement on a refait le monde, mais ça a été une réussite.

Cette séquence correspond tout à fait au cadre événementiel. La photo de Charlottetown représente une conférence qui, au départ, ne devait rassembler que les délégués des provinces de l'Atlantique et auxquels se sont ajoutés, à la dernière minute, ceux du Canada-Uni. La photo de Québec représente des délégués réunis à une conférence expressément convenue par les parties, motivée par un objectif précis et réglée par un échéancier rigoureux. Le tableau consacre la réalisation du nouveau pacte. L'œuvre a été commandée et payée par l'État et les termes du sujet ont été clairement convenus avec le peintre. Il a été prévu dès le départ que le tableau serait accroché à l'un des murs de l'édifice du nouveau Parlement, à Ottawa.

La composition des trois images met en évidence des récurrences et des particularités. Les trois formats sont des rectangles horizontaux fortement marqués par une disposition à l'horizontale. La composition choisie pour

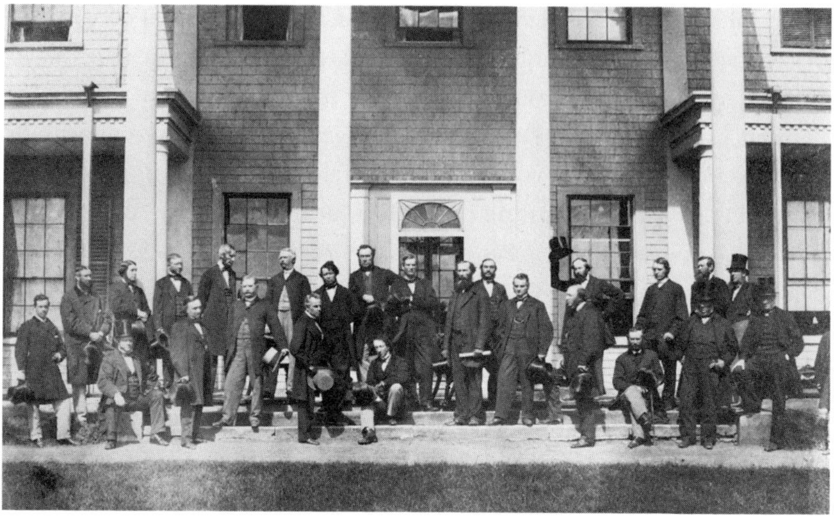

ill. 8 : G. P. Roberts, La convention de Charlottetown, 1er septembre 1864.

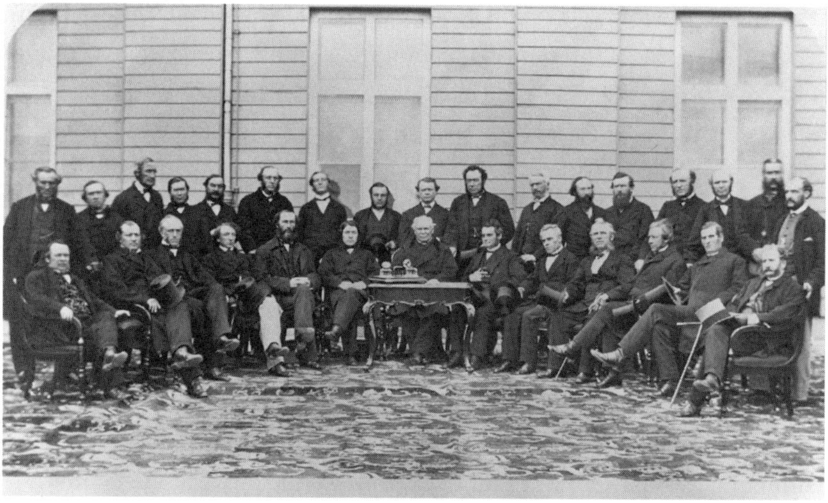

ill. 9 : J. I. Livernois, Les délégués des législatures de l'Amérique du Nord britannique, 27 octobre 1864.

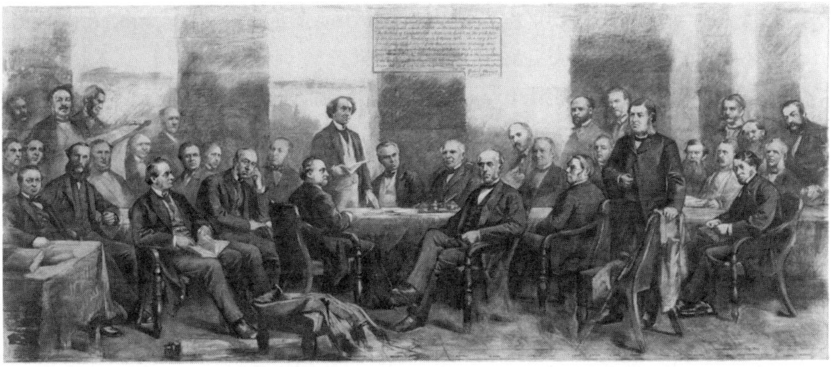

ill. 10 : R. Harris, Carton préparatoire pour Les Pères de la Confédération, 1883.

représenter les Pères de la Confédération insiste sur l'égalité des délégués, ce qui induit l'égalité des provinces. En construisant cette égalité visuelle, la composition construit aussi une ligne virtuelle et horizontale, véritable métaphore de la concorde qui lie les parties à la recherche d'un nouveau contrat social. Cette façon d'exprimer visuellement la concorde dans la société civile rappelle comment elle apparaît sous la même forme dans une des fresques de l'hôtel de ville de Sienne, peinte par Ambrogio Lorenzetti au XIVe siècle et intitulée justement *Le bon gouvernement*. Cette métaphore visuelle est encore largement utilisée de nos jours, à l'occasion des rencontres interprovinciales, des sommets du G8 et autres nombreuses rencontres internationales. Les deux photographes ont été bien plus loin que la simple documentation. En procédant à l'installation de la pose, ils ont produit une représentation fondée sur leur compréhension de la philosophie et des enjeux sous-jacents à ces conférences. Ils ont signifié par la photographie ce qu'avait exprimé de son côté le délégué George-Étienne Cartier :

> Dans notre propre fédération, nous aurons des catholiques et des protestants, des anglais, des français, des irlandais et des écossais (sic), et chacun, par ses efforts et ses succès, ajoutera à la postérité et à la gloire de la nouvelle confédération. Nous sommes des races différentes, non pas pour nous faire la guerre, mais afin de travailler conjointement à notre propre bien-être[30].

Ces trois représentations de la nouvelle concorde appellent, bien entendu, des nuances, ne serait-ce que dans les places qu'elles accordent à John A. Macdonald et à George-Étienne Cartier, leaders des débats et représentants du très important Canada-Uni. D'une image à l'autre, ils se rapprochent du centre géométrique et, dans le tableau, Macdonald, en position debout, est désigné, parmi ses égaux, comme pourtant prépondérant : il est devenu le premier premier ministre du gouvernement fédéral. On sait aussi que la réalité événementielle ne coïncide pas longtemps avec ce tableau idéal. Terre-Neuve ne signe même pas l'accord final et ne rejoint la Confédération qu'après la Deuxième Guerre mondiale. Le Québec, dans les dernières décennies du XXe siècle, débat avec vigueur de son retrait éventuel du pacte fédératif. En cela aussi, les deux photographies et le tableau échappent à la stricte documentation et sont, de fait, un point de vue sur les événements.

Ce point de vue, dans deux des images, est clairement signalé par l'emploi d'un motif particulier, support d'un investissement symbolique pensé par les producteurs. Nonobstant les valeurs associées à la peinture et à la photographie en ce qui a trait au statut artistique de la seconde, le peintre Harris et le photographe Livernois ont édifié une même symbolique. Les encriers placés au centre de leurs compositions expriment de la même façon le but poursuivi par l'ensemble des figures : la recherche de l'accord, la signature d'un contrat. Mieux, le peintre emprunte sa solution au photographe. Si l'on ne retrouve dans ses dossiers que la photo de Charlottetown, d'autres documents montrent qu'ils connaissait celle de Québec. Un de ses correspondants lui souligne comment une photo qu'il lui envoie « ressemble beaucoup à celle prise à Québec[31] ». En octobre 1883, Harris fait un voyage à Québec, pour se documenter sur les lieux de la deuxième conférence. Dans ses carnets, il note : « Was there any one find [sic] act such signing as any document which I may use[32] ? » La solution du photographe semble sensée au peintre, qui l'adopte *in petto*.

Harris a abondamment utilisé la photographie comme auxiliaire de son projet. Il avait correspondu avec les anciens délégués ou leurs descendants. Il leur demandait de remplir de pittoresques petites fiches afin d'obtenir toute sorte de détails sur le port de la barbe, l'état des calvities, etc., tout en sollicitant l'envoi, quand il existait, d'un portrait photographique. Son attitude est conforme à celle de son temps et son zèle répond aux souhaits de la Chambre des communes. Les députés de 1883 voulaient une œuvre référentielle, non une allégorie. Mais l'œuvre référentielle ne pouvait être la photographie elle-même, considérée encore comme simple document auxiliaire. La représentation ne pouvait trouver sa valeur que par une transposition dans un tableau peint à l'huile, même si l'on sait maintenant que l'essentiel de l'enjeu de la représentation avait déjà été formalisé par Livernois.

Les trois images et leurs auteurs ont connu un étrange destin. La presse imprimée fait connaître une diffusion relative et tardive aux deux photographies : on les retrouve au moins toutes deux en 1917 dans *The Standard* de Montréal, à l'occasion du premier jubilée de la Confédération, puis en 1927, pour le jubilée de diamant dans le magazine *Family Herald and Weekly Star*[33]. Dans les deux cas, aucun crédit, les photographes ayant déjà sombré dans l'oubli. La photo de Charlottetown continue jusqu'à ce jour à être reproduite dans les manuels scolaires. Celle de Québec disparaît et n'est même pas digne d'être montrée lors d'une vaste exposition rétrospective consacrée par le Musée du Québec au Studio Livernois dans le courant des années 1980[34]. Le tableau de Harris brûle dans l'incendie du Parlement survenu en 1916, mais survit dans l'émission de timbres où le nombre des délégués fluctue d'une impression à l'autre. À l'orée des années 1970, l'histoire de l'art, tout en signalant les pittoresques petites fiches remplies par les correspondants du peintre, escamote résolument l'usage de la photographie[35].

Les années contemporaines conduisent à un évident paradoxe. La lutte larvée sur le statut artistique de la photographie permet encore de taire son usage auxiliaire pour mieux valoriser l'invention d'un artiste peintre[36]. En omettant la photographie de Livernois aux cimaises du musée et, aussi, dans les pages des livres d'histoire, se trouve dépréciée la représentation la plus forte d'implications et, *de facto*, son auteur. À la fois documentaire — elle atteste des faits —, à la fois représentative — elle offre un point de vue —, la photo de Livernois est pourtant un jalon remarquable de l'écriture photographique en ce qu'elle montre la conscience et la compréhension de ce qui distingue le *fait* de l'*événement*. Tout le photojournalisme à venir découlera de cette distinction. Seule autorisée dans le présent, reste la photo de Roberts, la moins chargée idéologiquement, mais aussi la moins représentative, 139 ans après les faits.

Images et espace social

La relation dialectique entre documentation et représentation, très rapidement comprise par la pratique du paysage et du portrait, offre un lieu où les photographes peuvent exprimer une vision du monde, autant d'ordre idéologique qu'esthétique, et ils en déclinent désormais tous les registres, de la célébration la plus éthérée à la dénonciation la plus politique.

Un courant très important tend à magnifier le paysage. Ce motif, récent dans la culture occidentale — le terme lui-même n'apparaît qu'à l'orée de la modernité, en même temps que le genre pictural du même nom, au XVIe siècle[37] —, est l'emblème du culte de la nature, sauvage ou apprivoisée. Du magazine spécialisé à la carte postale, en passant par la photo d'art, il a pour champion le magazine *National Geographic*, prototype d'une floraison de semblables auxquels l'essor massif de l'industrie touristique, à la fin du XXe siècle, donne une vitalité et une rentabilité manifestes. Le compte rendu du monde, connu pourtant jusqu'aux fonds des océans, trouve toujours à se renouveler. Après des générations de calendriers et de cartes postales de paysages, Yann Arthus-Bertrand reconduit le genre en faisant le relevé de la planète depuis les airs. Il est le motif privilégié des campagnes publicitaires pour automobiles et la vogue des véhicules tout-terrain livre sans relâche des chevauchées mécanisées dans des sites grandioses, dignes des premières explorations dans la vallée de Yosemite.

Ce courant occulte des usages du genre autrement moins romantiques. La Première Guerre mondiale conçoit comme premier usage des nouveaux aéroplanes la prise des vues photographiques en arrière des lignes ennemies avant d'imaginer qu'ils pouvaient servir directement aux combats. La crise des missiles de Cuba est provoquée par une photographie aérienne révélant la présence des installations soviétiques sur l'île[38]. Tous les conflits, jusqu'aux frappes de la deuxième guerre contre l'Irak, recourent désormais à la photographie de paysage à des fins tactiques.

La valeur expressive importe de façon primordiale dans le premier registre, le caractère documentaire est exclusif dans le second. Les photographes engagés dans un discours critique agencent les deux registres par une rhétorique subtile. Ansel Adams, grand défenseur des parcs nationaux américains, retourne délibérément faire la photo de Timothy O'Sullivan devant les falaises du canyon de Chelle[39]. Ce procédé de citation sert la défense de ce que le photographe considère comme des sanctuaires sacrés. À la fin des années 1980, Deborah Bright retourne sur le site d'une des batailles de la guerre de Sécession et monte une longue séquence photographique à la manière des anciens panoramiques[40]. Elle construit un oxymore entre l'image et le texte en opposant à une vision bucolique un titre lapidaire: *Battle of Antietam, 1862. Duration: One Day.* La facture à l'ancienne de sa prise de vue et le nom du lieu font remonter à la mémoire les photographies de ces mêmes champs jonchés de cadavres, prises par les photographes du Studio Brady un siècle auparavant.

La puissante capacité du portrait de proposer une confrontation ou une identification donne à son tour aux photographes les lieux possibles d'une rhétorique. Toute famille célèbre sa propre existence par le rituel de l'album de photos. Naissances, communions, mariages, vacances, anniversaires font vivre par leurs millions de clichés annuels un vaste secteur économique de studios photographiques consacrés au traitement de la photographie amateur. Dans ce registre de la célébration, les pratiques professionnelles trouvent leurs revenus dans la photographie officielle, déjà évoquée, mais aussi dans la photographie de mode, le portrait des stars, la chasse aux célébrités du *jet set* et autres hagiographies médiatiques.

En franc contraste, le portrait au service de la critique sociale ou de la dénonciation compte autant d'icônes. Parmi les plus anciennes et maintenant oubliées du grand public, les photographies de Jacob Riis, immigrant parmi les immigrants pauvres dans le cloaque new-yorkais des années 1870 et 1880. Puis, sous des aspects différents, mais avec la même universalité, le portrait emblématique de Florence Thompson et ses enfants, *The Migrant Mother*, dans la débâcle de la Grande Dépression, fait par Dorothea Lange en 1936 ou encore celui de Ernesto Guevara, dit Che, par Alberto Korda en 1960. La fonction sociale et critique de la photographie trouve une de ses meilleures armes dans le portrait et c'est lui qui a aujourd'hui la préférence des publicités pour les causes humanitaires[41].

En sus de cette riche postérité discursive, la photographie rend possible l'apparition d'un nouveau média, crucial dans la culture de masse: le cinéma. Lorsque, le 28 décembre 1895, les frères Louis et Auguste Lumière présentent le tout premier spectacle du cinématographe, ils ont réussi à leur tour, comme autrefois Daguerre et Niépce, à mener à terme toute une série de recherches pour enregistrer, cette fois-ci, non seulement l'empreinte du réel, mais son mouvement. Cette mise au point n'aurait pu se faire sans la maîtrise des sels argentiques, la réduction des temps d'exposition jusqu'à l'instantané, le film celluloïd déroulable et enroulable à volonté devant un objectif. À leur tour, les premiers opérateurs parcourent le monde pour capter des vues désormais animées, car le cinématographe est lui aussi d'abord pensé comme un outil pour documenter le monde. En germe, il compte pourtant tout autant le même problème de la documentation et de la représentation, puisque le premier spectacle des frères Lumière comptait déjà une petite histoire d'arroseur arrosé, complètement imaginée et mise en scène. Le cinématographe, au tournant du XXe siècle, poursuit cette tension en subdivisant le nouveau cinéma en deux grands genres promis à de gigantesques développements : le documentaire et la fiction.

Notes

1. L.-J. Gay-Lussac, cité par R. Colson dans « Mémoires originaux des créateurs de la photographie », Paris, Georges Carré et C. Naud, 1898 ; éd. en fac-similé, Paris, Jean-Michel Place, 1989, p. 64.
2. François Arago, « Le daguerréotype, rapport fait à l'Académie des Sciences de Paris le 19 août 1839 », reproduction de la publication dans le tome XXXV de *La France littéraire*, Paris, L'échoppe, 1839, p. 15.
3. *Le Robert, dictionnaire historique de la langue française*, sous la dir. d'Alain Rey, 1998, vol. 2, p. 2710-2711.
4. Louis Jacques Mandé Daguerre, « Description pratique du procédé nommé le daguerréotype, par Daguerre », dans son ouvrage intitulé *Historique et description des procédés du daguerréotype et du diorama*, Paris, Susse frères, éditeurs, 1939, reproduit par R. Colson, *op. cit.*, p. 52.
5. Walter Benjamin, « L'œuvre d'art à l'heure de sa reproductibilité technique », première version française, traduction des p. 40-46 du volume V de *Zeitschrift für Sozialforschung* par Pierre Klossowski en 1936, dans *L'homme, le langage, la culture*, Paris, Denoël-Gonthier, 1971, p. 143-144.
6. Cité par Clément Chéroux, dans « Vues du train, vision et mobilité au XIXe siècle », *Études photographiques*, n° 1, 1996, p. 73-88.
7. Charles Baudelaire, *Variétés critiques : 1 — La peinture romantique*, Paris, Éditions G. Crés et Cie, 1924, p. 122.
8. Cité par R. Colson, *op. cit.*, p. 45.
9. Eleanor Brown, « Les premières images par daguerréotype au monde — le photographe canadien Pierre Gustave Gaspard Joly de Lotbinière », dans *L'achiviste/The Archivist*, Ottawa, n° 118, 1999, p. 23-29.

10. Perdues mais peut-être non détruites. Hélène Leclerc emploie le terme *introuvables*. Elle indique par ailleurs que « dans les archives familiales, il n'existe aucune note ou document confirmant que Pierre-Gustave a continué à réaliser des daguerréotypes lorsqu'il est revenu au pays ». (*Domaine Joly-De Lotbinière*, Montréal, Fides, 2002, p. 17.)
11. *Excursions daguerriennes, Vues et monuments les plus remarquables du globe*, Paris, Rittner et Goupil, boulevard Montmartre, 15, Lerebours, opticien de l'observatoire, place du Pont Neuf, 13, Hr Bossange, Quai Voltaire, 11, vol. 1, 1841, et vol. 2, 1842, Montréal, Centre Canadien d'Architecture.
12. Texte d'accompagnement de « Le Parthénon ou temple de Minerve (Athènes) », dans *Excursions daguerriennes*, vol. 1, *ibid.*, non paginé.
13. Texte d'accompagnement de « Vue des Propylées (Athènes), 1839 », dans *Excursions daguerriennes*, vol. 1, *ibid.*, non paginé.
14. Texte d'accompagnement de « Temple Hypèthre dans l'île de Philae (Nubie) », dans *Excursions daguerriennes*, vol. 2, *ibid.*, non paginé.
15. Weston J. Naef et James N. Wood, « Photographers in Yosemite, 1861-1868 », dans *Era of Exploration, The Rise of Lanscape Photography in the American West, 1860-1885*, Buffalo, Albright-Knox Art Gallery, 1975, p. 34-69.
16. Marianne Fulton, *Eyes of Time, Photojournalism in America*, Boston/Toronto/London, A New York Society Book, Little, Brown and Company, published in Association with the International Museum of Photography at George Eastman House, 1988, p. 311 et <http://www.masters-of-photography.com>.
17. <http://www.nationalgeographic.com>, 25 septembre 2001.
18. « En 2002, soit cent quatorze années plus tard, le magazine se porte plutôt bien. Il est publié en vingt-trois langues (de l'anglais au français, en passant par le polonais, le finlandais ou encore le coréen) et est diffusé à près de 10 millions d'exemplaires tous les mois. Son contenu s'est certes modernisé, mais garde l'esprit des pères fondateurs, à savoir rigueur, soif de savoir et vulgarisation. » *National Geographic*, numéro hors série, *100 ans d'expéditions National Geographic*, édition française, Paris, 2002, p. 13.
19. *Paysages photographiés*. Mission photographique de la Délégation à l'aménagement du territoire et à l'action régionale (DATAR) conçue et dirigée par Bernard Latarjet et François Hers, Paris, Hazan, 1989, p. 13.
20. « Les premiers pas de l'univers en photo », Associated Press et *La Presse*, 14 février 2003.
21. Rodolphe Girard, *Marie Calumet*, Montréal, Bibliothèque québécoise [1904], 1990, p. 140. Le chapitre VII, « Marie Calumet va se faire photographier à Montréal », est l'occasion de pages désopilantes sur le voyage en train qui mène l'héroïne du roman à la grande ville et sa quête complexe d'un *tireur de portraits*. De telles audaces rabelaisiennes valurent au romancier la condamnation immédiate du clergé et son congédiement par son employeur, le journal *La Presse* (cf. la note d'introduction à la réédition de 1990, *op. cit.*, p. 8).
22. Roland Barthes, *La chambre claire, note sur la photographie*, Paris, Cahiers du cinéma, Gallimard, Seuil, p. 109-119.

23. Source : BNQ, RES/CB/7.
24. Willfried Baatz, *Photography, an Illustrated Historical Overview*, New York, Barron's, 1997, p. 39.
25. *Le Journal de Trois-Rivières*, 7 août 1866, cité par Michel Lessard, dans *Les Livernois photographes*, Québec, Musée du Québec et Agenda Québec, 1987 ; publication préparée à l'occasion de *Livernois, photographe, 120 ans de studio à Québec*, exposition au Musée du Québec, Andrée Laliberté-Bourque, conservatrice en chef, et Michel Lessard, conservateur invité, p. 85.
26. Voir Catherine Saouter, « Les Pères de la Confédération : photographie, peinture et représentation », *Revue d'histoire de la culture matérielle*, Ottawa, Musée national des sciences et technologies, 2000, p. 59-71.
27. *Convention at Charlottetown, Prince Edward Island, of delegates from the Legislatures of Canada, New Brunswick, Nova Scotia and Prince Edward Island. To Take into Consideration the Union of the British North American Colonies, September 1, 1864, photographed by G. P. Roberts, St. John, N.B.*, Public Archives of Prince Edward Island, n° 4052/3.
28. *International Convention at Quebec of delegates of the Legislatures of Canada, Nova Scotia, New Brunswick, Prince Edward Island and Newfoundland to Settle the Basis of a Union of the British North America Provinces, October 27th, 1864*. Photographed by Livernois. Entered according to Act of the Provincial Legislature in the year 1864, by J.B. Livernois, in the Office of the Registrar of the Province of Canada. 4,5V.c.61s.6. ANQ, Fonds J. E. Livernois Ltée, P560, S2, P300298, n° 05855.
29. Robert Harris, « Cartoon for *Meeting of the Delegates of British North America to Settle the Terms of Confederation, Quebec, October 1864*/Carton pour *La réunion des délégués de l'Amérique du Nord britannique devant régler les conditions de la Confédération, Québec, octobre 1864*, 1883, fusain et sanguine sur vélin, 160,02 × 361,95 cm, Musée des Beaux-Arts du Canada, n° 26955, acquis en 1981, don de la Chambre des communes, gouvernement du Canada.
30. Cité par Mason Wade, *Les Canadiens français*, Ottawa, Le Cercle du livre de France, 2e édition, 1966, p. 355.
31. Douglas M S…(illisible) à Robert Harris, Halifax 1er juin 1883. « Dear Sir. Enclosed please find a Photo of the late Hon Jonathan MCally which is the best likeness of the late gentleman that I have. I have answered the questions as near as possible. Please return the Photo to me when you ave done with it. You will observe that this photo is very like the one on the group taken in Quebec (sic) ». (ANC, MGD88.)
32. Confederation Center of Arts, fonds Robert Harris, carnet de croquis, 1883-1885, n° 20.
33. Confederation Center of Arts, fonds Robert Harris.
34. Voir Michel Lessard, historiographe des Livernois, *Les Livernois, photographes*, note 21.
35. Voir Moncrieff Williamson, historiographe de R. Harris, *Robert Harris 1849-1919 : A Unconventional Biography*, Toronto/Montreal, McClelland/Stewart, 1970.

36. L'artiste David Hockney a provoqué tout un émoi dans la communauté des historiens de l'art en démontrant que les plus grands maîtres de la peinture, Van Eyck, Vermeer, et bien d'autres, à l'instar de Canaletto, utilisaient la chambre obscure. En l'an 2000, une telle démonstration choque encore. Pour l'exposé de la thèse de Hockney, voir *David Hockney*: *Secret Knowledge*, R. U., 2002, réal. Randall Wright, production BBC Omnibus, couleur, 72 min.

37. Voir à ce sujet Alain Roger, *Court traité du paysage*, Paris, Gallimard, 1997: « Il est notable que Rabelais, en 1534, ne semble pas disposer du terme "paysage", dont la première mention officielle figure dans le dictionnaire latin/français de Robert Estienne (1549) », p. 19.

38. Le cliché a été pris au cours d'une mission de reconnaissance de la CIA, autorisée par le président J. F. Kennedy, le 14 octobre 1962.

39. *White House Ruin, Canyon de Chelly National Monument, Arizona*, 1942. ©Trustees of The Ansel Adams Publishing Rights Trust.

40. Cette photographie a fait partie de l'exposition *Deborah Bright*: *Textual Landscapes*, University Art Museum, SUNY Binghamton, New York, 1988.

41. Sur ce sujet, voir Vincent Lavoie, *L'instant-monument*: *du fait divers à l'humanitaire*, Montréal, Dazibao, 2001, et François Jean, *La rhétorique humanitaire*: *analyse d'un corpus publicitaire de 1994 à 2002*, Maîtrise en communication, Université du Québec à Montréal, 2003.

2

IMPRIMER, DIFFUSER :

LES PREMIÈRES IMAGES DE LA GUERRE

L'expansion de la photographie fait très vite compter en milliers, millions et, depuis longtemps, en milliards d'exemplaires les images produites et diffusées dans les sociétés occidentales. Quelques chiffres, à chaque bout de la chronologie, permettent d'apprécier ces ordres de grandeur. Vers 1875, l'entreprise de Notman tirait environ 14 000 clichés par année dans son studio de Montréal[1], studio qui comptait 35 salariés depuis 1863 et avait déjà essaimé, à travers le Canada de l'Est, des succursales à Ottawa, Toronto, Halifax et Saint John. À la mort du fondateur, en 1891, 26 studios étaient disséminés au Canada et aux États-Unis[2]. La production de l'entreprise, fermée en 1935, est devenue un précieux fonds d'archives et le Musée McCord qui en est dépositaire annonce, en 2003, « plus de 450 000 photographies (dont 200 000 négatifs sur verre) prises par le Studio Notman au cours de ses 78 ans d'existence », auxquelles il ajoute « 600 000 images prises par d'autres photographes (du XIXe siècle à nos jours)[3] ». Aujourd'hui, un des principaux studios photographiques de la même ville de Montréal produit aussi une moyenne 14 000 clichés, mais cette moyenne-là est non pas annuelle, mais hebdomadaire[4].

Ces données sont le symptôme des apports technologiques de la Révolution industrielle qui, outre de nouveaux procédés de réalisation des images, ont transformé et renouvelé les moyens de leur diffusion. En fait, la performance photographique n'est qu'un aspect de la place croissante que les images prennent dans le champ social et culturel, de la naissance de la presse à grande diffusion à aujourd'hui.

La production photographique, destinée à devenir pléthorique, reste, au départ, une forme parmi d'autres de représentation visuelle. Les images réalisées par les graveurs, les illustrateurs, caricaturistes et autres graphistes, profitent autant que la nouvelle photographie de l'expansion des moyens de diffusion. Pendant des décennies, le dessin domine largement la production. Lorsque, dans les années 1870, les grands magasins français de prêt-à-porter, tels le *Bon Marché* ou le *Printemps*, se lancent dans la distribution de catalogues, c'est grâce à la plume de dessinateurs que la mode de Paris captive les femmes, de la gare Saint-Lazare jusqu'au fin fond des Amériques. De nombreux journaux et périodiques, en introduisant une section féminine dans leurs pages, donnent aux illustrateurs l'occasion de livrer de somptueux dessins d'élégantes couvertes de frondaisons de volants, de rubans et de dentelles, cibles toutes désignées au régal des caricaturistes. Ainsi celui du *Canadian Illustrated News*, le 12 août 1871. Les mœurs nouvelles ont mis la baignade à la mode : son crayon impitoyable ridiculise la déplorable métamorphose d'une élégante après le passage dans l'eau...

Le 3 septembre 1910, lorsque Albéric Bourgeois, dessinateur au journal *La Presse*, propose une planche humoristique sur *Comment on fait un journal*, il met en scène la course effrénée d'un reporter accompagné de son coéquipier vers le théâtre des événements à couvrir : ce coéquipier n'est pas un photographe, mais un dessinateur qui réalise ses croquis à la vitesse de l'éclair.

Après qu'Émile de Girardin a inventé en France la presse à deux sous en 1836, cassant les prix et faisant exploser les tirages, Moïse Polydor Millaud, propriétaire du *Petit Journal*, relève le défi de la concurrence avec des *unes* offrant une illustration couleur pleine page qui régale les amateurs de faits divers. Mieux encore, profitant des ressources de la presse de masse, les dessinateurs introduisent une création culturelle : la bande dessinée, nouveau genre narratif qui prépare le terrain du dessin animé et du film de fiction. Yellow Kid, The Katzentjammer Kids, Tintin dans les années 1920 captivent le lectorat au même titre que le comte de Monte Cristo et Sherlock Holmes.

La photographie comme vecteur incontournable des représentations du siècle taille donc sa place et définit son rôle progressivement parmi les diverses formes de production des images qui prennent un essor nouveau ou renouvelé à la fin du XIXe siècle. Malgré ce que l'on sait du futur, le journal

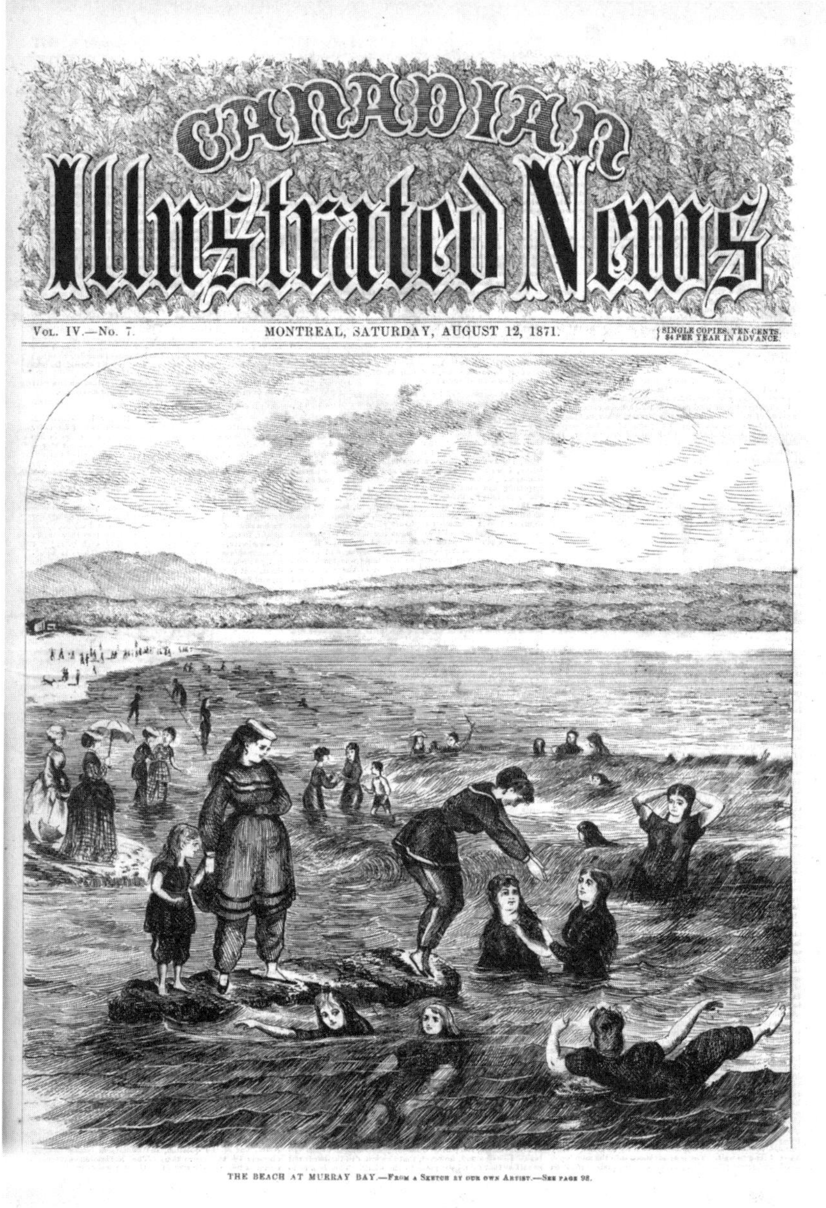

CANADIAN Illustrated News

VOL. IV.—No. 7. MONTREAL, SATURDAY, AUGUST 12, 1871. SINGLE COPIES, TEN CENTS. $4 PER YEAR IN ADVANCE.

THE BEACH AT MURRAY BAY.—FROM A SKETCH BY OUR OWN ARTIST.—SEE PAGE 98.

ill. 11 : *Canadian Illustrated News*, 12 août 1871, page couverture.

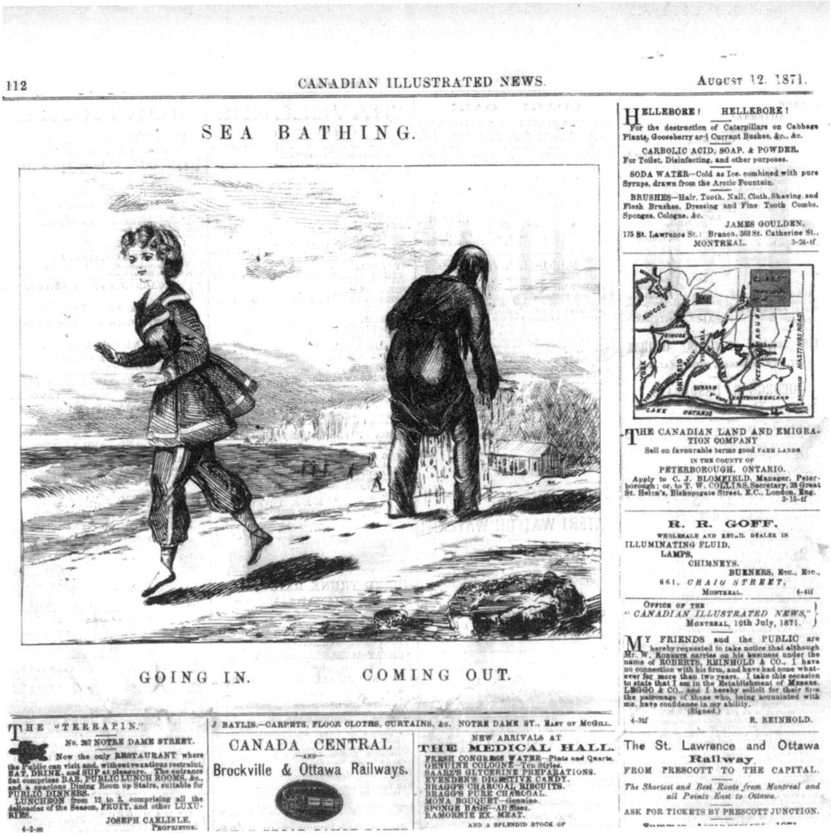

112 CANADIAN ILLUSTRATED NEWS. August 12. 1871.

SEA BATHING.

GOING IN. COMING OUT.

HELLEBORE! HELLEBORE!

For the destruction of Caterpillars on Cabbage Plants, Gooseberry and Currant Bushes, &c., &c.

CARBOLIC ACID, SOAP, & POWDER.
For Toilet, Disinfecting, and other purposes.

SODA WATER—Cold as Ice, combined with pure Syrups, drawn from the Arctic Fountain.

BRUSHES—Hair, Tooth, Nail, Cloth, Shaving, and Flesh Brushes, Dressing and Fine Tooth Combs, Sponges, Cologne, &c.

JAMES GOULDEN,
175 St. Lawrence St.: Branch, 363 St. Catherine St., MONTREAL. 3-24-tf

THE CANADIAN LAND AND EMIGRATION COMPANY
Sell on favourable terms good FARM LANDS
IN THE COUNTY OF
PETERBOROUGH, ONTARIO.
Apply to C. J. BLOMFIELD, Manager, Peterborough; or, to T. W. COLLINS, Secretary, 23 Great St. Helen's, Bishopsgate Street, E.C., London, Eng. 3-15-tf

R. R. GOFF.
WHOLESALE AND RETAIL DEALER IN
ILLUMINATING FLUID,
LAMPS,
CHIMNEYS,
BURNERS, Etc., Etc.,
661, CRAIG STREET,
Montreal. 4-4tf

Office of the "CANADIAN ILLUSTRATED NEWS," Montreal, 10th July, 1871.

MY FRIENDS and the PUBLIC are hereby requested to take notice that although Mr. W. Roberts carries on his business under the name of ROBERTS, REINHOLD & CO., I have no connection with his firm, and have had none whatever for more than two years. I take this occasion to state that I am in the Establishment of Messrs. LEGGO & CO., and I hereby solicit for their firm the patronage of those who, being acquainted with me, have confidence in my ability.
(Signed.)
4-3tf R. REINHOLD.

THE "TERRAPIN."
No. 287 NOTRE DAME STREET.
Now the only RESTAURANT where the Public can visit and, without vexatious restraint, EAT, DRINK, and SUP at pleasure. The entrance flat comprises BAR, PUBLIC LUNCH ROOMS, &c., and a spacious Dining Room up Stairs, suitable for PUBLIC DINNERS.
LUNCHEON from 12 to 3, comprising all the delicacies of the Season, FRUIT, and other LUXURIES.
JOSEPH CARLISLE, Proprietor.
4-2-m

J. BAYLIS.—CARPETS, FLOOR CLOTHS, CURTAINS, &c. NOTRE DAME ST., East of McGill.

CANADA CENTRAL
—AND—
Brockville & Ottawa Railways.

NEW ARRIVALS AT
THE MEDICAL HALL.
FRESH CONGRESS WATER—Pints and Quarts.
GENUINE COLOGNE—Ten Styles.
SAARZ'S GLYCERINE PREPARATIONS.
EVENDEN'S DIGESTIVE CANDY.
BRAGG'S CHARCOAL BISCUITS.
BRAGG'S PURE CHARCOAL.
MONA BOUQUET—Genuine.
SPONGE BAGS—All Sizes.
RAMORNIE EX. MEAT.
AND A SPLENDID STOCK OF

The St. Lawrence and Ottawa Railway
FROM PRESCOTT TO THE CAPITAL.
The Shortest and Best Route from Montreal and all Points East to Ottawa.
ASK FOR TICKETS BY PRESCOTT JUNCTION.

ill. 12 : *Canadian Illustrated News*, 12 août 1871, dessin d'humour.

et le magazine illustré en sont, à ce moment-là, les véhicules les moins efficaces, car ces médias ne disposent pas encore des techniques performantes et bon marché indispensables à la pleine intégration de la photographie dans le traitement de l'information.

La presse illustrée et l'information par l'image

Si les fonctions et usages de la presse sont compris depuis plusieurs siècles, le passage à la presse de masse, c'est-à-dire à grand tirage et même très grand tirage est rendu possible grâce aux perfectionnements apportés à la presse

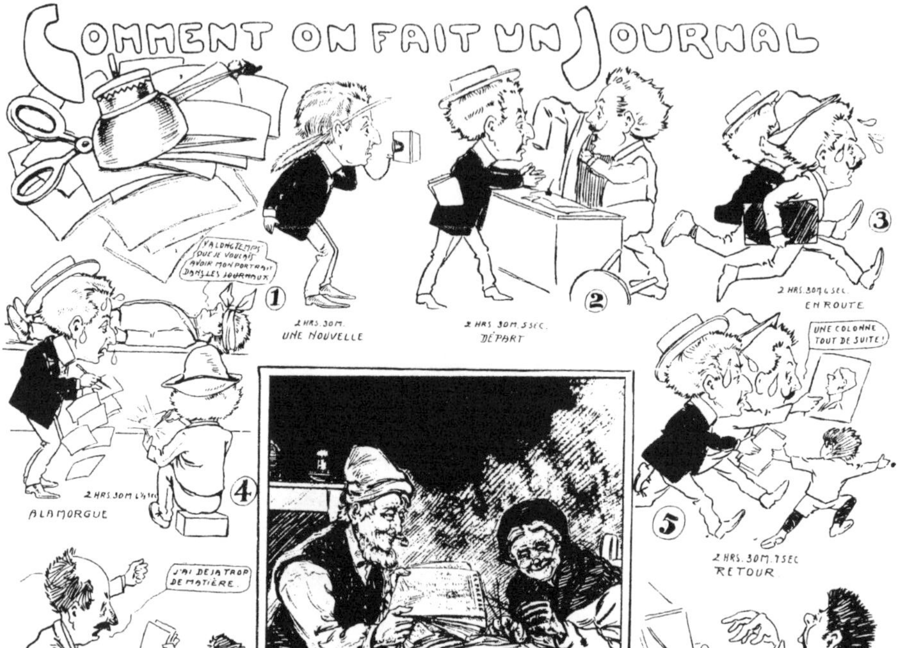

ill. 13 : Albéric Bourgeois, Comment on fait un journal, *La Presse*, 3 septembre 1910.

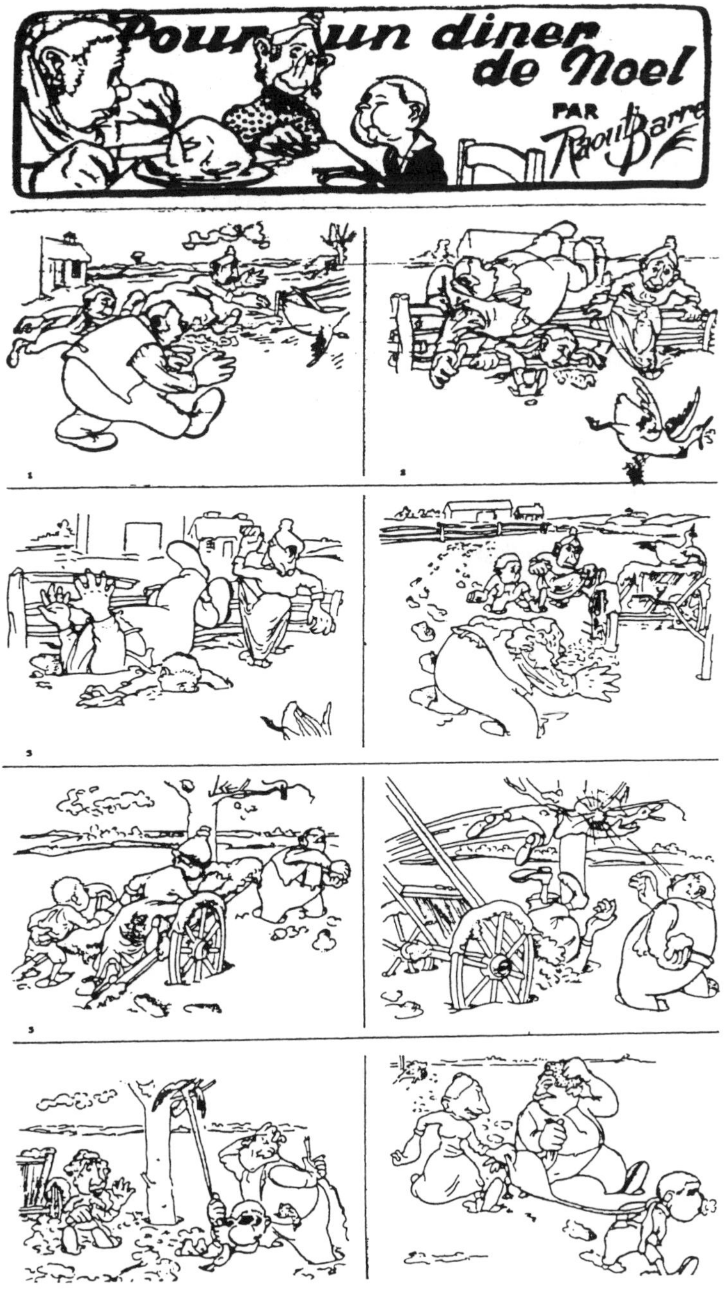

La Presse, samedi 20 décembre 1902

ill. 14 : La première bande dessinée publiée par *La Presse*, 20 décembre 1902.

à imprimer en Angleterre à la fin du XVIIIe siècle, puis en Allemagne dans les décennies suivantes: la machinerie autorise près de 20 000 exemplaires à l'heure dans les années 1860. Quand sont arrimés rotatives de presse, papier en rouleau continu et linotypie, mise au point aux États-Unis par Ottmar Mergenthaler en 1884, la presse peut définitivement devenir une industrie. Les solutions sont désormais trouvées pour la production performante du texte imprimé et les techniques traditionnelles de la gravure sont facilement adaptées pour intégrer illustrations, caricatures, bandes dessinées et, bien sûr, publicités illustrées. Le monde de la presse, outre ses tirages démultipliés et ses revenus en conséquence, est aussi en train d'inventer la démocratisation de l'information, disponible désormais pour des milliers puis des millions de lecteurs, eux-mêmes de plus en plus alphabétisés en raison de l'accroissement du niveau de vie provoqué, malgré bien des aléas, par la Révolution industrielle. Entre 1884 et 1914, la province de Québec offre un millier de titres à la population qui, passée de 1,4 million d'habitants à 2 millions en 30 ans, voit tomber le taux d'analphabétisation de 30 % en 1891 à 12,6 % en 1911. Parmi ces périodiques, environ 400 sont des quotidiens et des hebdomadaires. Trois d'entre eux, devenus des piliers de la presse québécoise, paraissent toujours au début du XXIe siècle: *La Presse*, créée en 1884, *Le Devoir*, en 1911, et *The Gazette*, tout premier journal (bilingue à l'époque), créé en 1778 par le premier imprimeur installé à Montréal, Fleury Mesplet[5].

Cependant, dans le cas de la photographie, le problème reste entier. On pressent que la photographie, empreinte directe du réel, peut soutenir la force de l'information véhiculée par les textes des premiers journalistes. Transposer les photographies avec la technique de la gravure est alors la solution imaginée et immédiatement employée. Jusqu'au début du XXe siècle, elle en fait ainsi un usage tout à fait abondant mais qu'il faut pourtant qualifier d'*auxiliaire*, puisque l'image publiée est en fait une gravure. Cette technique, éprouvée depuis plusieurs siècles, trouve là un moment d'expansion majeure et préside à la naissance de l'image d'actualité, préparant le terrain pour des images qui feront — ou seront — plus tard elles-mêmes la nouvelle. La façon de l'utiliser subdivise la presse en deux groupes distincts: la presse quotidienne et la presse périodique. La première est toujours moins illustrée que la seconde, que celle-ci soit hebdomadaire ou mensuelle, les délais de production, à cette époque comme aujourd'hui, favorisant la place des images dans des publications aux éditions davantage espacées. Une presse périodique qui définit explicitement sa politique éditoriale par la prépondérance des illustrations débute en 1842 avec le *London Illustrated News*, suivi de *L'Illustration* en 1843, *Die Illustrierte Zeitung* en 1845. De la photographie, à ce moment, on ne connaît que le daguerréotype. Dans la décennie suivante, le *London Illustrated News* grave les photographies de Roger Fenton qui couvre la guerre de Crimée. Il n'est pas question de scènes prises sur le vif ni de nouvelles instantanées : Roger Fenton utilise des plaques au collodion et, entre la mer Noire et l'Angleterre, plusieurs semaines sont nécessaires pour faire franchir la distance aux articles, croquis et clichés des correspondants sur le terrain. Les conditions restent comparables pour Alexander Gardner et les photographes à l'emploi du studio de Mathew Brady, à Washington, qui couvrent la guerre de Sécession dans les années 1860. Les photos sont prises à l'arrière ou après les batailles. En 1869, quand George Edward Desbarats crée le *Canadian Illustrated News*, premier du genre dans le nouveau Dominion, il imprime lui aussi des vues statiques, transposées avec un procédé de xylographie amélioré par son associé William Leggo. Parmi les 16 pages hebdomadaires, « au moins 7 pages seront très joliment illustrées grâce à la merveilleuse technique du leggotype qui, en transformant la photographie en gravure grâce à des procédés où n'interviennent que des produits chimiques, produit des résultats où s'allient beauté et précision[6] ». Il s'agit d'un procédé automatique de reproduction de la photo sur la surface du bois de bout, mais il faut toujours un graveur pour creuser les lignes et surfaces obtenues.

Il faudra encore une décennie pour mettre au point la photogravure, le tramage et la similigravure, et une pleine génération supplémentaire pour rendre ces procédures rentables tout en mettant au point un moyen de transmission des images aussi performant que la téléphonie ou la télégraphie sans fil pour le texte écrit : le *bélinographe*, en convertissant des signaux optiques en signaux sonores, rend possible la transmission des images par câble téléphonique. La généralisation de la photographie dans la presse imprimée n'aura lieu qu'après la Première Guerre mondiale. En attendant ces facilités, George William Desbarats parvient néanmoins à insérer de très nombreuses transpositions gravées et illustrations dans les pages de son magazine en 14 ans d'existence, remplissant ainsi la promesse tenue dans le

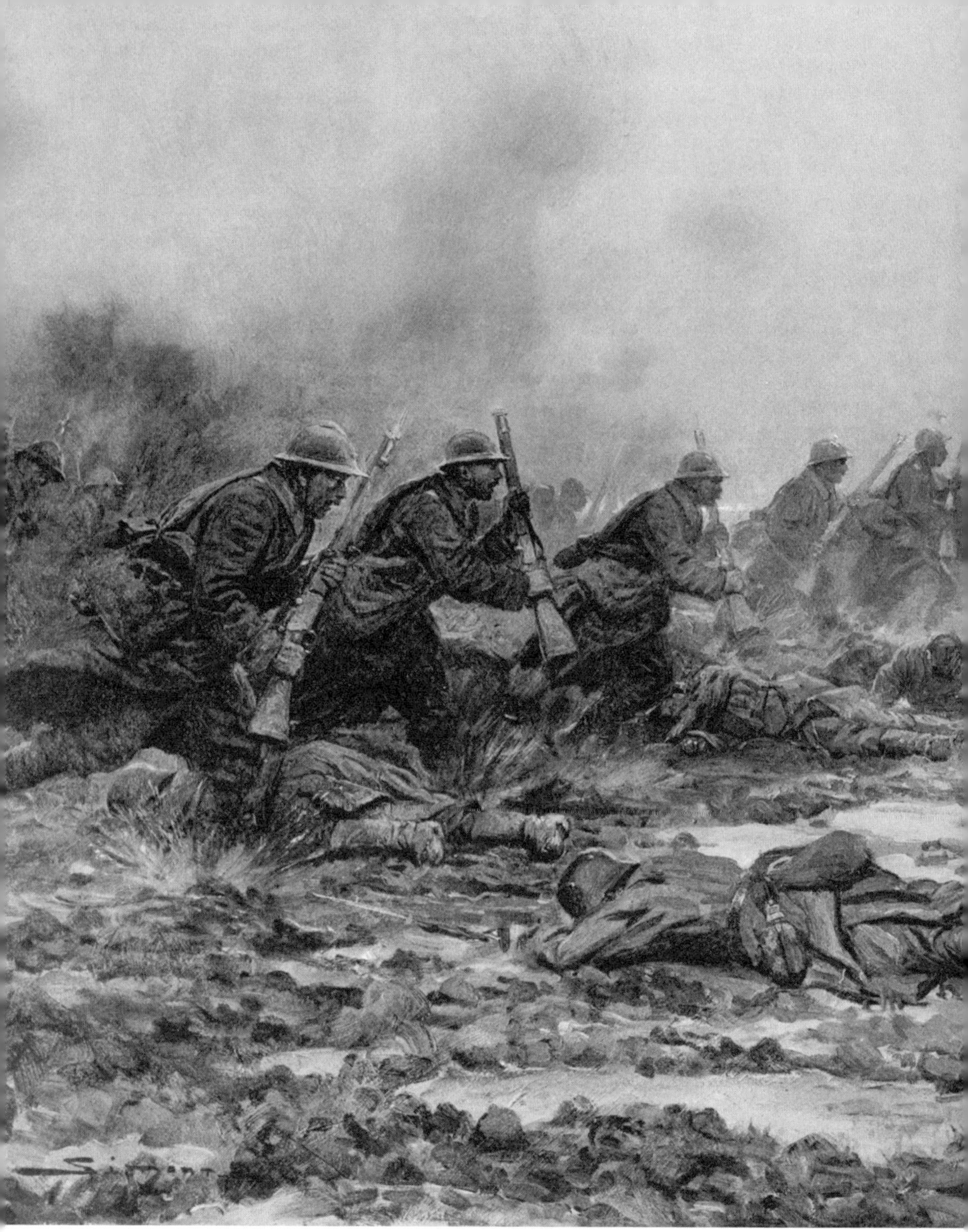

ill. 15 : Le champ de bataille en 1918, *L'Illustration,* 20 avril 1918.

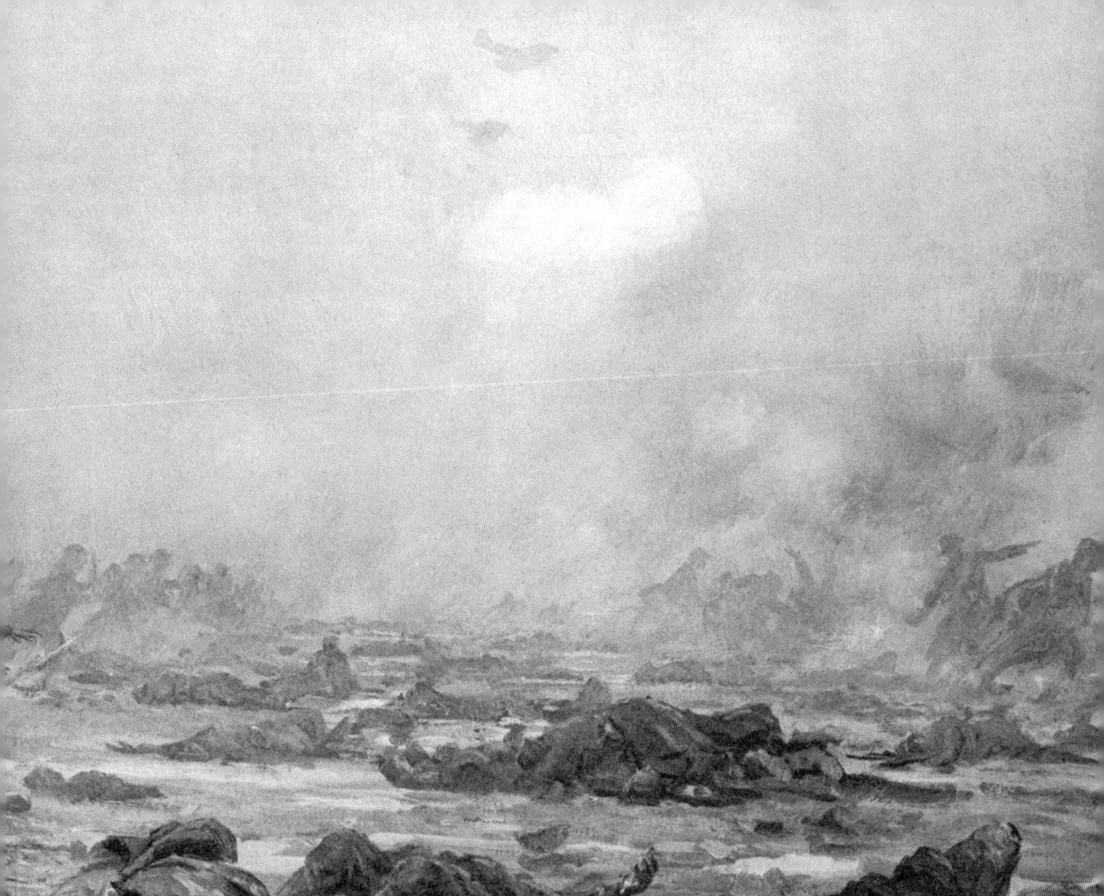

DANS LA BATAILLE : LA CONTRE-ATTAQUE FRANÇAISE

premier numéro. Et la qualité de sa publication est telle qu'elle inspire son compatriote Laurent Olivier David :

> Ayant un jour vu ce journal, j'eus l'idée qu'une revue française du même genre et illustrée de la même façon aurait du succès. [Mon associé] approuva mon projet et le communiqua à M. Desbarats qui l'accueillit avec faveur et le mit sans tarder à exécution. [Le nouveau journal] parut, le 1er janvier 1870, sous le nom de *L'Opinion Publique* et devenait en peu de temps populaire. Sa rédaction variée et piquante ainsi que ses gravures plaisaient au public. L'histoire illustrée des patriotes de 1837-38 contribua beaucoup à son succès[7].

Alors que la reproductibilité des photographies sous la presse à imprimer est quasi acquise, la revue française *L'Illustration* ne renonce toujours pas à la main du dessinateur. Dans la livraison du 20 avril 1918, la page double centrale est réservée à une véritable peinture d'histoire, comme meilleur moyen de rendre compte du désastre inaugural du XXe siècle.

En format paysage, comme le veut la tradition de ce type de représentation, un large point de vue donne à voir une charge à travers un espace envahi par la fumée ; des soldats, baïonnette au poing, foncent vers le hors-champ, à droite du cadre. À l'avant-plan, des cadavres de soldats. Le travail est dans la veine épidictique ; la composition, tout en induisant le mouvement de gauche à droite, respecte l'équilibre du canon classique. Monochromes, les demi-tons sont employés au maximum des possibilités. Dans une typographie soignée, une longue légende qui accompagne le tableau en précise le sens et confirme l'apologie : « Dans la bataille : la contre-attaque française/Les assaillants ont été arrêtés, leur flot se retire, et c'est sur un terrain jonché de cadavres allemands qu'avance à la baïonnette notre infanterie, précédée par une ligne de grenadiers et par nos aviateurs, volant très bas en mitraillant l'ennemi » (Dessin de J. Simot, d'après le récit d'un blessé).

Cette option éditoriale reste exactement du même ordre que celle qui, 35 ans plus tôt, faisait voter par le parlement canadien la commande d'une peinture officielle, représentant un événement pourtant photographié deux fois avec les qualités que l'on sait.

Au-delà du débat de valeurs à propos de peinture et photographie, il reste que, dans la routine des travaux éditoriaux, quelles que soient la finesse du procédé et la dextérité du graveur, celui-ci redessine indéniablement la repré-

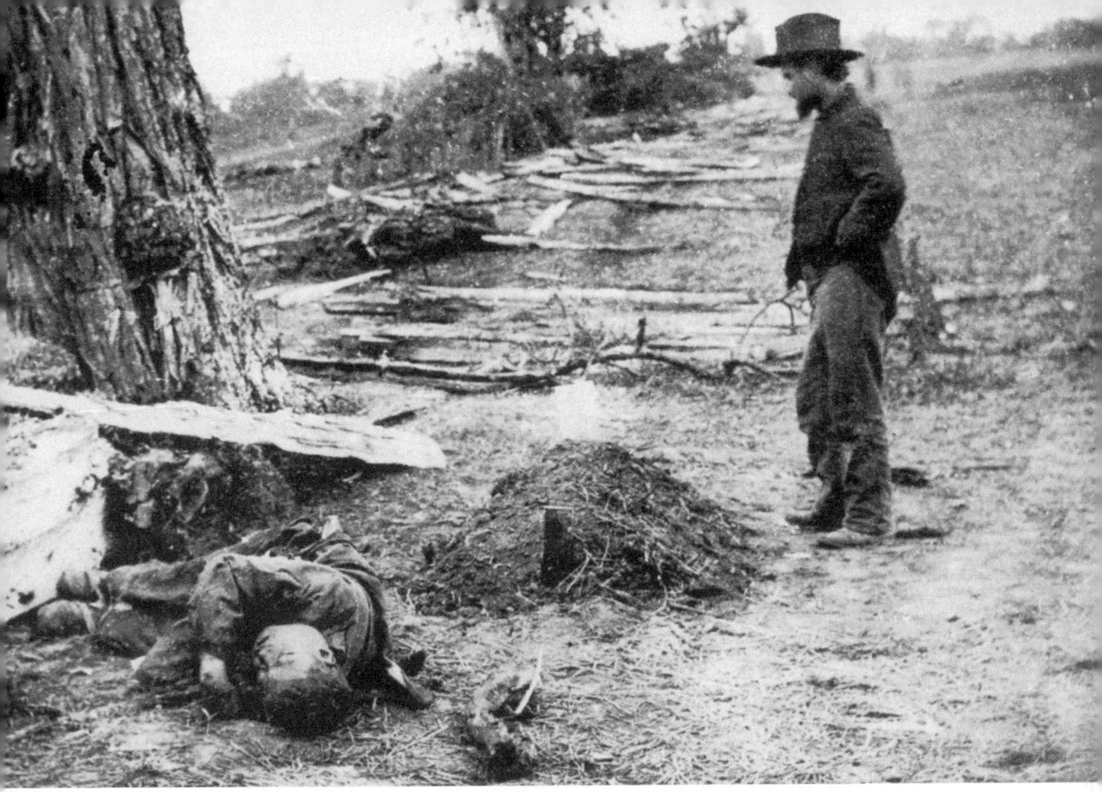

ill. 16 : A. Gardner, A contrast : Federal buried, Confederate unburied, where they fell, on the battle field of Antietam, 1862.

sentation obtenue par le photographe. Il y a donc nécessairement place pour un remaniement potentiel de la mise en scène. Ce remaniement peut n'avoir que des conséquences esthétiques, il peut en avoir aussi sur le sens du document. C'est bien ce que l'on constate à l'occasion d'une des plaques d'Alexander Gardner exposée après la bataille de Antietam[8]. Il avait lui-même légendé le cliché : *A contrast : Federal buried, Confederate unburied, where they fell, on the battle field of Antietam, 1862.*

Le graveur du *Harper's Weekly*, qui a procédé à la gravure pour l'édition du 18 octobre 1862, en épurant ses lignes pour la rendre plus lisible, a légèrement modifié la représentation. La main du cadavre a été déplacée et celui-ci semble endormi au creux de son bras. Le soldat de l'arrière-plan a le visage plus nettement tourné vers le gisant. Deux pierres levées, bien découpées, encadrent une motte de terre beaucoup plus soigneusement ratissée. Les détritus d'arrière-plan sont devenus une grisaille dans une perspective atmosphérique. Et la légende du *Harper's Weekly* est tout autre : *Little drummer boy*. L'éditeur a

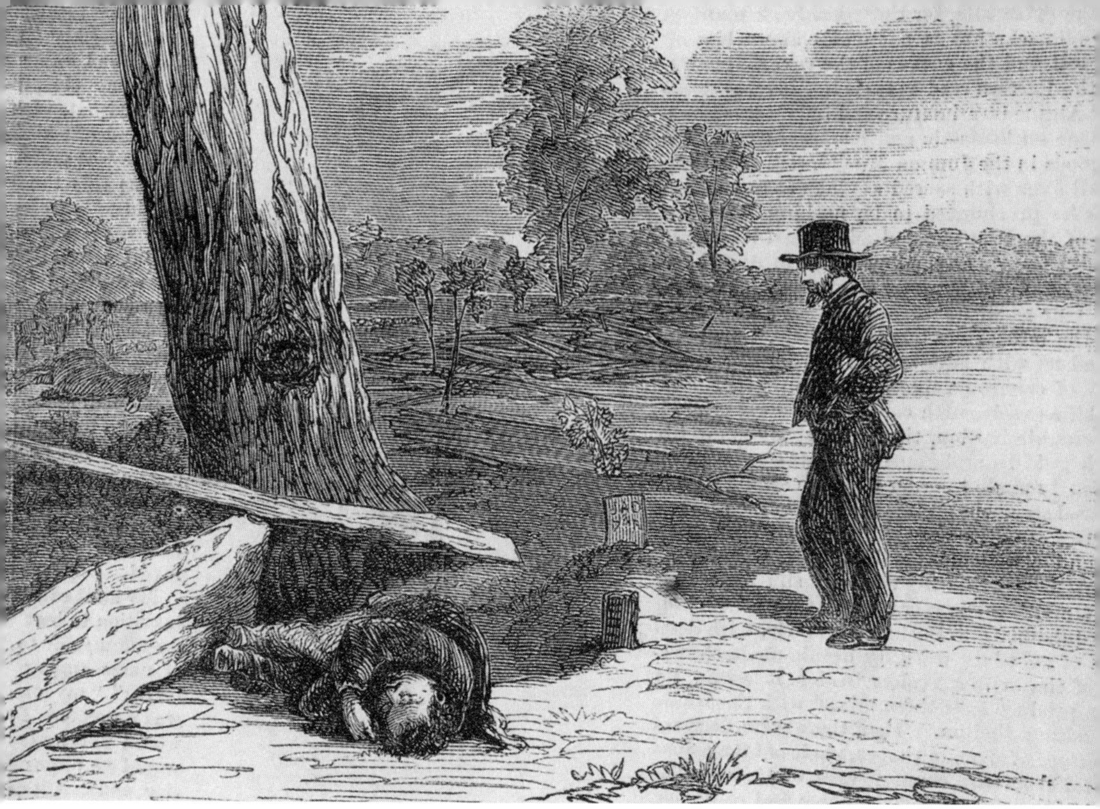

ill. 17 : Little drummer boy, *Harper's Weekly*, 18 octobre 1862.

singulièrement adouci la portée de l'image et réduit de façon significative les effets de la brutalité de la scène :

> Huit images tirées de cette série furent reproduites grâce à la technique de la xylographie dans le numéro du 18 octobre 1862 de la revue *Harper's Weekly*. Étant constituées à partir de gravures sur bois, les reproductions simplifiaient beaucoup le contenu des images, puisque le transfert de l'image photographique au bloc d'impression en bois était exécuté manuellement. Afin de s'assurer que ces images allaient totalement captiver l'imagination des lecteurs de *Harper's*, on y ajouta donc un commentaire qui décrivait soigneusement les détails ayant été effacés ou ayant disparu lors de la conception des gravures sur bois. Ce commentaire faisait le récit, extrêmement sentimental mais aussi purement fictif, de l'une des images [...], lui accordant — à elle, mais aussi aux autres images, par association — une qualité rédemptrice sur le plan moral [...]. Le « petit tambour » était, en fait, un jeune fantassin confédéré dont le cadavre avait été laissé là en attendant que les troupes de l'Union aient terminé d'enterrer leurs propres morts[9].

La pleine ontologie entre photographie et traitement de la nouvelle est loin d'être réalisée : on ne peut accuser une gravure d'être un faux, assertion qui pourra jalonner, on le sait, l'histoire de la photographie de presse, en temps et lieu. Ces deux exemples, l'un français, l'autre américain, issus de ce que l'on pourrait appeler un protophotojournalisme, contiennent en germe des problématiques qui traversent toute l'histoire des médias contemporains.

L'infléchissement du sens par le remaniement du graveur laisse constater, à cette étape, le respect de deux composantes du cliché photographique : le cadre et, conséquemment, la composition. Clichés et transpositions gravées ont suffisamment souvent été rapprochés par les études sur le photojournalisme pour constater régulièrement le respect de l'intégrité du cadre. Il aurait pourtant été aisé de recadrer et, d'un point de vue tout pragmatique, cela aurait même pu être, à l'occasion, une façon de gagner du temps sur les délais de production. Un cliché de Jules-Isaïe Livernois et sa version gravée dans le *Canadian Illustrated News* du 20 mars 1875 illustrent bien la règle d'allégeance qui lie la copie à l'original[10]. Le sujet traite la cueillette de l'eau d'érable. Trois personnages, en différents points de la profondeur de champ, tirent un tonneau, manipulent des seaux, ramassent du bois. Leur gestuelle, leur disposition les uns par rapport aux autres, la taille du plan, le point de vue sont exactement semblables dans la gravure et la photographie. La facture très fine exige de jouer « à chercher l'erreur » pour se rendre compte que les éléments secondaires, les érables d'arrière-plan, ne sont pas en nombre identique dans les deux images. Tout en s'appuyant sur les mêmes lignes de composition, le graveur a laissé libre cours à sa représentation de l'érablière. Rien là de bien conséquent, mais qui établit que la liberté de recomposer un arrière-plan n'implique pas celle de passer du plan d'ensemble au plan rapproché, encore moins au gros plan. La règle observée par le graveur de l'érablière est la même que celle du graveur de la scène à Antietam. Cela signale aussi que graveurs et photographes perpétuent pour le moment une manière de concevoir le point de vue sur les événements, conformément à des modèles établis par des genres de la peinture classique, à savoir le paysage et la peinture d'histoire. Il y a donc une étape encore à franchir pour s'émanciper de ce canon qui, d'ailleurs, est aussi respecté par les premières vues cinématographiques.

Ce scrupule du graveur le distingue tout à fait du peintre. Celui-là exploite en toute liberté la photographie comme auxiliaire de son œuvre. Il taille, extrait, assemble les matériaux photographiques au service d'un projet de composition dont il est entièrement maître, nonobstant les éléments documentaires dont il dispose. Qu'il s'agisse des *Pères de la Confédération* de Robert Harris, des ballerines de Degas, ou des œuvres de tant d'autres artistes, cette liberté distingue ces derniers du graveur de la presse imprimée. Dans son cas, la conservation de la composition est un indice du respect de la photographie comme gage d'une réalité et le respect du cadre est une forme de préservation de sa valeur testimoniale. La gravure de presse doit être une stricte médiation, non une interprétation réservée au seul artiste. La publication du cliché d'Antietam démontre la fragilité de la posture : toute médiation est *de facto* une forme d'interprétation. De surcroît, toute photographie est à la fois un document et une représentation. La place que prendra la photographie dans les médias de communication donnera l'occasion de constater à n'en plus finir l'ampleur de ce problème. On finira par intervenir dans le cadre et *recadrer* deviendra une opération courante de la diffusion de la photographie de presse. En attendant, cette procédure introduit déjà le problème de la disposition dans le média, compliquant un peu plus la dialectique représentation-documentation.

Par ailleurs, il faut constater que des étapes fondamentales du rapport entre presse et photographie sont franchies à l'occasion d'événements particuliers. Si les périodiques illustrés, à l'époque comme aujourd'hui, déclinaient avec beaucoup de variété la chronique de l'actualité, du fait quasi anecdotique et local aux grandes expositions universelles, ils trouvent dans la guerre un lieu privilégié pour élaborer la rhétorique de l'image d'information dont les logiques se perpétuent jusqu'à aujourd'hui.

> C'est en Crimée que commence l'envoi de véritables correspondants de guerre, qui assurent de manière régulière le passage des nouvelles, faisant entrer le conflit dans le monde tout à fait nouveau du journalisme et du commerce de l'information. [...] Dans ce travail d'images de guerre, les personnes envoyées, toutes formées à la peinture d'histoire, partent avec le crayon et l'appareil photographique : le monde quelles saisissent, en croquis ou en clichés, est à la fois moulé dans un savoir-faire ancien et sert de moule à un savoir-faire nouveau. La guerre de Crimée fonctionne comme un lieu de court-circuit entre la tra-

dition et l'innovation, court-circuit provoqué par la rencontre d'une guerre d'un type nouveau avec la place du désir de suivre les événements à l'arrière, provoqué et entretenu par la création du magazine d'actualité[11].

La représentation de la guerre par la médiation des images est définitivement posée dans toute sa complexité pendant la Première Guerre mondiale, alors que l'image d'information utilise encore en parts égales les différentes solutions de diffusion. On peut ainsi retracer, par ces productions, les enjeux engagés par ces représentations du point de vue des médias, des institutions, mais aussi des simples particuliers.

Les images de la Première Guerre mondiale

Au déclenchement des hostilités en 1914, ni la photographie, ni *a fortiori* le jeune cinéma ne sont perçus comme les meilleurs et exclusifs moyens de mettre en images des événements. Toutes les armées comptent des dessinateurs et des peintres chargés d'illustrer la chronique de la guerre. Les règles sémiotiques et déontologiques qui distinguent le document d'actualité authentique des forgeries didactiques ou propagandistes ne sont pas nettement formulées. Il n'y avait pas à s'étonner que L. O. David recourût au dessinateur pour remettre en scène les insurrections des Patriotes. Mais il faut savoir que les entreprises Pathé, en 1905, pouvaient produire une reconstitution, faite en studio avec des acteurs, de la mutinerie du cuirassé *Potemkine* devant Odessa, et diffuser le résultat à titre de bande d'actualité en première partie des nouveaux spectacles de vues animées. De surcroît, le cinéma, muet jusqu'en 1927, comptait, pour son intelligibilité auprès des spectateurs, sur un bonimenteur, un conférencier, qui improvisait, plus souvent qu'autrement, au gré des projections. « Ces conférenciers qui tiennent à la fois du paillasse et du comédien, racontaient les histoires les plus abracadabrantes, traitant les sujets historiques au hasard de leur mémoire et le tout au caprice de leur nature[12] », commente le journal *Le Pays* en 1910.

Par son caractère indiciaire, dans cet éventail de solutions diverses et éventuellement fantaisistes, la photographie fournit peu à peu un corpus complexe qui rend compte du nouveau rapport à la guerre, rapport à la fois testimonial, dans la part de la documentation, et interprétatif, dans la part de la représentation. Utilisés avec parcimonie et en petits formats dans les journaux, les clichés circulent largement dans l'espace public, rassemblés dans des albums, vendus sous forme de cartes postales, disposés dans des expositions, de mieux en mieux reproduits dans les magazines illustrés, les différentes solutions pouvant être employées concurremment. Cela avait été le cas pour les photographies de Roger Fenton pendant la guerre de Crimée :

> Patronné par la reine, le Prince Albert et le duc de Newcastle, [Roger Fenton] a aussi négocié un contrat avec la maison d'édition Agnew and Sons, de Manchester, qui compte vendre les photos au public ; il s'engage toutefois à ce que les négatifs qu'il prendra soient d'abord prêtés à l'*Illustrated London News*, pour qu'ils soient transcrits en gravures[13].

Sur la guerre de Sécession, Mathew Brady produisit « "*Scenes and Incidents of the War, Photographic Views of the War*", photos publiées en grands et petits formats, ces derniers sous la forme de cartes de visite pouvant être insérées dans des albums. [...] Un catalogue tardif, datant de 1862, des photographies de guerre de Brady imprimées et distribuées par E. et H. Anthony et Cie, offre une liste de plus de 570 titres[14]. » Alexander Gardner, principal collaborateur de Brady, reprit ses images à son propre compte et publia un nouvel album en 1866, *Gardner's Photographic Sketch Book of the War*.

L'engouement public pour ces productions est soutenu, en parallèle, par un engouement pour sa propre pratique, la pratique dite amateur. En 1914, l'appareil photographique est utilisé dans toutes les couches de la société. Consommateurs et producteurs de photos, le simple soldat muni d'un *Vest Pocket* de Kodak, publicisé pour la circonstance[15], et le photographe officiel au service des états-majors vont édifier de conserve le discours séminal sur la guerre au XXe siècle.

C'est ainsi qu'en 1915, sir Max Aitken, futur Lord Beaverbrook, membre du Parlement canadien, défend la nécessité de photographier la participation canadienne à la guerre et fait valoir son utilité pour la création d'archives au bénéfice des générations futures. Convaincu, le premier ministre Borden encourage la nomination de Aitken au grade de lieutenant-colonel honoraire et au titre de Recorder Officer of the Canadian Expeditionary Force. En 1916, Aitken obtient de Borden 25 000 $ pour la création du Canadian War Records Office et s'installe au 3, Lombard Street, à Londres[16].

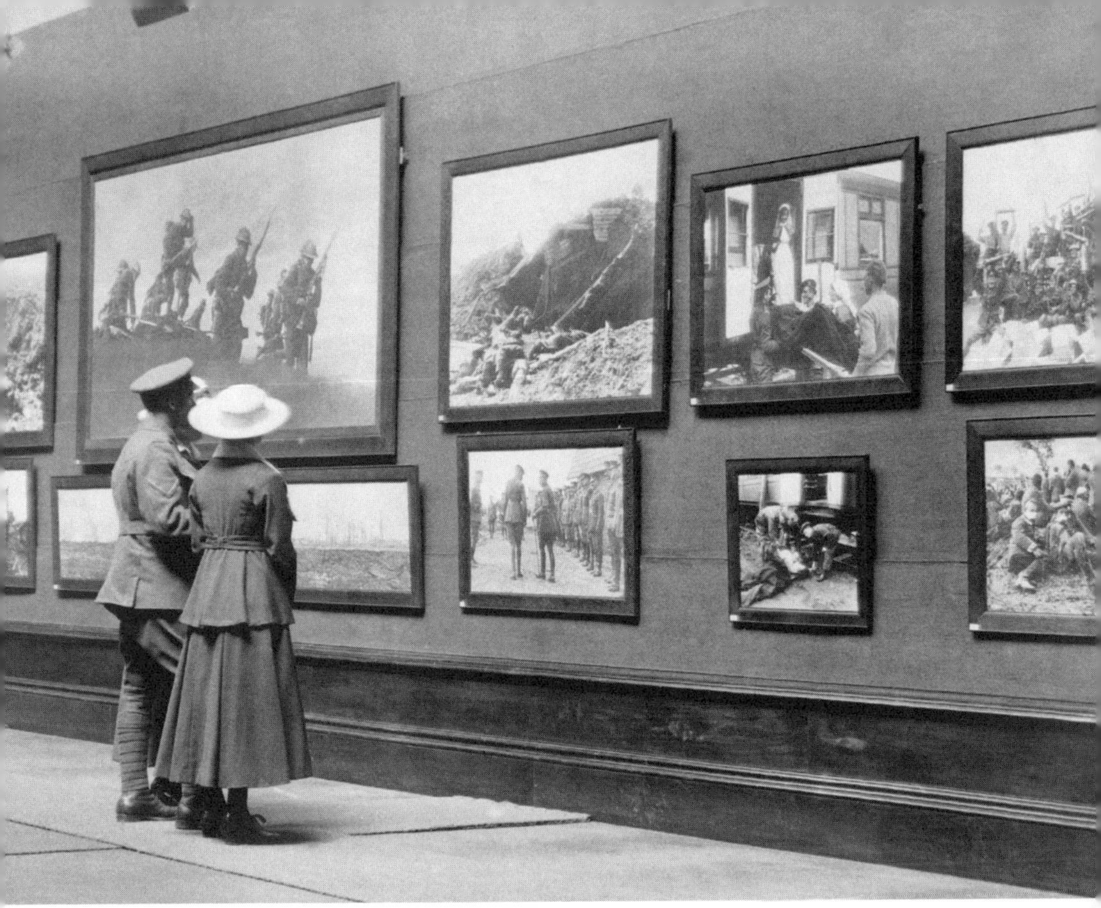

ill. 18 : L'exposition de 1916, Londres.

Trois photographes officiels se succèdent de 1916 à 1919 : Harry Edward Knobel, William Ivor Castle et William Rider Rider. Environ 4 700 clichés ont été pris par ces photographes et leurs assistants. Knobel produit environ 650 négatifs. Asthmatique, il se retire et laisse la place à Castle. En poste jusqu'à la fin de la guerre, celui-ci ne réapparaît plus sur le continent après juin 1917. Il produit près d'un millier de négatifs qui fournissent la preuve de truquages et de faux mis en scène à l'arrière du front. Rider Rider, entré en poste le 14 juin 1917, suit le corps expéditionnaire au plus près des lignes de feu et entre avec lui dans Mons, le 11 novembre 1918. Il retourne à la vie civile à l'été 1919 après avoir pris 2 500 négatifs. Audacieux, il prend de nombreuses photos dans des conditions dangereuses, dont une, ainsi qu'il le raconte[17], d'un avion tombé dans le *no man's land* qui sépare les tranchées ennemies.

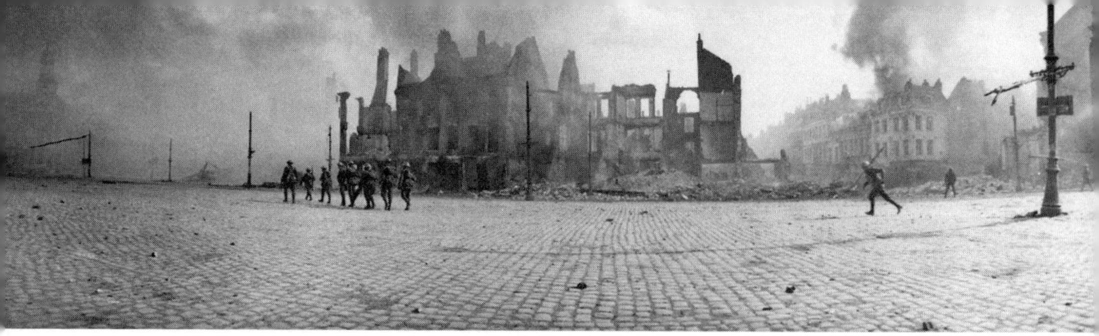

ill. 19 : W. Rider Rider, Cambrai, 1918.

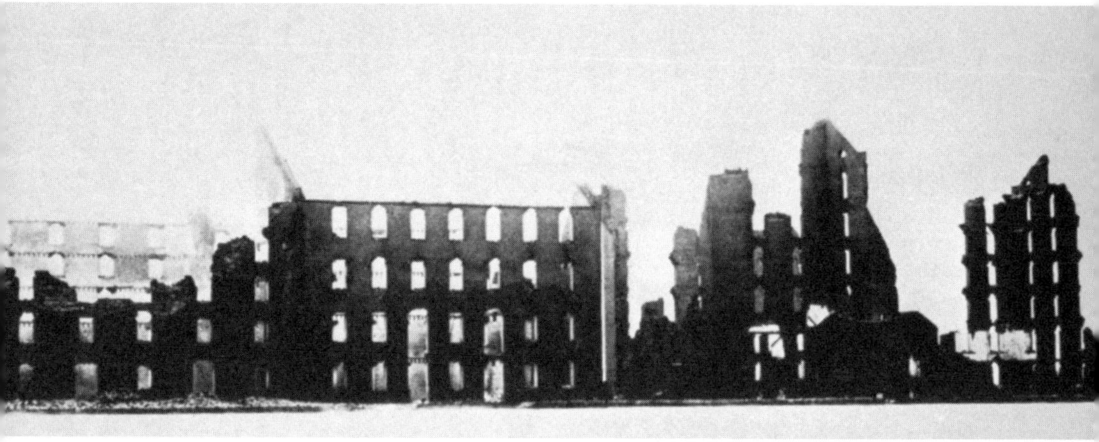

ill. 20 : Alexander Gardner, Ruines du moulin de Gallejo, Richmond, avril 1865.

Les travaux de ces photographes ont fourni la matière des trois expositions organisées par le War Records Office pendant la guerre et l'immédiat après-guerre. La première est inaugurée le 4 décembre 1916 à la Grafton Gallery, à Londres. Elle reçoit plus de 50 000 visiteurs en 6 semaines. L'exposition part en tournée pendant deux ans au Canada et aux États-Unis. Le vernissage de la seconde exposition a lieu le 16 juillet 1917, toujours à la Grafton Gallery. Installée à Londres jusqu'en septembre 1917, elle part en tournée en Grande-Bretagne, alors qu'une copie est envoyée à Paris, puis au Canada. La troisième exposition, toujours au même endroit, débute le 7 janvier 1919. Elle compte 144 photos et donne toute la place aux clichés de Rider Rider. Un catalogue accompagne cette exposition et légende une sélection de photographies[18]. Un album, *Souvenir*, reproduit 95 photographies, minutieusement agencées de page en page[19].

En contrepoint de ces photographies officielles, l'officier le plus haut gradé de l'armée canadienne, amateur de photographie, a construit ses propres images de la guerre : le major général sir Arthur W. Currie (1875-1933), commandant de la 1re division canadienne pendant les batailles de la Somme et de la crête de Vimy. Il a composé, en 1919, un album de photos dédié à ses parents, introduit par la mention « Guerre d'Europe, 1914-1918 / Album personnel offert à Mère et Père / 21 juillet / par sir William Arthur Currie[20]. » Cet album compte 45 photographies disposées une par page, accompagnées chacune d'une légende, datée ou non. Ce document rend compte des prises de vue, des sélections, de la disposition choisies par un individu explicitement préoccupé par ses destinataires, résidants d'une province canadienne, fort éloigné du terrain proprement dit de la guerre.

L'éventail de ces photographies renseigne sur le rapport à la guerre entretenu par les photographes et, tout autant, leur rapport au média, comme moyen de représentation de cette guerre. Une conception de la guerre, une conception de la photographie, encore, une conception de la guerre photographiée, émanent de ces documents.

De façon vraiment prépondérante, la taille de plan utilisée est le plan d'ensemble. Les photographies, conformément à la tradition du paysage, sont régulièrement positionnées à l'horizontale, le point de vue à hauteur d'homme. Parfois, le rectangle est disposé à la verticale lorsque les caractéristiques du sujet l'imposent. Ainsi, les clichés de Currie représentant la nef de la cathédrale de Reims ou la façade de celle d'Amiens. Encore, dans l'exposition de 1919, une photo dont la composition est commandée par le clocher de l'église de Cambrai.

Cette taille de plan inclut *de facto* un contexte et une distance proxémique : la guerre est montrée dans le registre collectif, à la rigueur dans la dimension personnelle. Beaucoup plus rares, mais conformes à la tradition du portrait, quelques gros plans sont centrés sur des sujets qui se détachent sur des fonds décontextualisés, c'est-à-dire uniformes et indéfinissables : Aitken, Rider Rider, le prince de Galles, le sergent-major Hall, etc.

Plusieurs photos sont en plan de grand ensemble et donnent à voir des régiments complets, des scènes de foule. Rider Rider a ainsi réalisé un véritable panoramique, une vue extraordinaire de la place centrale de Cambrai.

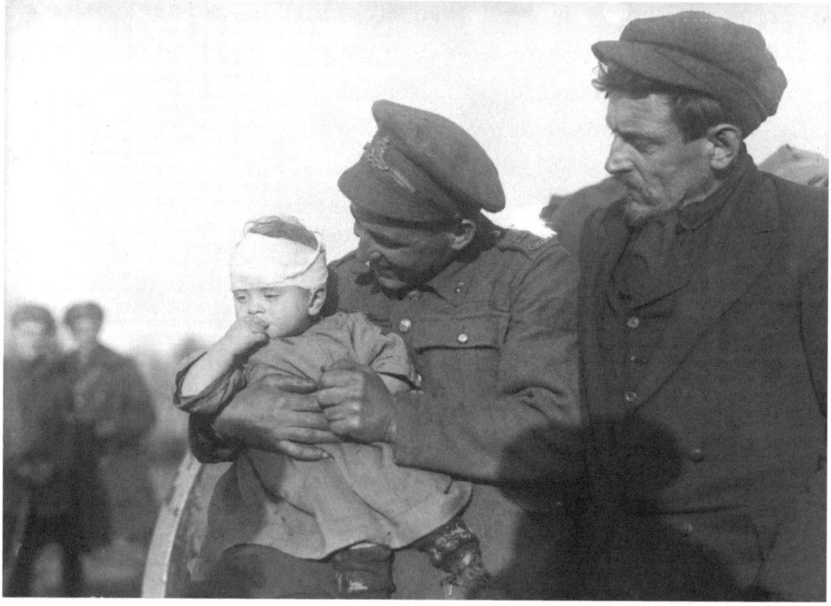

ill. 21 : W. Rider Rider, Soldat et bébé à Mons, 1918.

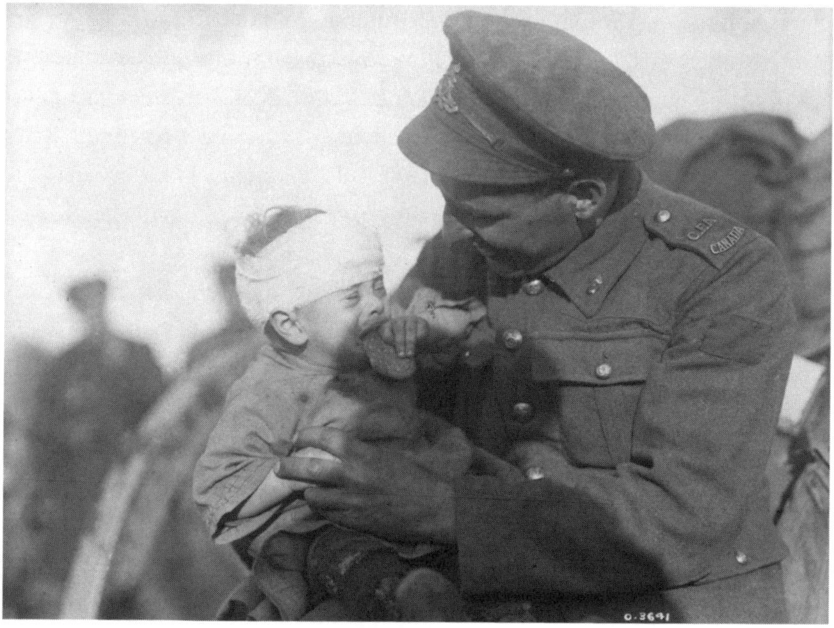

ill. 22 : W. Rider Rider, Soldat et bébé à Mons, 1918.

La beauté stupéfiante de cette photographie évoque puissamment la *citta ideale* des panneaux d'Urbino, de Baltimore et de Berlin et leur vision grandiose du décor urbain[21]. Elle reconduit, comme tant de fois depuis la Renaissance, la valorisation de l'espace de la cité, vecteur essentiel de la civilisation. Ici, la cité est montrée en ruine et elle compte dans une série de clichés du même type qui jalonnent déjà la courte histoire de la guerre moderne, tels celui des ruines du moulin de Gallejo, par Alexander Gardner, à Richmond en 1865, ou ce terrain ravagé vu par Roger Fenton, remarqué par Hubert Damisch :

> Jusque dans le soin apporté à l'éclairage des détails, la peinture aurait ainsi travaillé, dès le Quattrocento, dans le même sens que devait le faire la photographie, avec Atget, les surréalistes et quelques autres (je ne peux me retenir d'évoquer, ici encore, le reportage, premier du genre, réalisé par Roger Fenton pendant la guerre de Crimée, et cette image qu'il nous a laissée d'une vallée déserte mais emplie de boulets de canon, allégorie réelle d'une histoire où l'homme n'a plus sa place, fût-ce sous l'espèce cadavérique, une histoire à laquelle, par l'effet de l'art réputé le plus objectif, il est devenu étranger)[22].

Paysage, portrait, panoramique, distance : cette rhétorique, largement dominante, rend remarquable toute autre composition qui s'en écarte. Dans l'exposition de 1919, l'une d'entre elles donnait à voir un soldat portant un petit enfant sur ses genoux. Reproduite dans l'album *Souvenir*, elle est, comme bien d'autres, l'œuvre de Rider Rider. Il avait pris deux clichés de la scène et les trois images permettent de reconstituer la démarche suivie. Rider Rider cadre une première fois : cinq personnages sont présents dans le champ, dont le soldat avec le bébé. Très visible et en position significative, un homme est au coude à coude avec le soldat. Rider Rider s'approche et cadre la scène de façon plus serrée : l'homme à droite du cadre passe dans le hors-champ, les deux personnages d'arrière-plan sont noyés hors focale. Pour l'exposition, la photo est encore resserrée et il ne reste plus dans le champ que le soldat et le bébé. Des légendes accompagnent la scène dans ses différentes versions. Le catalogue de l'exposition la commente comme suit : « N° 43. Orphelin, mais adopté. Un jeune Canadien a adopté ce petit bébé belge dont la mère a été tuée par un obus ennemi. Un éclat du même obus a blessé l'enfant alors qu'il se trouvait encore dans les bras de sa mère. » Dans l'album *Souvenir*, elle est ainsi légendée : « Un jeune Canadien joue le rôle d'une infirmière auprès d'un bébé belge blessé dont la mère a été tuée par un obus, près de Mons. » Le deuxième cliché au cadre resserré, pris par Rider Rider, porte la mention suivante : « (Belgique) Un artilleur canadien tente d'amuser un petit bébé belge dont la mère a été tuée par un obus allemand. Novembre 1918[23]. » Enfin, le tout premier cliché, l'acte initial de Rider Rider, est accompagné d'une quatrième et dernière variante : « (Belgique) Un Canadien apaise un petit bébé belge dont la mère a été tuée par un obus ennemi, près de Mons ; l'enfant a été blessé dans les bras de sa mère. On aperçoit le père sur la photographie. Novembre 1918[24]. »

Le processus de transformation suit la logique qui a mené, dans le *Harper's Weekly* de 1862, au *Little drummer boy* mais, cette fois-ci, une étape est franchie : le cadre n'est pas respecté, symptôme d'une nouvelle procédure appelée à devenir courante, le *recadrage*. Plus le soldat et le bébé seront isolés, plus la scène sera touchante et plus le soldat paraîtra attentionné. Il faut donc éjecter hors du champ de la représentation ce père trop présent qui contrarie l'effet pathétique. Ce faisant, l'image est propulsée dans le rang du mythe, celui du *soldat bienveillant*.

La rhétorique des images de guerre

Les photographies de l'album *Souvenir* et de l'album de photos de Currie ont été sélectionnées, mises en page et disposées suivant un ordonnancement particulier. Les photographies sont réparties en quelques thèmes récurrents. Le plus discret est le thème du combat. Les bombardements, visibles de loin et plus faciles à photographier, sont pourtant peu montrés. Quasi absents aussi, les blessés et, surtout, les morts. Quelques photos de civils apparaissent çà et là. En fait, la plus grande partie des clichés portent sur la vie au front, entre soi : scènes de repos ou de repas, visites officielles, explorations du champ de bataille après le combat, poses de groupes pour le photographe, etc. L'occultation du vrai visage de la guerre est évidente et manifeste parfaitement l'effet de la censure. Un dernier thème, par l'ampleur étonnante de sa présence, frappe alors : il s'agit du très grand nombre de photographies de ruines.

L'album *Souvenir*, qui compte 29 photos sur la vie au front, donne à voir 11 photos de ruines, davantage que celles consacrées aux blessés (canadiens et allemands) et aux morts (allemands). L'album de photos de Currie consacre 22 clichés aux ruines, alors que 11 sont réservées au défilé de la victoire, 13 à la vie au front et une seule à la mort. Ainsi, une photo sur trois représente une église, une usine, des maisons ou quelque entité architecturale, atteintes par des bombardements.

On peut alors constater qu'une répartition similaire se retrouve dans d'autres sources. Elle est celle, par exemple, du numéro de *L'Illustration* déjà évoqué. Elle est celle aussi d'un cahier à tirage limité (150 exemplaires), produit par le journal *La Patrie* et intitulé *La Grande Guerre et l'effort britannique*[25]. Entre juin et août 1918, un groupe de journalistes issus des colonies britanniques séjourne en Angleterre et sur le continent et a droit à une visite du théatre de la guerre, visite clairement contrôlée en main de maître par les états-majors. Le cahier compte 10 photographies, choisies selon ces mêmes logiques et donne à voir, par exemple, une vue d'Aubigny-en-Artois et une vue de Verdun. Représentative de ces façons de faire, la première page de l'album *Souvenir* compte trois photos: deux en position verticale dans la partie supérieure, la troisième, horizontale, occupant tout l'espace de la moitié inférieure. Toutes les trois en plan d'ensemble, fortement contextualisées, elles construisent un récit de la guerre suivant une dialectique du montré et du non-montré.

Les deux photos verticales représentent des ruines. Dans la première, la ligne de fuite, dans l'axe de l'image, conduit au clocher d'une église. Au milieu du champ, de petite taille, un groupe de six soldats avance dans les décombres. À l'avant-plan, une chaise renversée, positionnée sur l'axe médian. La progression dans la profondeur de champ chaise-décombres-soldats-clocher est en soi un rabattement sur un axe des simultanéités des péripéties de la guerre. La seconde image verticale est prise de l'intérieur d'un bâtiment éventré, depuis un tas de gravats. Au milieu du champ, un soldat, tourné vers l'arrière. À l'arrière-plan, un groupe de cavaliers devant un rideau d'arbres déchiquetés. Ces images ramassent de façon analogue, suivant un même point de vue, le déroulement de la guerre: la cité et son territoire (l'église et le rideau d'arbres), agressés (les décombres et les gravats), défendus et sauvés par les guerriers (les soldats et les cavaliers). La troisième image montre les funérailles rituelles d'un officier: des soldats portent un cercueil recouvert d'un drapeau britannique. Elle complète l'installation faite par les deux images précédentes. Le cercueil est à l'armée ce que la chaise renversée est à la société civile : cette métaphore à quatre termes parle du contrat social, de la souffrance et de la connivence liant la société et l'armée. Le cercueil montré au sein de funérailles parfaitement ritualisées renvoie au corps sacrifié du guerrier. La chaise renversée renvoie au corps agressé du civil. Cercueil et chaise sont des métonymies sur lesquelles prend appui la construction rhétorique de la ruine comme métaphore de la guerre. Les légendes de ces photographies vont complètement dans ce sens : « Si petite est la chaise, mais si grand est le récit qu'elle peut raconter / Un officier du régiment *Canadian Scottish* est transporté au lieu de son ultime repos, passant devant le symbole des idéaux pour lesquels il s'était battu. »

Il faut alors remarquer cette autre page de l'album entièrement consacrée au bombardement de Cambrai qui compte six photos, parmi lesquelles le panoramique déjà cité. Aucun autre thème ne bénéficie d'un traitement autant spécifique. La puissance symbolique de cette place de Cambrai devient évidente et il est remarquable de constater que Currie, en organisant la mise en pages de son propre album, recourt au même procédé. Il met un soin évident à détailler cette même métaphore et en montre toutes les étapes possibles : intégrité des bâtiments, destruction partielle, éradication complète. Deux photos frappent particulièrement. L'une, pratiquement illisible, aplatissant dans un gris à peine nuancé éboulis de pierres et chicots, qu'il sous-titre d'une incroyable légende à caractère touristique : *A typical view of a destroyed Village of the Aisne.* L'autre, *Albain St Nazaire, General view,* qui, avec sa ruine gothique fait surgir à la mémoire la peinture romantique. Le motif de la ruine en peinture est repris par la photographie avec ce qu'elle évoque de l'érosion du temps et de la vacuité des civilisations.

Cette métaphorisation, comprise à partir des images, permet d'aplanir ce qui, de prime abord, apparaît dans les textes, légendes, notices de catalogue, articles, comme des incongruités : des changements de ton font passer du neutre ou du léger quand il est question des soldats et des actions de la guerre, au désespoir et à la colère quand il s'agit d'un mur ou d'une chaise. Les si petites choses qui racontent de si grandes histoires, la ville martyre de la barbarie des Huns et autres formules fleuries sont en fait beaucoup plus que la manifestation pompeuse du discours des officiels. C'est ainsi que l'on peut décrypter un hiatus dans le texte de Charles Robillard, rédacteur en chef de *La Patrie* :

À 1 heure moins quart, une vive canonade commença. Le ciel et la terre étaient tout embrasés. C'était un spectacle féerique ! Les journalistes apprirent le lendemain que les Français avaient atteint leurs objectifs et ramené des prisonniers allemands.

Les ruines de Verdun font peine à voir. Pas une maison ne reste debout, intacte. L'archevêché, la cathédrale, le cloître, les édifices publics, tout est démoli. [Le Kaiser] n'a pas réussi à souiller de sa présence les salons du palais épiscopal ; il s'en est vengé par le fer et le feu. La ville est complètement déserte. [...]. Et elle passait pour l'un des endroits les plus jolis et les plus gais de France ![26]

Pris au premier degré, la lecture impose un saut de paragraphe qui, sans transition, fait passer de l'enthousiasme niais devant un bombardement au pathétique le plus sot devant un salon épiscopal. Accepté comme une autre variante de la métaphore de la guerre, le texte devient le symptôme d'une incapacité ou d'une interdiction de dire qui incite à vérifier ce qui est engagé dans la relation du montré et du dit avec le non-montré et le non-dit.

Au-delà des effets évidents de la censure et de la propagande, il est manifeste que la ruine vaut pour tous les morts de la guerre. Le mécanisme rhétorique de la métaphore consiste justement à faire monter à l'esprit le non-montré en le dissimulant sous un motif de remplacement avec lequel il entretient un rapport quelconque. La puissance et la gravité de certaines images autant que les maladresses verbeuses témoignent de la manière dont cette construction métaphorique tente de conjurer la seule et unique vérité de la guerre : elle tue. Et la Grande Guerre a beaucoup tué, non seulement des soldats, mais encore des civils. L'abondance des photos de ruines parle de l'abondance des morts.

Conjurer la guerre qui tue, c'est tenter de rendre décent le rapport à la mort malgré l'indécence de la tuerie. La *métaphore de la ruine* est la réponse décente de l'autocensure, très au-delà de la censure qui l'initie, pour offrir un semblant de rituel à l'affolant débordement des tueries de cette première guerre totale. L'anthropologie enseigne que toutes les cultures ont prévu des rituels minutieux, essentiels à l'intégration de la mort dans le cycle de la vie. La Grande Guerre, en décimant une génération d'hommes, a heurté avec une violence inouïe ce patient travail des sociétés. Pour un officier dignement porté vers son dernier repos, combien de cadavres à ciel ouvert dans le no man's land ? L'Europe a été débordée par l'avalanche des morts et il est hautement significatif que l'emblème qu'elle en a conservé soit le soldat inconnu. La prépondérance des ruines et l'obéissance à la censure ne sont pas un déni du désastre. Si déni il y a, c'est celui des motifs de guerre. Il pouvait être envisageable de mourir, il était scandaleux d'être mort pour rien.

Nous trouvons trace de ce problème à plusieurs reprises. Une photo de Knobel, le premier photographe du War Records Office, montre deux cadavres *recouverts par une couverture*. Il semble que ce geste de recouvrement soit le fait de Knobel lui-même, qui le fit *avant* de photographier, et en raison de son intention de photographier. Cela a attiré le mépris d'Aitken: « La seule chose qui le contraria était qu'on avait recouvert le cadavre de l'Allemand avant qu'il ne fût photographié. Sir Max Aitken dit: "Recouvrez les Canadiens avant de les photographier autant que vous le voulez, mais oubliez les cadavres allemands !"[27] »

Dans l'album de Currie, après vingt-deux photographies de ruines, il place à la trente-neuvième place une photo du monument aux morts provisoire de Vimy. À la quarante-cinquième et dernière place, une photo en grand ensemble du no man's land dans lequel gisent trois minuscules cadavres à peine visibles, ensevelis dans les gris à défaut de l'être dans la terre. Construit sans ordre chronologique, mais suivant un ordre thématique — la victoire, les ruines et la vie au front, le monument aux morts, les morts — l'album, dans sa composition, témoigne sans ambiguïté du travail de l'autocensure, choisie en fonction des destinataires de l'auteur, à savoir ses parents.

La distinction entre mort montrable et non montrable a été utilisée, sous les mêmes espèces, par *L'Illustration*: dans le tableau de sa double page, l'infanterie avance sur un terrain jonché de cadavres *allemands*. Elle est en germe en 1862: le *Confederate unburied* est lui aussi un ennemi. Cependant, s'il est désigné comme tel par Alexander Gardner, le *Harper's Weekly* estompe la discrimination, pour privilégier une compassion sentimentale. Plus tôt encore, les clichés de Roger Fenton ne permettent pas d'identifier cette discrimination, puisqu'il ne photographia aucun cadavre, respectueux et complice en cela des exigences de la reine qui le patronnait.

L'évolution du rapport entre guerre et photographie rend compte des moyens progressivement pris pour tenter d'apprivoiser le phénomène de conflits de plus en plus dévastateurs. Pendant la Première Guerre mondiale, la figure du soldat bienveillant reste discrète, le culte guerrier étant fort actif:

il fait partie des preuves de la victoire que de montrer le cadavre de l'ennemi. La métaphore de la ruine, très fréquente, signale un moyen psychologique de contenir l'ampleur nouvelle de la mort en masse. Solutions contradictoires ou illusoires : à cette étape, censure et autocensure font le reste, avec une connivence que l'on peut retracer du haut en bas de l'échelle sociale.

Les images du simple soldat

Signe des temps, la Première Guerre mondiale a laissé de très nombreux témoignages des simples soldats. Ces courriers et journaux intimes apparaissent dans des sociétés dans lesquelles l'alphabétisation, sinon l'école obligatoire, ont donné des moyens d'expression et de communication à des classes qui, auparavant, ne laissaient leur trace dans l'histoire quasiment que par le filtre des écrits des classes dominantes et lettrées. À l'arrogance de la propagande, à la ligne officielle des gouvernements et des états-majors, à l'euphorie patriotique et frivole des premiers engagements, s'ajoute donc une écriture qui nomme l'expérience à ras de terrain et, tout particulièrement, celle de l'intime proximité avec la mort vécue pendant quatre années de guerre de tranchées. Ces écrits rendent compte de seuils de souffrance inouïs et confirment, s'il fallait encore le démontrer, la violence extrême de ce premier désastre international.

Signe des temps encore, le simple soldat, outre l'écrit, recourt aussi à l'image. Philippe Dagen a largement montré[28] comment le contingent français, muni d'appareils portatifs, a fourni la presse imprimée, en parts quasi égales avec les photographes professionnels ou officiels, avec des clichés qui ont abondamment contribué à révéler la brutalité de la guerre à l'ère industrielle. Mais, outre les images qu'il produisait lui-même, le soldat disposait aussi d'images toutes faites : les cartes postales. La carte postale, imaginée par un autrichien nommé Emmanuel Hermann et adoptée par les services des postes européens dans les années 1870, a rapidement rencontré un vif succès. À la veille de la guerre, la France en produisait déjà 100 millions d'exemplaires, sur les thèmes les plus variés.

Une précieuse correspondance, à base de cartes postales[29], donne l'occasion, comme dans le cas de l'album de Currie, de saisir, à l'échelle d'un individu, une autre rhétorique de la représentation de la guerre. Cette petite collection dévoile un symptôme extrêmement important du statut réel de

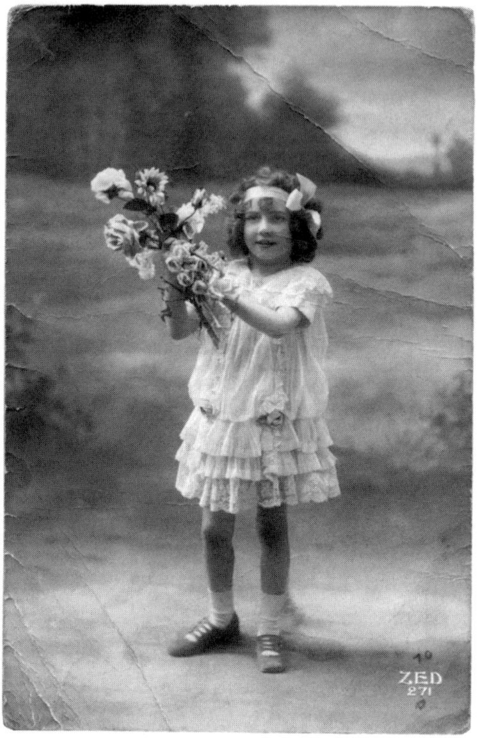

ill. 23 : Carte de Laurentine, recto.

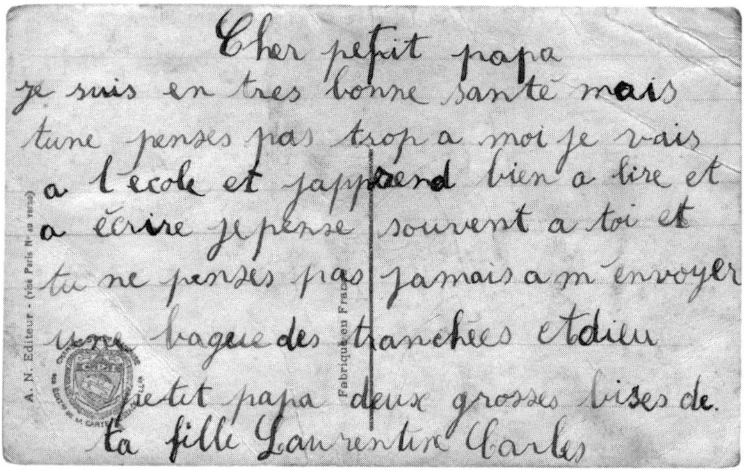
Cher petit papa
je suis en tres bonne santé mais
tune penses pas trop a moi je vais
a l'école et japprend bien a lire et
a écrire je pense souvent a toi et
tu ne penses pas jamais a m'envoyer
une bague des tranchées etdieu
petit papa deux grosses bises de
ta fille Laurentine Charles

ill. 24 : Carte de Laurentine, verso.

l'individu, présumé citoyen, dans un mouvement de civilisation qui, en Occident, a voulu consacrer la démocratie comme solution idéale du vivre ensemble. Pour la société française, cela se traduit, depuis la Révolution, par la conscription obligatoire, autrement dit, le privilège, pour chaque citoyen masculin, de mourir pour la patrie[30].

Cette collection compte 62 cartes postales échangées entre 1915 et 1919 entre un conscrit, Jean-Marie Carles et ses familiers : sa femme Catherine, sa fille Laurentine ; mais aussi ses belles-sœurs, Maria et Julie, un ami, Justin. Jean-Marie est incorporé en 1915, il a 36 ans, il est père de famille. Déjà, sa classe d'âge doit rejoindre le front. Catherine a 10 ans de moins et leur fille, qui va sur ses 7 ans, vient de rentrer à l'école primaire. Les premières écritures de l'enfant consistent à écrire à un père parti à la guerre : « Cher petit papa — Je suis en tres bonne santé mais tu ne penses pas trop a moi je vais a l'ecole et japprend bien a lire et a écrire je pense souvent a toi et tu ne penses pas jamais a m'envoyer une bague des tranchées Adieu petit papa deux grosses bises de ta fille Laurentine Carles[31]. »

Les choses ont changé depuis la guerre de Crimée. Alors qu'à ce moment, une fiancée adulte pouvait demander une jolie photo de bataille[32], en 1915, une enfant demande un objet tout à fait conforme aux réalités : l'immobilisation de la guerre de tranchées a fait inventer aux soldats toutes sortes de solutions pour tromper l'ennui, dont des formes d'artisanat, parmi lesquelles la fabrication de bagues avec des résidus de métal, les bagues des tranchées.

Cinq cartes de Jean-Marie datées de 1915 sont conservées. Elles correspondent à la période d'entraînement qui a lieu à Évreux. Les cinq premières sont dans la veine touristique : *Vue sur l'École normale des instituteurs, La Place de l'Hôtel de ville, Le Palais Épiscopal, Le Palais de Justice*. Le ton est ethnographique : « Chère épouse — Par ici dans ce pays l'on connaît les mêmes usages que chez nous aujourd'hui on a fait des cadeaux a l'honneur de la fete des rois[33] ». Originaire du Midi de la France, issu du milieu agricole, Jean-Marie a probablement quitté pour la première fois de sa vie son aire culturelle. Sa première curiosité se porte sur les caractéristiques de l'ailleurs et, spontanément, il choisit des cartes postales de vues urbaines. La cathédrale d'Évreux est à Jean-Marie Carles ce que les cathédrales de Reims et d'Amiens ont été à Sir William Arthur Currie ou les propylées de l'Acropole à Gustave Joly de Lotbinière. Là où Le major général de l'armée canadienne tente de sublimer dans la veine touristique, avec *A typical view of a distroyed Village of Aisne*, Jean-Marie donne, à son échelle, à déduire de brutales réalités. Il cesse bien vite d'envoyer des *vues sur...* et dès le 25 avril, il passe à une simple illustration accompagnant un texte intitulé *Le langage des mains ou l'avenir dévoilé.* Et le ton change : « [On] nous fait assez promener a travers ces pays et avec tout cela on nous esquinte avec leur marche et toujours chargés comme des anes et pas trop bien nourri non plus et a present par exemple on touche de tres mauvais pain[34]. »

Les cartes de 1916, 1917 et 1918, désormais, ne parlent plus, côté image, que de séparation. Censurés et autocensurés, les textes de Jean-Marie laissent entendre le paysan sensible aux conditions climatiques et à l'état des cultures. Il donne les prix du vin et de la bière, des pommes de terre (6 juillet 1917), il décrit les travaux des champs, la culture, l'élevage, la production des fromages (7 juillet 1917), les averses terribles qui tombent sur les blés en fleur et abîment les futures récoltes (8 juillet 1917). Cette chronique agricole ne peut empêcher que l'on remarque qu'il écrit tous les jours et qu'il s'était déjà plaint, le 21 août 1916, parce qu'il n'avait reçu aucune nouvelle depuis *cinq* jours. Le texte, exemplaire d'autocensure, est contrebalancé par le choix d'images révélé par les rectos des cartes postales. Des mises en scènes photographiques, rehaussées de couleur, assorties de légendes, racontent une deuxième histoire, celle de la séparation, du manque. Dans la culture française et machiste du début du XXe siècle, le canal de la carte postale à sous-entendu érotique est le vecteur que choisit Jean-Marie pour exprimer en images ce qu'il s'interdit en mots : *Messagère d'amour, Porte bonheur* (3 février 1917), *La barque des amours ne fait jamais naufrage* (6 juillet 1917), *Le rêve du poilu* (25 février 1918), *Tendresse* (26 février 1918). Faut-il signaler ici que Sir Arthur Currie conservait lui aussi une série de cartes postales de ce genre, restées blanches, qu'il n'utilisa pas ou n'osa utiliser ? Le fonds Currie compte en effet un petit carnet de douze images[35] portant des titres tels *Le bouton de rose* (n° 37), *Deux jeunes filles ou La belle Rosine* (n° 33), *Jeune fille se préparant au bain* (n° 35) ou, encore, *Plus philosophique qu'on ne pense* (n° 41, une scène de baiser). Entre le paysan français du Midi et le puritain anglo-saxon chef d'armée, une même connivence devant un même drame : être séparé des siens.

Il est difficile d'établir, à partir des cartes conservées, si Jean-Marie a été ou non gazé. Quelque chose, indéniablement, s'est produit et filtre en février

1917, confirmé par une brève remarque de sa belle-sœur Maria. Chose certaine, à un moment donné, il éclate, dans ses échanges avec sa fille, plutôt qu'avec sa femme :

> Je ne passe pas des jours sans penser a vous et des fois dans les sombres nuits au moments ou nous prenons les mornes sommeil je pense souvent a vous et combien je reviens aussi ce jour fatal que je devais me rendre aupres de vous et donc par ce moment de malheur je suis ete oblige a rester a triste esclavage et donc je serais heureux et content de pouvoir passer quelques jours aupres de vous[36].

À partir de 1916, aucune des cartes de Jean-Marie ne peut être localisée. La censure interdit de nommer les lieux. Malgré les formules consacrées sur la santé des uns et de autres, s'exprime à un moment donné un jugement irréparable : « Car ce sont eux les maîtres... il va falloir y passée une autre hiver a ces saloperie de tranchée et ça sera la quatrième année[37]. »

Ces échanges, presque laconiques, très ritualisés — invariablement, la correspondance commence avec de longs vœux de santé portés par des images qui appartiennent toutes au même registre. Choisies par Jean-Marie, elles donnent à voir, invariablement, un soldat rêvant ou s'activant avec la femme de son cœur. Son épouse Catherine lui envoie des photos de jeunes femmes, perdues dans le rêve de l'amoureux absent. Même option chez une des belle-sœurs qui laisse au passage soupçonner une idylle interdite avec, pour légende, *Oui, je vous adore en secret/Mais de grâce soyez discret !* Laurentine ne choisit que des photos de petite fille puis, les années passant, une jeune fille. Tous ces gens ne parlent que d'absence, l'image photographique jouant le rôle très ancien de l'*effigie*, très proche de ce qui avait été imaginé dans des temps bien antérieurs pour les rois de France et d'Angleterre[38]. La carte postale qui traverse l'espace de la séparation, porte sur elle l'image d'une personne, représentante du destinateur, qui suppléera à l'absence en parvenant au destinataire. Les deux représentations de l'Alsace à reconquérir, motif de guerre offert par la propagande aux masses populaires et choisies à un moment donné par Jean-Marie, paraissent totalement incongrues dans ce drame familial.

Les très rares expressions directes de Jean-Marie sur son sort confirment à souhait le réflexe de l'autocensure constaté dans les productions plus officielles. L'expression par des figures complexes, telles que celle de l'*effigie*, complète la nomenclature rhétorique du soldat bienveillant et de la métaphore de la ruine. L'image cherche à dire tout en contenant l'intolérable.

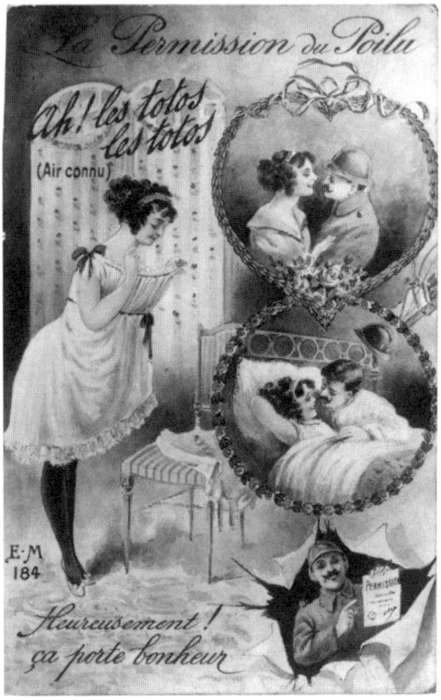

ill. 25 : Carte de la correspondance Carles.

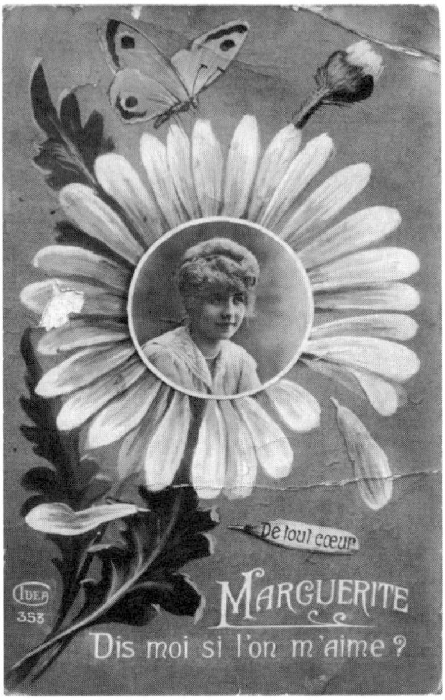

ill. 26 : Carte de la correspondance Carles.

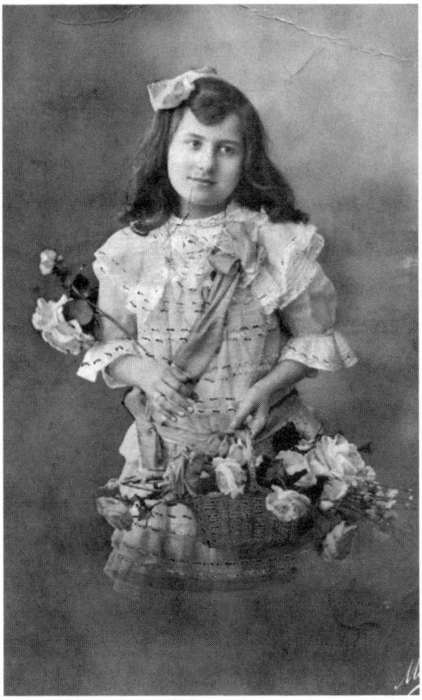

ill. 27 : Carte de la correspondance Carles.

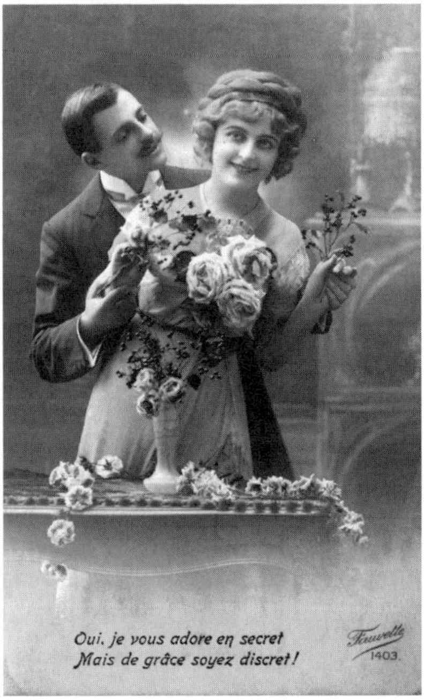

ill. 28 : Carte de la correspondance Carles.

Cette tension inaugurale, offerte par des protagonistes de la Première Guerre mondiale, marquera désormais toutes les représentations du siècle.

Conflits, images et médias

Les nouveaux cadres industriels et économiques ont rendu possible la mise au point de la photographie. Ils ont aussi donné à la guerre des moyens de destruction démesurés au moment où les sociétés se lançaient dans des conflits d'une toute nouvelle nature. Fatalement, l'expansion des médias et des techniques de reproduction a provoqué l'apparition d'un genre de représentation tout à fait inconnu jusqu'alors : la représentation documentaire de la guerre. En raison du caractère paroxystique de la guerre dans les sociétés industrielles, la convergence entre conflit, images et médias exprime, de façon exemplaire et incontournable, l'énonciation des enjeux fondamentaux qui animent les sociétés depuis le milieu du XIXe siècle. Volonté de puissance, luttes de pouvoir, idéologies, avec des moyens jamais connus auparavant, heurtent de plein fouet un paradigme démocratique, embryonnaire au XIXe siècle, de plus en plus revendiqué tout au long du XXe siècle, et placent chaque individu autant que le monde dans une contradiction toujours plus insoluble : le rêve de la sécurité et le spectre de la destruction massive, inextriquablement liés aux mêmes moyens de réalisation.

Cette contradiction, source d'angoisse, trouve très tôt à s'exprimer. Au départ, on rencontre avec amusement une jeune fille anglaise qui désire une jolie photo de bataille. Puis, les États-Unis, tout en faisant bonne réception aux clichés du Studio Brady, sont commotionnés par les photographies de cadavres et la guerre cesse d'être héroïque. En 1914-1918, c'est une génération entière qui subit un syndrome post-traumatique. Propagande, censure et autocensure n'ont pas réussi à oblitérer 20 millions de morts et les milliers de témoignages, en mots et en images, que les protagonistes, institutions, médias et simples particuliers ont diffusé dans la société.

Notes

1. Chiffre cité par Michel Lessard, « Les grands studios », *Photo Sélection*, 1986, p. 37.
2. Roger Hall, Gordon Dodds et Stanley Triggs, *The World of William Notman, The Nineteenth Century Through a Master Lens*, Montreal, Roger Hall, Gordon Dodds

and The Royal Institution for the Advancement of Learning/McGill University, 1993.
3. <http://www.museemccord.qc.ca>.
4. Entretien avec Richard Quentin, propriétaire de *Contact Image Inc.*, 28 janvier 2003.
5. Voir Jean de Bonville, *La Presse québécoise de 1884 à 1914, genèse d'un média de masse*, Québec, Presses de l'Université Laval, 1988.
6. *The Canadien Illustrated News*, vol. 1, n° 1, Montréal, samedi 30 octobre 1869, p. 16.
7. Laurent Olivier David, « Souvenirs », *La Revue Moderne*, 15 décembre 1919, vol. 1, n° 2, p. 19.
8. Cliché et gravure sont montrés en vis-à-vis dans Marianne Fulton, *op. cit.*, p. 18-19.
9. *Ibid.*, p. 18.
10. Cliché et gravure sont montrés en vis-à-vis dans Michel Lessard, « La vogue des magazines illustrés », dans *Cap-aux-diamants*, vol. 3, n° 2, 1987, p. 29.
11. Hélène Puisieux, *Les figures de la guerre, représentations et sensibilités 1839-1996*, Paris, Gallimard, 1997, p. 62-63.
12. Cité par Germain Lacasse, « La presse, le cinéma et la guerre 14-18 : écritures militantes et écritures résistantes », dans C. Beauregard et C. Saouter (dir.), *Conflits contemporains et médias*, Montréal, XYZ, 1997, p. 91.
13. *Ibid.*, p.75.
14. Marianne Fulton, *Eyes of Time, Photojournalism in America*, Boston/Toronto/ London, A New York Society Book, Little, Brown and Company, published in Association with the International Museum of Photography at George Eastman House, 1988, p. 16.
15. Voir à ce sujet Andrew C. Rodger, « Amateur Photography by Soldiers of the Canadian Expeditionary Force », in *Archivaria, the Journal of the Association of Canadian Archivists*, n° 26, Ottawa, 1988, p. 163-168.
16. Les faits et données chiffrées subséquents, sauf avis contraire, sont tirés de Peter Robertson, « Canadian Photojournalism during the First World War », in *History of Photography*, vol. 2, n° 1, 1978, p 37-52.
17. Lieut. W. Rider Rider, « With a Camera at the Front, Reminiscences of an Official Photographer on the Western Area », in *Canada in Khaki*, non localisé, non daté, p. 108. Sans cote, Archives nationales du Canada.
18. « From Amiens to the Rhine », catalogue of New Exhibition of Canadian Official War Photographers, under the direction of Officer i/e Canadian War Records, 15 Tudor Street, E.C.4, 1919, sans cote, Archives nationales du Canada.
19. « Souvenir », new exhibition of Canadian Official War Photographs in colour, under the direction of Canadian War Records Office, 15 Tudor St., London, E.C.4, one shilling. D527.C2 S68, Archives nationales du Canada.
20. L'album est offert à sa mère, toujours vivante, et à la mémoire de son père, décédé alors que Currie était adolescent.
21. Les trois panneaux en bois forment un ensemble aujourd'hui dispersé entre les trois villes italienne, américaine et allemande. Ils ont été réalisés par un artiste non identifié de la Renaissance italienne aux alentours de 1490.
22. Hubert Damish, *L'origine de la perspective*, Paris, Flammarion, 1987, p. 242-243.
23. William Rider Rider, « (Belgian) A Canadian artilleryman tries to amuse a little Belgian baby, whose mother was killed by a German shell ». November, 1918, PA 3539, Archives nationales du Canada.

24. William Rider Rider, « (Belgian) A Canadian pacifies a little Belgian baby near Mons, whose Mother was killed by an enemy shell ; the child was wounded in its mother's arms. The father is seen in the picture ». Novembre 1918, PA 3538, Archives nationales du Canada.
25. « La Grande Guerre et l'effort de guerre britannique, Voyage des journalistes canadiens en Angleterre et en France, Confiance générale en une victoire prochaine, Vimy, Arras, Verdun, Ypres, La flotte anglaise, Le travail des femmes, Les hôpitaux, etc., etc. » (extraits de *La Patrie*) 1918, non paginé, G30 E100, vol. 49, Archives nationales du Canada.
26. *La Patrie*, *op.cit*, non paginé.
27. Cité par P. Robertson, *op.cit.*, p. 41.
28. Philippe Dagen, *Le silence des peintres, les artistes face à la Grande Guerre*, Paris, Fayard, 1996.
29. Correspondance du soldat français Jean-Marie Carles avec sa famille, 1915-1919, 62 cartes postales illustrées, coll. particulière.
30. Le service militaire obligatoire a été suspendu en France en 2003.
31. Laurentine à Jean-Marie, 1915-1919, non daté, coll. particulière. L'orthographe est celle de l'enfant.
32. Hélène Puisieux, *op.cit*, p. 80
33. Jean-Marie à Catherine, Évreux, 6 janvier 1915, coll. particulière. L'orthographe est celle de Jean-Marie.
34. Jean-Marie à Catherine, Évreux, 25 avril 1915, coll. particulière. L'orthographe est celle de Jean-Marie.
35. Musée Wiertz-Bruxelles, série A, MG 30E 100, vol. 47, dossier Miscellaneous n° 228, Archives nationales du Canada.
36. Jean-Marie à Laurentine, non daté, coll. particulière. L'orthographe est celle de Jean-Marie.
37. Jean-Marie à Catherine, 4 septembre 1917, coll. particulière. L'orthographe est celle de Jean-Marie.
38. Carlo Ginzburg, « Représentation », dans *À distance : Neuf essais sur le point de vue en histoire*, Paris, Gallimard, 2001.

3

PERSUADER, MANIPULER :

LA PROPAGANDE EN DÉMOCRATIE

Quatre mois après les Conférences de la paix, le 15 novembre 1919, à Montréal, une dame Madeleine, épouse d'un certain docteur Huguenin, sort le premier numéro de la nouvelle *Revue moderne*, sous-titrée *Littérature, Politique, Arts*. Dans le premier éditorial, Madeleine — qui ne signe jamais que de son prénom — exprime avec ferveur dans quel esprit et dans quel but elle a créé ce magazine :

> Il n'y a pas à se le dissimuler, un esprit nouveau nous anime. Ce n'est pas en vain que la guerre nous a tué nos enfants pour un idéal de justice et de liberté. [...] Déjà, chez nous, s'affirme un besoin d'oublier les discussions anciennes, d'abolir les vieilles rancunes, d'effacer les mauvais souvenirs, pour commencer une vie nationale, inspirée uniquement des intérêts canadiens, des progrès canadiens, des demains canadiens[1].

La Revue Moderne de Madelaine Huguenin est tout-à-fait représentative d'une nouvelle génération de périodiques qui prend son essor à la faveur du retour à la paix, de l'ébranlement d'une modernité qui fera parler d'*Années folles*, et d'une économie qui autorise tous ces projets. Le nouveau mensuel veut livrer des lectures de qualité dans les foyers, offrir ses pages aux meilleurs auteurs, donner une tribune aux membres les plus éclairés de la société. Il veut contribuer à la construction d'une élite, nécessaire à l'épanouissement d'un nationalisme résolument canadien auquel contribueront de conserve anglophones et francophones — Anglais et Français, dans les termes de l'époque —, dégagés de leurs vaines querelles et émancipés d'allégeances trop serviles aux anciennes mères patries. Madeleine a pour modèle les femmes instruites des Lumières et, en cette troisième décennie du XXe siècle, elle « tiendra magazine » comme autrefois les Madame de Sévigné ou Madame de Staël tenaient salon. Madeleine tient à le dire et devance les quolibets :

> [*La Revue moderne*] attestera brillamment de la valeur de nos poètes, de nos prosateurs, et elle offrira une lecture abondante et salutaire à tous ceux qui la rechercheront. [...] Elle multipliera les occasions de mettre en belle valeur nos meilleurs talents. Elle en fera surgir de nouveaux, par des fondations diverses. Elle inaugurera les réunions littéraires, et tiendra « salon » non pour les Précieuses dont riait Molière, mais pour les lettrés de tous les groupes[2].

Pendant des années, cette politique éditoriale sera maintenue. Un article rend compte de vifs désaccords concernant un projet de statue de Louis Hémon à offrir à la France plutôt que de songer aux « Fréchette, Buies, Faucher de Saint Maurice, Ferland, Casgrain, Françoise et d'autres qui ont, avec ceux-là, travaillé à nous bâtir une littérature, [et] attendent encore cet hommage qui leur est pourtant dû[3] ». En octobre 1920, un vibrant hommage est lancé par le major Lanctôt au sacrifice des soldats canadiens pendant la grande guerre : « [E]ffort magnifique, qui dépasse celui des États-Unis, et plus magnifique encore de la part d'un pays transatlantique, sans crainte, ni intérêt immédiat. Le geste du Canada a de fait quelque chose de la noblesse et de la sublimité des croisades[4]. » En 1935, Jean Bruchési, codirecteur de la revue depuis 1930, dénonce de façon sarcastique une allocation de 250 000 $ votée par la Chambre des communes pour servir à la publicité du Canada dans le Royaume-Uni et en Europe. L'auteur n'est pas dupe et dénonce le fait que toute la somme est utilisée pour des publicités auprès des Anglais et des Écossais : « [R]ien ne vaut ces détails, en apparence insignifiants, pour nous faire mesurer la petite place que les Canadiens français tiennent, dans l'ensemble du pays, au regard de l'étranger[5]. » La place voulue pour des femmes est manifestée dès la couverture, somptueusement illustrée de reproductions d'œuvres d'art. Tout au long de la première année, le choix de portraits de femmes du XVIIIe siècle, parmi lesquelles Madame Viger Lebrun[6], qui inspirent à Madeleine son discret féminisme, font comprendre qu'il n'est pas question d'élégantes écervelées, mais de la célébration de l'esprit féminin. L'éditorialiste de la revue est une femme, de nombreux collaborateurs sont des collaboratrices. Des articles sur des femmes peintres ou écrivains sont publiés. Gabrielle Roy, dans les années 1940, y publiera articles et nouvelles. En fait, et progressivement, le public du magazine est de plus en plus composé de femmes. Lorsque, en 1924, un *Concours de propagande* est organisé pour accroître le bassin des abonnés, sur 27 prix attribués, 22 récipiendaires sont des femmes[7]. Et lorsque, en 1935, au moment des élections fédérales, le candidat et premier ministre sortant, R. B. Bennett, se lance en campagne, il achète une page pour interpeller les lectrices : « Mères canadiennes... Usez de votre droit de vote ![8] »

La dix-septième année de la revue est l'occasion d'un changement complet de direction : elle devient en bonne et due forme une revue féminine et l'ancienne section *Femina* occupe désormais toute la place. Vingt-cinq ans plus tard, elle se transforme encore et, même, change de titre : elle devient la revue *Châtelaine*, le principal magazine féminin du Québec contemporain[9].

Cette vigueur éditoriale est conçue comme partie intégrante d'un projet de magazine résolument tourné vers la modernité, appuyant les progrès de la médecine, de la radiophonie aussi bien que de l'automobile, s'adressant délibérément à un public mixte, les deux sexes étant également considérés intelligents et éclairés. Écrit en langue française, s'adressant aux Canadiens français, foncièrement laïc, il dresse le portrait d'une élite urbanisée, fière de sa langue et de ses origines, définitivement américaine et singulièrement distante des élites clérico-nationalistes dont l'histoire québécoise a davantage retenu les exploits. Profitant des formules éprouvées — couvertures en couleur, dessins et photographies, pages d'interêt général, pages féminines, feuilleton —, le périodique fait la chronique, de mois en mois, de la vitalité d'une société qui s'engage dans la modernité et dans laquelle il fait plutôt bon vivre. Le succès est immédiat. Le numéro 1 est tiré à 15 200 exemplaires, le numéro 2 à 27 200. La distribution compte des dépôts à la grandeur du pays, et, déjà, dans plusieurs villes aux États-Unis. La rédaction, avec fierté, « livre simplement ces chiffres à ses amis, au public, aux annonceurs sans autres commentaires »[10]. En 1944, toujours autant vigoureux, il tire à 100 000 exemplaires. « La formule de ce succès, dit François Ricard, est simple : le volet populaire assure audience et rentabilité au volet intellectuel, qui en retour rehausse le volet populaire, lui apportant une sorte de caution idéologique et une bonne mesure de respectabilité[11]. »

Le magazine est exemplaire de cette période de l'entre-deux-guerres, qui voit la multiplication de ce genre de publications. Une classe moyenne émergeante, une urbanisation croissante, des techniques d'impression désormais performantes donnent naissance à une nouvelle génération de périodiques illustrés. Parmi les plus célébres, le magazine *Life* devient, aux États-Unis, le tremplin par excellence du photojournalisme. La photographie acquiert ses lettres de noblesse et elle devient l'image-média nécessaire et indispensable à la conception de tout support de presse : en 1941, cet avènement est consacré par la création du prestigieux prix Pulitzer qui, jusque-là, ne jugeait que l'écriture. Ces périodiques, souvent luxueux, de grand format, de plus en plus abondamment illustrés, de plus en plus nombreux et spécialisés dans toutes sortes de domaines, entrent en concurrence les uns avec les autres. Publicité et abonnements deviennent la clef de la survie éditoriale.

Avec une ampleur renouvelée, les insertions publicitaires deviennent alors cette systématique propagande économique qui accompagne inévitablement tous les contenus médiatiques. Cette propagande préside même à la création d'un nouveau genre de feuilleton, le *soap opera*, promu par l'éclatant succès de la nouvelle radiophonie. Son omniprésence conduit les États, pendant une brève période, à distinguer leurs institutions médiatiques, considérées d'intérêt public, en s'interdisant le recours aux publicités commerciales : la BBC en Grande Bretagne, Radio-Canada au Canada, l'ORTF en France, le réseau PBS aux États-Unis.

La publicité commerciale, dans les démocraties libérales, est la première et principale propagande utilisée tous azimuts et sans discontinuité. C'est elle qui livre, hors de tout doute, le volume le plus massif de productions visuelles de l'époque contemporaine. Autant sinon davantage que le discours politique et idéologique, elle contribue à la valorisation d'un mode de vie devenu hégémonique dans ce que l'on finira par appeler les sociétés industrielles avancées. *La Revue moderne*, comme tant d'autres magazines, laisse constater comment sa maquette évolue au fur et à mesure de la croissance de l'exposition publicitaire. En 1919, les publicités sont confinées au verso de la couverture et à la couverture arrière. Avec parcimonie, en tout petit format, des encarts sont placés dans le bas des pages, là où ils sont susceptibles de moins déranger la lecture. À la veille de la guerre, la mise en page est entièrement raisonnée en fonction d'une égale importance des contenus éditorial et publicitaire. La double page est régulièrement divisée en quatre bandeaux verticaux. Ceux des extrémités sont réservés aux annonces commerciales, ceux de l'intérieur aux articles.

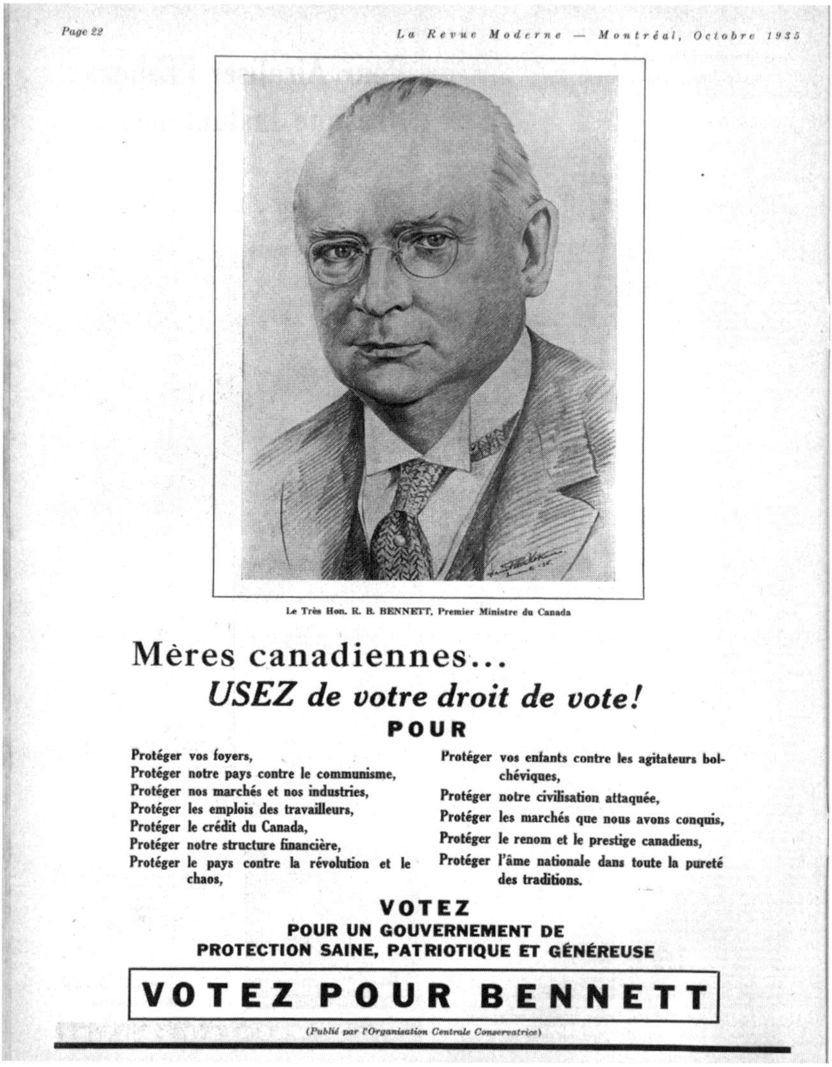

ill. 29 : Publicité pour le parti conservateur, 1935.

Cette propagande commerciale élabore une rhétorique qui formalise peu à peu toute la communication médiatique, y compris la défense de l'intérêt public et l'exercice politique. En 1935, à l'occasion des élections fédérales, les deux partis en compétition achètent chacun leur page dans *La Revue moderne* et la composent conformément aux règles d'un genre désormais parfaitement intégré.

L'exercice de la propagande politique[12] est spontanément associé aux régimes dictatoriaux. Indéniablement, les régimes totalitaires en ont fait et en font un usage intense ; le ministre nazi Gœbbels reste un de ses plus fameux — et sinistres — artisans. Cette question, largement étudiée dans les cas des dictatures, l'est certainement moins dans les cas où elle est utilisée par les régimes démocratiques. Pourtant, lorsque résonnent les tambours d'une nouvelle guerre mondiale, l'État canadien récupère à son profit des décennies d'expérience publicitaire pour mener, pendant six ans, une campagne de propagande intensive au service de la lutte contre Hitler et le nazisme. Tous les moyens sont mis à contribution, y compris, comme on le verra, les magazines féminins. Le spectaculaire effort de guerre consenti par la société civile canadienne est la réponse positive à cette stratégie de persuasion.

Persuader du bien-fondé de l'effort de guerre

Le Canada a activement participé à la Deuxième Guerre mondiale et l'histoire souligne son rôle dans la bataille d'Italie, le débarquement de Normandie, la libération de la Hollande ; aussi, son soutien aux forces alliées par la protection des convois atlantiques, ou encore, la formation de centaines de pilotes dans les bases canadiennes, au point que l'on a qualifié le pays d'« aérodrome du monde libre ». Cet engagement a été soutenu par une reconversion de toutes les activités de la société civile au service de l'effort de guerre : industrie de guerre, rationnement, récupération, épargne, etc. Civils et militaires ont été associés au service d'un même objectif à un tel point que, pour distinguer l'effort fait au pays des engagements outremer, ont été forgés les termes *front domestique/home front.*

L'ampleur de cet effort de guerre s'est déroulée sur un territoire dont l'intégrité n'a jamais été atteinte, sinon à peine menacée[13]. La reconversion des industries a galvanisé la production et provoqué des avancées technologiques : le pays, en fait, comme les États-Unis, a accru sa puissance économique. Les efforts demandés aux citoyens, au-delà des sacrifices, ont plutôt inauguré l'entrée des femmes sur le marché du travail, mieux encore, ont contraint la conservatrice province québécoise à leur octroyer le droit de vote en 1940. Malgré 75 596 pertes humaines[14], dont 42 917 tués[15], c'est un pays en pleine santé qui sort de la guerre en 1945, couvert de surcroît de l'honneur de sa contribution. Trop loin du champ de bataille, la société civile canadienne n'a pas réellement partagé l'expérience de la souffrance et a vécu la guerre, par bien des côtés, comme une expérience plutôt tonifiante :

> Les Canadiens sont sans doute un des seuls peuples de la terre ayant de doux souvenirs de la Deuxième Guerre mondiale. Ce conflit, qui dévasta deux continents et tua 30 000 000 de personnes, fit du Canada et de son voisin du sud les deux pays les plus riches de la planète. À mesure que s'effacèrent de leur mémoire les sacrifices et les brutalités, les Canadiens en vinrent à n'avoir plus que des souvenirs insignifiants de cette guerre au cours de laquelle la plupart d'entre eux avaient gagné bien plus qu'ils n'avaient perdu[16].

Une publicité du bureau du *Service national sélectif* des années 1940 fait écho à ce verdict en donnant à voir une charmante citadine qui, en passant de saines vacances à la campagne, contribue à la victoire. Il y a déjà là un indice d'une forme de connivence, plutôt que de coercition entre les instances gouvernementales et le public.

Par ailleurs, à l'intérieur des limites du territoire, ce même motif de l'éloignement a provoqué de tout autres sentiments. En effet, il est aussi le symptôme d'une très faible densité de population dans un immense territoire. Le recensement de 1941 comptabilise 11,5 millions d'habitants[17], ce qui donne une densité d'à peine 1 habitant au kilomètre carré. Le Canada est un pays immense, peu peuplé, doté d'un climat sévère, isolé entre deux océans aux confins nordiques du continent américain et cela a fait vivre, de façon indéniable, un intense sentiment de solitude à tous ceux qui ont été déplacés pendant le conflit : autant aux soldats partis outre-mer qu'à ceux envoyés dans les bases dispersées à travers l'immense territoire. Ce sentiment est partagé par les familles, les voisins, les petites villes et villages qui ont vu partir leurs hommes et qui expriment un sentiment d'arrachement et de rupture[18]. La propagande gouvernementale a dû tenir compte de cette double acception.

La déclaration de guerre est prononcée le 10 septembre 1939 et le gouvernement libéral de Mackenzie King[19] sait que l'effort de guerre implique une attention accrue à la question de l'information. Plusieurs organismes sont spécifiquement créés pour en assurer le contrôle et l'efficacité, entre les bornes de la censure et de la propagande, tels le Bureau of Public Information et le Wartime Information Board. Ils disposent d'un formidable instrument de production et de diffusion : le nouveau Office national du film/National Film Board. Comptant cinq employés à sa création en 1939, l'Office roule à plein régime en 1945 avec plus de 800 employés. Au service du gouvernement et de ses instances, l'ONF produit pendant les années de la guerre toutes les productions visuelles imaginables : films d'actualités, dessins animés, photographies à l'unité, photoreportages, films fixes, affiches, étalages d'images, publications illustrées, expositions, etc. La diffusion de cette gigantesque production est soigneusement assurée par un service de distribution qui inonde avec vigilance les quatre coins du pays.

Les campagnes pour les bons d'épargne de la victoire[20] donnent un bon exemple de la capacité à promouvoir les besoins de l'État en guerre. Norman McLaren a réalisé sur ce thème, en 1941, un de ses tout premiers dessins animés, *V for Victory* : il était projeté en première partie des séances de cinéma. À la même époque, le Studio G produit des films fixes, curieux rouleaux à mi-chemin entre le cinématographe et le spectacle de diapositives, montrés aux spectateurs dans toutes sortes d'endroits, y compris sur leurs lieux de travail, grâce à de petits projecteurs actionnés à la main. L'un de ces films fixes, *The Story of Victory Bonds (Les obligations de la Victoire)*[21] offre un exposé didactique dont l'énonciateur dûment mis en scène est J. L. Ilsley, ministre des Finances. Au cas où les citoyens n'auraient pas lu ou vu une des innombrables publicités insérées dans la presse, un encart dans les journaux leur annonce un largage spectaculaire, depuis les airs, de myriades de petits coupons à l'effigie des trois armes, annonçant la nouvelle campagne d'achat. Aux entreprises, l'ONF fournit de gigantesques affiches, certaines arborant un baromètre que les syndicats ou des comités d'ouvriers se chargeront de colorier au fur et à mesure de la progression de la campagne. En même temps, la radio diffuse un très prisé feuilleton, *Notre Canada*, systématiquement ponctué par les interventions d'un annonceur :

> Nous avons crié bien haut notre foi, notre courage, notre détermination à vaincre. Il nous faut maintenant en donner la preuve constante, tenace et indéfectible. Nous y parviendrons en tenant parole, tout d'abord. Nous avons souscrit à l'emprunt de la Victoire. Acquittons donc fidèlement jusqu'au dernier dollar les sommes souscrites. [...] Continuons aussi de travailler pour la Victoire... d'épargner pour la Victoire... et de prêter pour la Victoire[22].

Enfin, le citoyen est récompensé : on lui remet un petit insigne à l'image du symbole de la campagne, un « V » superposé sur des ailes, un flambeau, des faisceaux, etc.

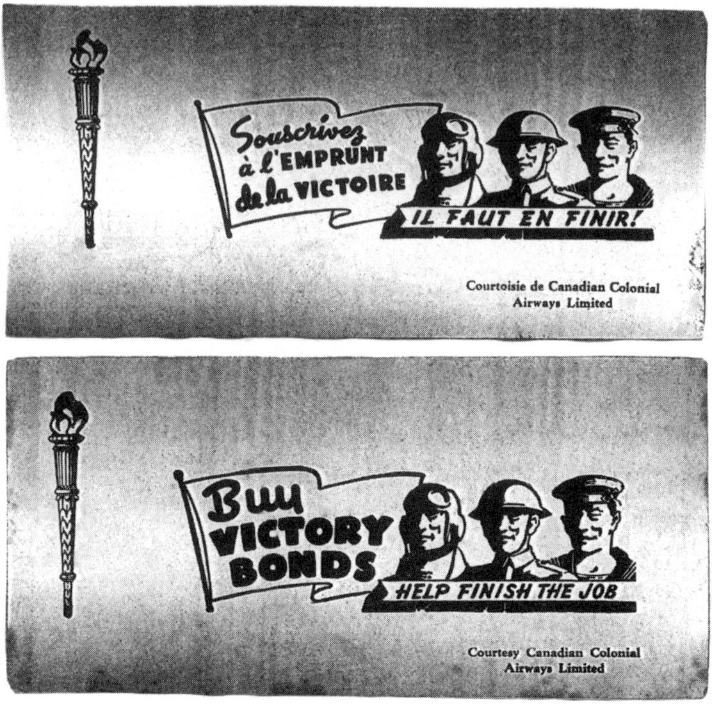

ill. 30 : Coupons à l'effigie des trois armes.

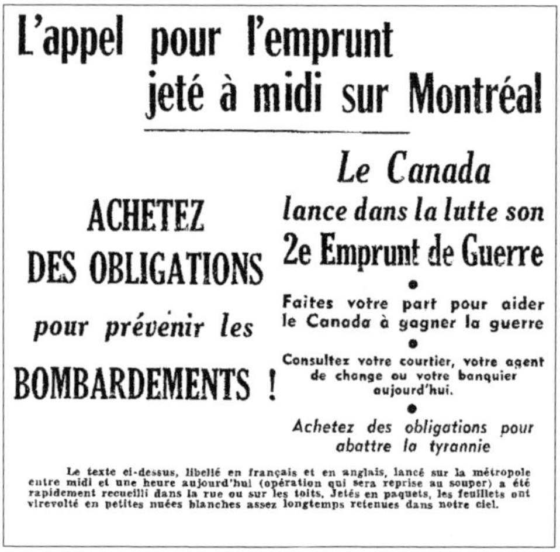

L'appel pour l'emprunt jeté à midi sur Montréal

ACHETEZ DES OBLIGATIONS *pour prévenir les* BOMBARDEMENTS !

Le Canada lance dans la lutte son 2e Emprunt de Guerre

Faites votre part pour aider le Canada à gagner la guerre

Consultez votre courtier, votre agent de change ou votre banquier aujourd'hui.

Achetez des obligations pour abattre la tyrannie

Le texte ci-dessus, libellé en français et en anglais, lancé sur la métropole entre midi et une heure aujourd'hui (opération qui sera reprise au souper) a été rapidement recueilli dans la rue ou sur les toits. Jetés en paquets, les feuillets ont virevolté en petites nuées blanches assez longtemps retenues dans notre ciel.

ill. 31 : Coupure de presse annonçant le largage.

ill. 32 : Insignes des campagnes des bons de la Victoire.

Cette orchestration de l'information et de la propagande, outre les moyens de la diffusion, repose sur une rhétorique qui, de façon systématique, cherche à valoriser la solidarité afin d'obtenir les passages à l'acte et les adhésions : achat de bons d'épargne, récupération des matériaux, acceptation des bons de rationnement, etc. Cette solidarité, pour être effective, doit avoir transcendé l'isolement, l'éloignement, l'éparpillement. Elle va induire une rhétorique de la *proximité*.

Conformément au mandat de l'ONF qui veut « favoriser l'unité nationale et la compréhension mutuelle entre les différents groupes ethniques qui composent la nation canadienne [...] et interpréter les intérêts de chaque partie du Canada à tout le pays »[23], la Filmstrip Unit produit les versions anglaise et française d'un film fixe intitulé *The Canadian People* et *Le peuple canadien*[24]. Cherchant à donner une image physique et humaine du pays, le film fixe retient brièvement le motif *synecdotique* du paysage, sans aucun indicateur de distance ou de superficie et passe plutôt de façon détaillée aux huit recensements tenus entre 1871 et 1941. La progression, appuyée par des graphiques, permet de donner un effet de masse appréciable. À la photographie conventionnelle du paysage de carte postale répond avantageusement l'image beaucoup plus moderne du *collage* qui permet de montrer, unies dans un même espace plastique, les différentes figures des communautés ethniques ou religieuses, mais aussi des classes d'âge et des appartenances sociales. Le portrait est alors à l'élément humain ce que le paysage est à l'élément physique, et le collage est le moyen formel idéal pour donner aux individus une *proximité* qui ne peut décemment pas leur être offerte dans la réalité. Le texte d'accompagnement parachève la construction de *l'union*, joignant au passage civils et militaires : « Onze millions et demi de Canadiens s'engagèrent dans la Deuxième Guerre mondiale, fournissant le plus grand effort *per capita* au monde : plus d'un million ayant endossé l'uniforme, plus de deux millions dans l'industrie. Et ces gens, unis dans une cause commune [...] ». Mieux, la diversité des origines permet de dire que l'éparpillement a été antérieur à l'arrivée sur le territoire canadien qui, lui, offre le *rassemblement* : « Tous différents groupes réunis ajoutés à de petites minorités dont les origines ancestrales sont disséminées à travers le monde font une population totale de [...] ».

Malgré un tel optimisme, il est impossible de nier une césure majeure dans cette union : anglophones et Canadiens français prônent sur l'engagement canadien des opinions contraires et, de surcroît, une large part de l'élite québécoise manifeste un isolationnisme virulent. Pour disposer de ce délicat problème, le service de production cinématographique réalise des films spécifiques pour le Québec, tels *Un du 22e*[25] et *Québec, tremplin stratégique*[26]. Dans ces films, la propagande choisit d'occuper deux postures diamétralement opposées : dans l'un, le conservatisme, dans l'autre la modernité et l'ouverture au monde[27]. *Un du 22e* tient pour acquis que l'unité territoriale significative du Québécois est la *paroisse* et par des mises en parallèle et des ellipses, le film tente de proposer une extension du sentiment d'appartenance, donc du sacrifice possible pour un espace un peu plus vaste que le périmètre familier et familial. L'argument permet de faire dire à un personnage : « Comme je sortais de la barrière de Valcartier, j'ai su que je n'appartenais plus seulement à notre village... » Dans *Québec, tremplin stratégique*, l'argument tente résolument de placer un élément de la géographie physique, le fleuve Saint-Laurent, dans le paradigme de la modernité en valorisant sa fonction de couloir de communication. Ce faisant, le film tente de rendre compatibles et communicants l'espace restreint, endogène et centripète de la paroisse et la façade atlantique, centrifuge, c'est-à-dire ouverte sur le monde, mais donc, en la circonstance, menacée par le nazisme. Dans les deux cas, on a tenté d'effectuer une jonction entre l'espace ethnocentré et le reste du pays : l'unité dans la diversité est possible et un engagement est donc envisageable. En sauvant le plus vaste, on sauvera le plus petit.

Il faut régler un autre problème : le Canada est loin des fronts. L'océan Pacifique sépare efficacement des énervements japonais, l'océan Atlantique des velléités nazies. Intimement, la population le sait bien. Comment alors motiver des actes de solidarité ? La réponse de la rhétorique est sans équivoque : abolir la distance. La propagande d'État, compétente, trouve les bonnes figures. Par exemple, l'*ellipse*, verbale autant que visuelle : « De la poêle à frire jusqu'à la ligne de feu » ; « elle a aidé à bombarder l'Allemagne ». Aussi, combinée à l'ellipse visuelle, l'*allitération* verbale : « Madame Morin bombarde Berlin ». Encore, des vecteurs sont tracés sur les lignes virtuelles de la composition : « Elle a aidé à bombarder l'Allemagne » ; « Madame Morin bombarde Berlin » ; « Unis pour un monde meilleur ». Le registre peut être

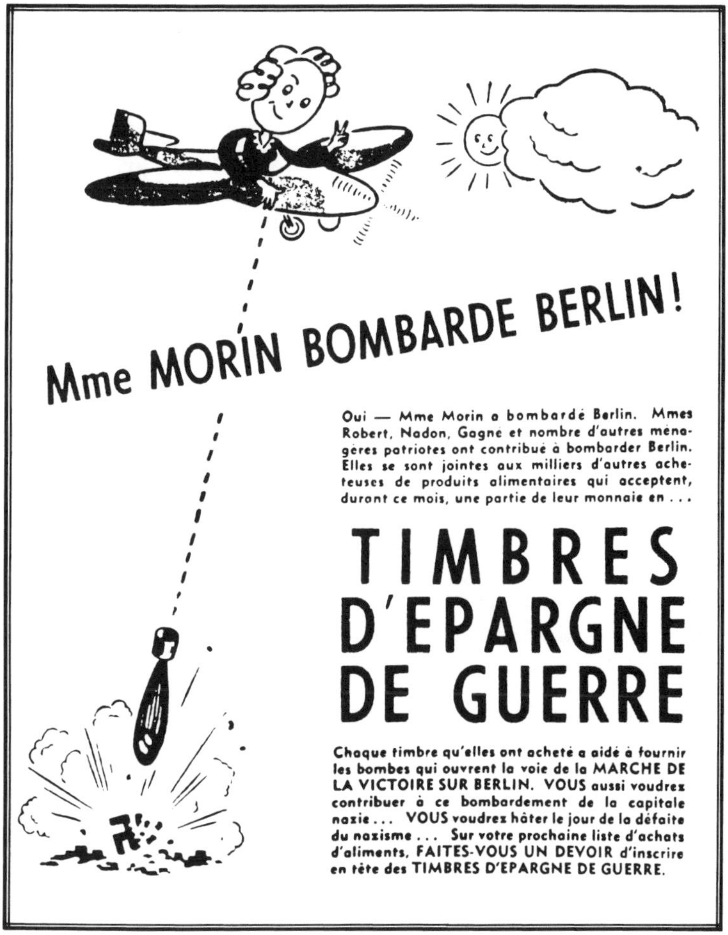

ill. 33 : Encart inséré dans les journaux.

sérieux ou humoristique et l'humour permet de disposer d'une donnée anthropologique : le *home front* appartient au paradigme du foyer domestique, c'est-à-dire un monde à forte connotation féminine. Les jeux sur les liaisons délibérées entre les univers diamétralement opposés de la guerre et du *home* construisent un oxymore éventuellement téméraire, mais offrent en même temps de nombreuses possibilités comiques : il n'est pas rare de rencontrer la maîtresse de maison dodue et frisotée. Le gain rhétorique n'est pas négligeable : cette figure, prépare le terrain pour une autre construction, *la femme, soldat du front domestique.*

Moins subtile et sans humour, la *simulation* choisit d'abolir la distance en important carrément la guerre chez soi. C'est un des arguments importants du film *Québec, tremplin stratégique* qui pose en hypothèse une invasion allemande. Alors que ce film se veut à thèse, le radio-feuilleton *Notre Canada* se place dans un registre tragi-comique et met en scène l'invasion d'un petit village québécois, Val-Hébert, sur un mode proche du folklore.

ROSS	Sergent Felt ?
BRUITEUR	(Claquement de talons)
FELT	Monsieur le lieutenant ?
ROSS	Prenez en charge les deux prisonniers. Une minute. Monsieur le maire, vous avez une prison, ici ?
LABRANCHE	Une prison ? Pourquoi c'est faire ? On n'en a jamais eu besoin jusqu'à c't'heure.
ROSS	Vous allez en improviser une. C'est l'accessoire indispensable d'une bonne administration. Sergent Felt, accompagnez monsieur le maire. Quand il vous aura procuré un local qui convienne à des condamnés à mort, vous reviendrez chercher vos prisonniers. Allez !
BRUITEUR	(Claquement de talons)
NOËL	(Tremblant) T'as entendu Marcel ? C'est nous, ça, les... les condamnés...[28]

Enfin, l'importation se fait en occupant simplement les pages du magazine familier. Sur fond de combat aérien joliment illustré, l'auteur Stéphane Clermont livre *Les raisons du cœur* : « Deux hommes, deux soldats voués corps et âme à la défense de la patrie, aiment passionnément la même jeune fille. Lequel des deux choisira-t-elle sinon celui que la guerre rend le plus malheureux[29] ». Dans ce cas, c'est le mécanisme classique de l'*identification* qui est proposé aux lectrices canadiennes-françaises : les héros sont tous français et l'action se passe dans la France vaincue de 1940.

Autre problème encore : conjurer l'absence et la séparation. Un million de soldats ont quitté leur foyer ; pour 420 000 d'entre eux, il n'y aura pas de retour. Ce départ en masse qui, souvent, est la première excursion hors des limites du quotidien, sous-entend une plongée dans une altérité et, *de facto*, une séparation d'avec les proches. L'angoisse de la séparation, la crainte de l'inconnu, surtout en temps de guerre, sont vécues tant par ceux qui partent que par ceux qui restent. L'absence est palliée par la figure incontournable du *portrait*, substitution de la personne partie, que l'on trouve à profusion dans tous les lieux et moments possibles de l'intervention propagandiste, mais aussi dans les albums et les portefeuilles des individus[30]. C'est de nouveau la solution de l'effigie, déjà rencontrée pendant la Première Guerre mondiale. De façon symptomatique, les trois armées sont symbolisées par les visages de trois jeunes soldats, qui sont utilisés partout, photographiés, comme dans le film fixe *Chief Ketchupwithum Tells the Story* ou dessinés, comme sur les feuillets des largages aériens des campagnes d'épargne pour la victoire. Les portraits du *fils*, du *père*, du *mari*, du *fiancé* justifient *ad nauseam* les efforts demandés. Le portrait sert aussi d'auxiliaire rhétorique pour encourager les courriers aux soldats : des photos peuvent être glissées dans l'enveloppe.

Cependant, cette absence ne doit pas être vécue comme irrémédiable et, dans le cas plus spécifique des jeunes couples séparés — mariés ou fiancés —, la propagande n'hésite pas à faire miroiter la promesse de récompenses grâce au thème du *repos du guerrier*. Cette stratégie est évidemment privilégiée par les marques de produits de beauté : « Leur devoir : Lui... servir, Elle... l'inspirer » ; « Chéri, je comptais les heures » ; « Gardez votre ravissant teint d'écolière ».

Ultimement, l'énergie dépensée vise à fondre les fronts, à faire travailler de conserve deux groupes qui n'ont aucun contact direct au service d'un même objectif : il faut abolir la barrière qui les sépare et les rassembler dans un *même corps*. Tous semblables malgré les apparences, la propagande recourt à une figure forte, la métaphore à quatre termes : le civil est au front domestique ce que le soldat est au champ de bataille. Ainsi, l'un et l'autre mènent, chacun à leur façon, un même combat.

C'est encore ce qu'exprime l'affiche « Every Canadian Must Fight », dans laquelle l'ouvrier et le soldat ne se distinguent que par la casquette et le casque, l'un tenant la mitraillette, l'autre le chargeur de rechange. De là, on passe au « soldat de l'industrie », suivi de tous les jeux de mots sur le rôle de femmes, au travail ou au foyer : « Serment de guerre de la ménagère » ; « Je suis de l'ar-

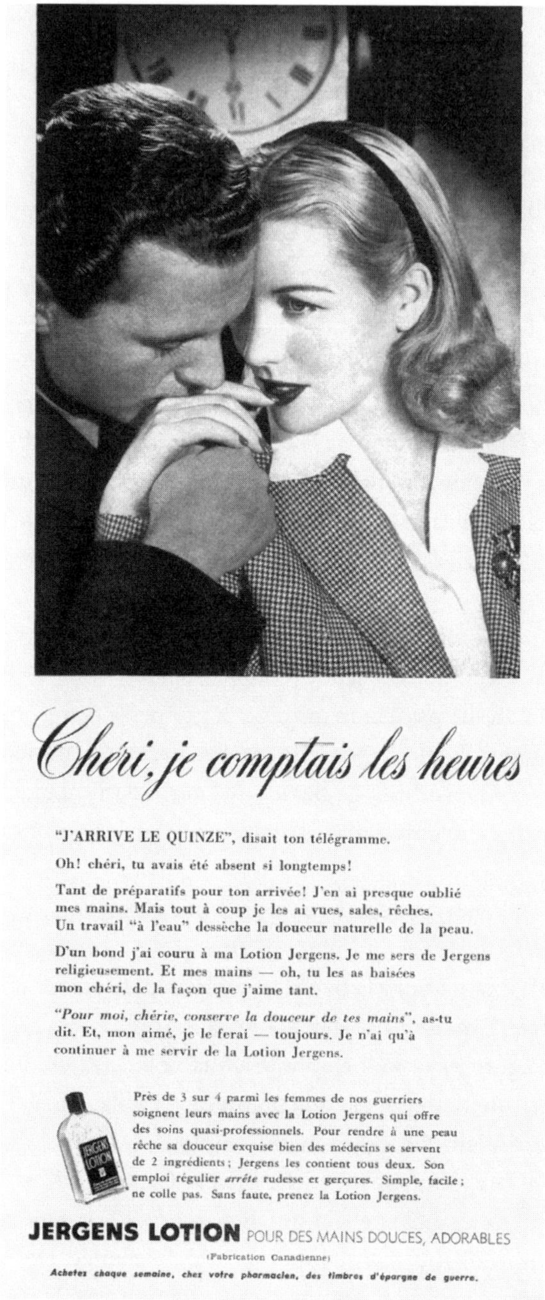

ill. 34 : Publicité insérée dans les magazines féminins.

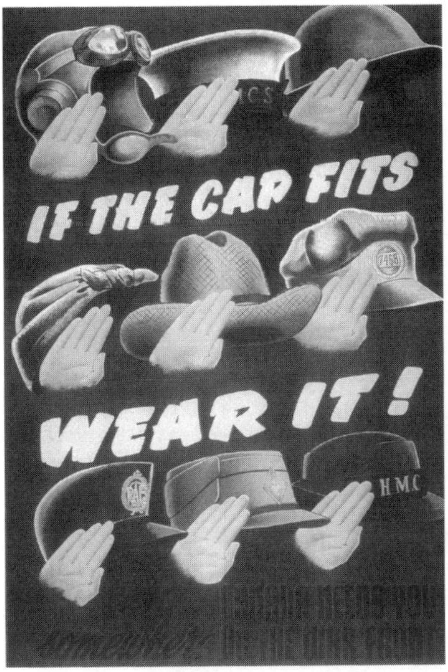

ill. 35 : Affiche de propagande.

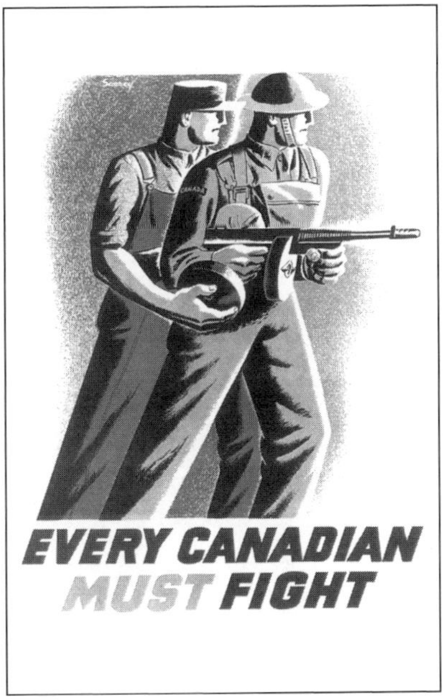

ill. 36 : Affiche de propagande.

mée de la production » ; « Ménagères vous êtes en guerre » qui complètent les « Madame Morin bombarde Berlin », déjà montrée, et autres formules.

La comparaison visuelle contribue à la métaphore verbale. Une grand-mère et sa petite-fille tricotent sur la galerie ; en médaillon, un soldat astique son arme : les aiguilles à tricoter sont aux femmes ce que le fusil est au soldat. Le modèle de tricot, on le trouvera dans une revue d'ouvrages de dames. Entre un napperon au point de feston et un modèle d'appliqués de fleurs, quatre pages donnent les instructions officielles de la Croix-Rouge pour le chandail sans manche, le casque Québec, les demi-mitaines, le casque uni, les chaussettes et deux foulards, dont un pour la marine[31]. Il faut souligner cette mise en scène d'une vieille dame et d'une petite fille : la femme adulte, elle, pendant ce temps, travaille dans une usine de guerre.

À cette armée de travailleurs et de soldats, sont faites des recommandations vigilantes en matière de santé : on le sait, un soldat malade est comptabilisé comme une perte et les soldats de l'industrie doivent donc eux aussi se maintenir en pleine forme. Le film fixe *Peppo and the Family Allowance*

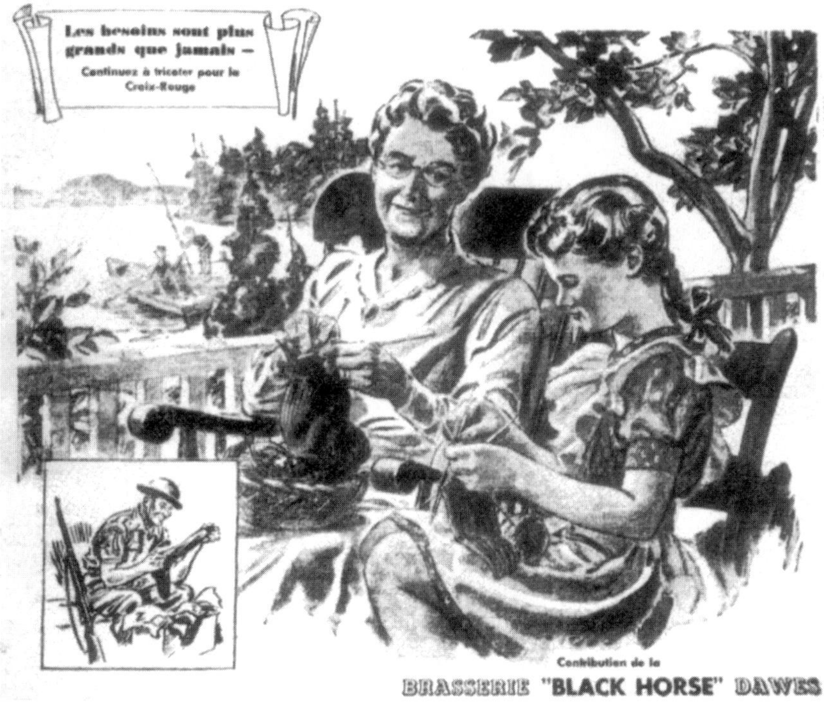

ill. 37 : Encart inséré dans les journaux.

Cheque[32], spécifiquement adressé à la population civile, compare le bon fonctionnement d'un avion avec le bon état du corps en s'appuyant sur les manuels éducatifs de la Royal Canadian Air Force, tel *What They Eat to be Fit is Good for the Health of all Canadians.*

Enfin, lorsqu'il s'agit de gratifier pour les efforts fournis, l'ONF réalise pour le Wartime Information Board deux grandes expositions exemplaires de cette fusion des fronts. *Our Strength Behind the Forces*[33] est sous-titrée *The men and women who produced for victory now and strength in peace,* consacre en fait l'ensemble des 74 photographies aux réalisations du front domestique, et il lui suffit d'évoquer l'armée dans le titre de l'exposition. La gigantesque exposition *This is our Strength*[34], avec ses 22 sections thématiques, joint ensemble dans un même espace muséal et un égal traitement formel *Men of the Skies* (Forces aériennes de l'armée canadienne [RCAF], section 1) ; *The Farmer's Achievement* (agriculture, section 7) ; *Into the Battle*

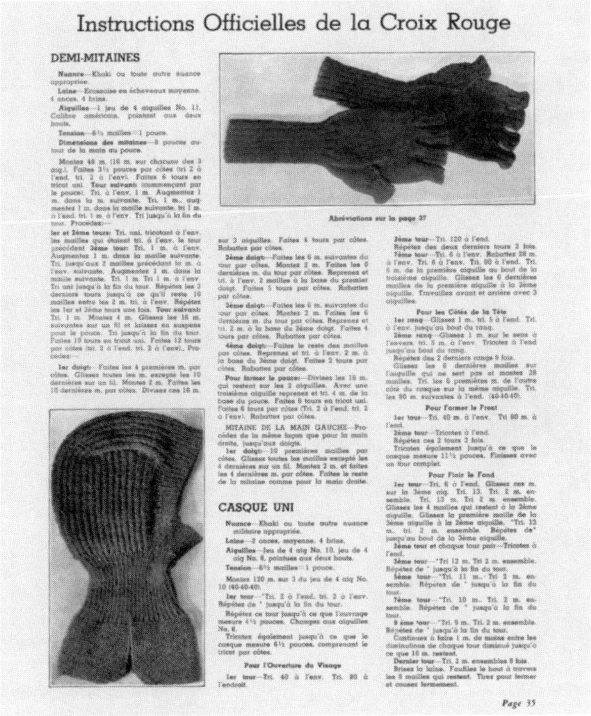

Instructions Officielles de la Croix Rouge

DEMI-MITAINES

Nuance—Khaki ou toute autre nuance appropriée.

Laine—Ecossaise en écheveaux moyenne. 4 onces. 4 brins.

Aiguilles—1 jeu de 4 aiguilles No. 11. Calibre américain, pointant aux deux bouts.

Tension—6½ mailles=1 pouce.

Dimensions des mitaines—8 pouces autour de la main au pouce.

Montez 48 m. (16 m. sur chacune des 3 aig.). Faites 3½ pouces par côtes (tri 2 à l'end. tri. 2 à l'env). Faites 6 tours en tricot uni. **Tour suivant:** (commençant par le pouce). Tri. à l'env. 1 m. Augmentez 1 m. dans la m. suivante. Tri. 1 m., augmentez 1 m. dans la maille suivante. tri 1 m. à l'end. tri. 1 m. à l'env. Tri jusqu'à la fin du tour. Procédez:—

1er et 2ème tours: Tri. uni. tricotant à l'env. les mailles qui étaient tri. à l'env. le tour précédent **3ème tour:** Tri. 1 m. à l'env. Augmentez 1 m. dans la maille suivante. Tri. jusqu'aux 2 mailles précédant la m. à l'env. suivante. Augmentez 1 m. dans la maille suivante. Tri. 1 m. Tri 1 m. à l'env. Tri uni jusqu'à la fin du tour. Répétez les 3 derniers tours jusqu'à ce qu'il reste 16 mailles entre les 2 m. tri. à l'env. Répétez les 1er et 2ème tours une fois. **Tour suivant:** Tri. 1 m. Montez 4 m. Glissez les 16 m. suivantes sur un fil et laissez en suspens pour le pouce. Tri jusqu'à la fin du tour. Faites 10 tours en tricot uni. Faites 12 tours par côtes (tri. 2 à l'end. tri. 2 à l'env)., Procédez:—

1er doigt:—Faites les 4 premières m. par côtes. Glissez toutes les m. excepté les 10 dernières sur un fil. Montez 2 m. Faites les 10 dernières m. par côtes. Divisez ces 16 m. sur 3 aiguilles. Faites 4 tours par côtes. Rabattez par côtes.

2ème doigt:—Faites les 6 m. suivantes du tour par côtes. Montez 2 m. Faites les 6 dernières m. du tour par côtes. Reprenez et tri. à l'env. 2 mailles à la base du premier doigt. Faites 5 tours par côtes. Rabattez par côtes.

3ème doigt:—Faites les 6 m. suivantes du tour par côtes. Montez 2 m. Faites les 6 dernières m. du tour par côtes. Reprenez et tri. 2 m. à la base du 3ème doigt. Faites 4 tours par côtes. Rabattez par côtes.

4ème doigt:—Faites le reste des mailles par côtes. Reprenez et tri. à l'env. 2 m. à la base du 3ème doigt. Faites 2 tours par côtes. Rabattez par côtes.

Pour former le pouce:—Divisez les 16 m. qui restent sur les 2 aiguilles. Avec une troisième aiguille reprenez et tri. 4 m. de la base du pouce. Faites 6 tours en tricot uni. Faites 6 tours par côtes (Tri. 2 à l'end. tri. 2 à l'env). Rabattez par côtes.

MITAINE DE LA MAIN GAUCHE—Procédez de la même façon que pour la main droite, jusqu'aux doigts.

1er doigt:—10 premières mailles par côtes. Glissez toutes les mailles excepté les 4 dernières sur un fil. Montez 2 m. et faites les 4 dernières m. par côtes. Faites le reste de la mitaine comme pour la main droite.

Abréviations sur la page 37

CASQUE UNI

Nuance—Khaki ou toute autre nuance militaire appropriée.

Laine—2 onces, moyenne, 4 brins.

Aiguilles—Jeu de 4 aig No. 10, jeu de 4 aig No. 8, pointues aux deux bouts.

Tension—6½ mailles=1 pouce.

Montez 120 m. sur 3 du jeu de 4 aig No. 10 (40-40-40).

1er tour—*Tri. 2 à l'end. tri. 2 à l'env. Répétez de * jusqu'à la fin du tour.

Répétez ce tour jusqu'à ce que l'ouvrage mesure 4½ pouces. Changez aux aiguilles No. 8.

Tricotez également jusqu'à ce que le casque mesure 6½ pouces, comprenant le tricot par côtes.

Pour l'Ouverture du Visage

1er tour—Tri. 40 à l'env. Tri. 80 à l'endroit.

2ème tour—Tri. 120 à l'end.

Répétez des deux derniers tours 3 fois.

7ème tour—Tri. 6 à l'env. Rabattez 28 m. à l'env. Tri. 6 à l'env. Tri. 80 à l'end. Tri. 6 m. de la première aiguille au bout de la troisième aiguille. Glissez les 6 dernières mailles de la première aiguille à la 2ème aiguille. Travaillez avant et arrière avec 3 aiguilles.

Pour les Côtés de la Tête

1er rang—Glissez 1 m., tri. 5 à l'end. Tri. à l'env. jusqu'au bout du rang.

2ème rang—Glissez 1 m. sur le sens à l'envers, tri. 5 m. à l'env. Tricotez à l'end jusqu'au bout du rang.

Répétez des 2 derniers rangs 9 fois.

Glissez les 6 dernières mailles sur l'aiguille qui ne sert pas et montez 28 mailles. Tri. les 6 premières m. de l'autre côté du casque sur la même aiguille. Tri. les 80 m. suivantes à l'end. (40-40-40).

Pour Former le Front

1er tour—Tri. 40 m. à l'env. Tri 80 m. à l'end.

2ème tour—Tricotez à l'end.

Répétez ces 2 tours 2 fois.

Tricotez également jusqu'à ce que le casque mesure 11½ pouces. Finissez avec un tour complet.

Pour Finir le Fond

1er tour—Tri. 6 à l'end. Glissez ces m. sur la 3ème aig. Tri. 13. Tri. 2 m. ensemble. Tri. 13 m. Tri 2 m. ensemble. Glissez les 4 mailles qui restent à la 2ème aiguille. Glissez la première maille de la 3ème aiguille à la 2ème aiguille. *Tri. 13 m., tri. 2 m. ensemble. Répétez de* jusqu'au bout de la 3ème aiguille.

2ème tour et chaque tour pair—Tricotez à l'end.

3ème tour—*Tri 12 m. Tri 2 m. ensemble. Répétez de * jusqu'à la fin du tour.

5ème tour—*Tri. 11 m., Tri 2 m. ensemble. Répétez de * jusqu'à la fin du tour.

7ème tour—*Tri. 10 m., Tri. 2 m. ensemble. Répétez de * jusqu'à la fin du tour.

9 ème tour—*Tri. 9 m., Tri. 2 m. ensemble. Répétez de * jusqu'à la fin du tour.

Continuez à faire 1 m. de moins entre les diminutions de chaque tour diminué jusqu'à ce que 16 m. restent.

Dernier tour—Tri. 2 m. ensembles 8 fois.

Brisez la laine. Faufilez le bout à travers les 8 mailles qui restent. Tirez pour fermer et cousez fermement.

Page 35

ill. 38 : Modèle de tricot.

(armée de terre, section 3) ; *Fishing* (pêches, section 10) ; etc., et les fond à l'occasion dans une même section comme dans *The Canadian Navy and Merchant Marine* (section 3).

Contrer l'éparpillement, conjurer la distance, conjurer l'absence et la séparation, transcender la division des tâches, ces objectifs de la propagande et ses solutions rhétoriques ont offert un magistral déploiement de productions spectaculaires et, de toute évidence, efficaces, étant donné les résultats obtenus : un homme sur deux entre 18 et 45 ans a rejoint les forces armées, deux millions de femmes sont entrées sur le marché du travail, le chômage a été totalement résorbé dès 1941, la puissance économique a décuplé en cinq ans et… le Canada a gagné la guerre.

L'instrument qui a permis des réalisations d'une telle ampleur est l'Office national du Film. Pour tout ce qui a été lié à la production d'images fixes, aux photographies, illustrations, affiches, etc., un important service a été mis

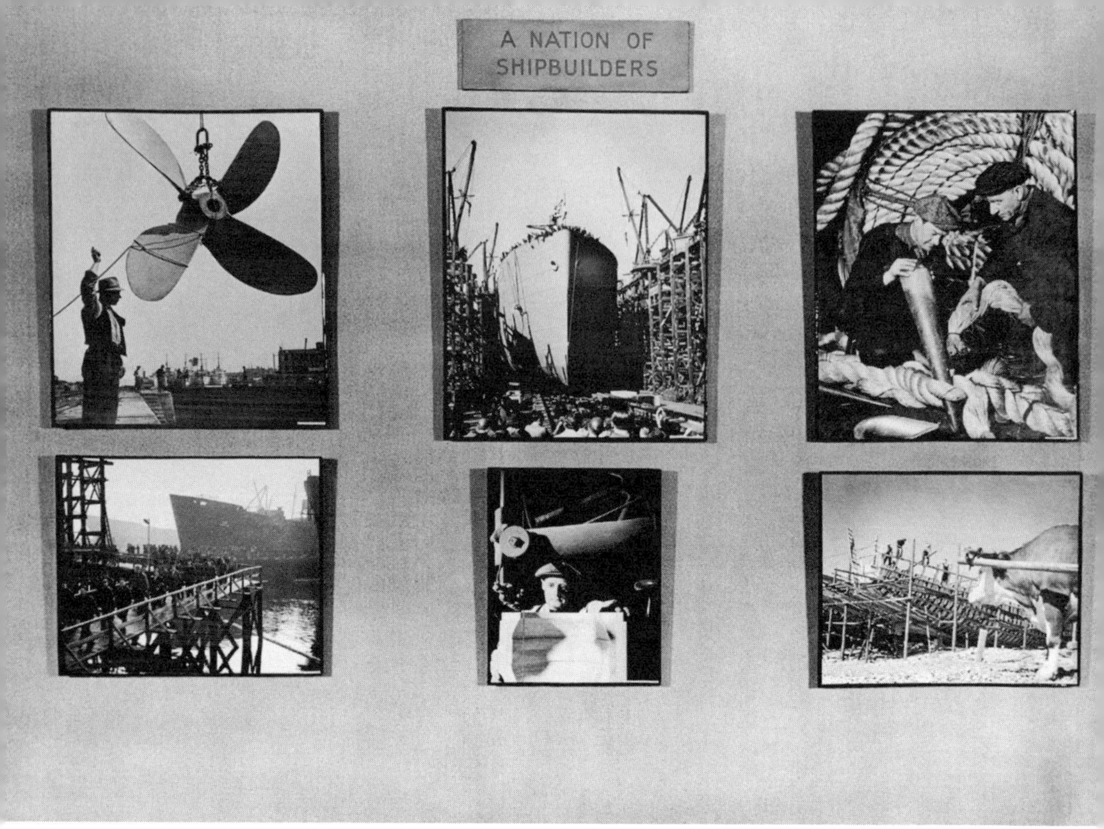

ill. 39 : Une section de l'exposition *Our Strength Behind the Forces*, 1944.

en place au sein de l'ONF : la Division des graphiques, dont l'importance était égale à celle de la production filmique, davantage connue.

La propagande par l'image : le cas de l'ONF

Lorsque l'Office national du film est créé par la loi du 2 mai 1939, cela ne s'est pas fait *ex nihilo*. En fait, ce souci d'une production visuelle — puis audiovisuelle — sous les auspices du gouvernement canadien remonte à un demi-siècle plus tôt et l'ONF doit être vu comme relevant d'une tradition bien implantée qui, malgré son essoufflement, demeurait continue depuis 1890. À cette date circulaient des spectacles de diapositives sous l'égide du ministère de l'Agriculture, destinés à promouvoir l'émigration vers le Canada auprès des Européens. En 1896, un Programme d'immigration est dûment créé par le ministère pour gérer et réaliser ces spectacles itinérants qui, à leurs débuts, utilisent des diapositives sur verre, colorées à la main, puis, au tournant du siècle, s'emparent des vues animées du tout nouveau cinématographe. Dès le départ, le contrôle des contenus reflète l'esprit de la propagande : pas de scène d'hiver, pas de portraits d'Amérindiens, pour ne pas effaroucher les candidats éventuellement tentés par le grand voyage. Un véritable âge d'or de la diapositive perdure jusqu'aux années 1930 et l'entre-deux-guerres voit naître l'embryon d'une photothèque dans les bureaux du ministère de l'Intérieur. On recourt à cette époque aux services de photographes professionnels tels Horatio Nelson Topley et John Woodruff, à qui on achète les clichés[35]. L'ampleur du service avait conduit, pendant la Première Guerre, à le refondre en un *Exhibits and Publicity Bureau* (Bureau des expositions et de la publicité), placé sous la responsabilité du ministère du Commerce. L'usage croissant du film conduit à un nouveau réaménagement, l'organisme prenant alors le nom de *Canadian Government Motion Pictures Bureau* (Bureau de la cinématographie canadienne). Ce bureau assume toutes les productions visuelles gouvernementales jusqu'à la Deuxième Guerre mondiale.

En 1938, ce Bureau de la cinématographie canadienne compte une trentaine d'employés[36] et coordonne les activités de cinq services différents : une division de la *cinématographie* (*film*), une division de la *photographie ordinaire* (*still photography*), un service de *distribution théâtrale*, un service de *distribution non théâtrale* et un service d'*étalage d'images* (*display*). Le Bureau de la cinématographie annonce, dans son rapport annuel du 31 mars 1940, posséder 8 372 copies de films et une collection de 40 000 négatifs photographiques. Ce volume de production, important en soi, est cependant le résultat d'activités devenues routinières qui n'ont jamais permis, par exemple, de prendre correctement le virage du cinéma parlant, apparu en 1927. C'est un Bureau essoufflé, à peu près endormi dans sa culture fonctionnaire qui doit faire face, quasiment du jour au lendemain, à l'explosion de la demande provoquée par un événement majeur : l'entrée en guerre du Canada. Dans le rapport annuel de cette même année, le Bureau avait rendu compte de sa routine : « L'usage des films, des plaques de lanterne et autres articles d'illustration comme moyen de répandre des renseignements, continue de fournir de nouvelles occasions d'obtenir une précieuse publicité pour le Canada en annonçant ses industries, ses produits et ses attractions touristiques[37]. » Sept mois plus tard, dans le rapport de 1940, le ton a singulièrement changé et

« l'augmentation de la demande de films a poussé à la limite l'endurance des dirigeants et du personnel de bureau[38] ». En effet, une nouvelle Commission nationale de la cinématographie assure la coordination et la concentration des activités du gouvernement en la matière, qui s'étendent « à de nouveaux champs d'action, le plus important de ceux-ci [étant] peut-être la production, par le Gouvernement, de films documentaires et réalistes ». Parmi ces films, il y a la couverture du « voyage complet de leurs majestés au Canada et aux États-Unis. [...] Le bureau a produit un film officiel et établi un dossier photographique du voyage entier, d'une côte à l'autre, comportant 80 000 pieds de films sonores [...] et plus de mille photographies ordinaires ». Ces films, ce sont les tout premiers destinés à illustrer « l'effort du Canada dans la poursuite de la guerre », ceux de la série *Canada Carries on/Le Canada fait sa part* qui, à la fin de la guerre, comptera des centaines de courts métrages. Parallèlement, la Division de la photographie ordinaire « est devenue l'un des services les plus importants et les plus précieux. [Depuis le début de la guerre] des milliers de photographies ont été fournies à la presse, aux représentants de la presse du Ministère de la Défense nationale, de l'Aviation royale canadienne, de la Marine royale canadienne et d'autres départements ». Cette démultiplication de la production est en fait le symptôme de l'efficacité spectaculaire du premier dirigeant de la Commission nationale de la cinématographie, le commissaire John Grierson, nommé le 14 octobre 1939. À titre de directeur de la General Post Office Film Unit de Londres, il avait été sollicité par le gouvernement canadien pour faire profiter de son expertise en vue de renouveler et redynamiser les activités du Bureau de la cinématographie. Cette consultation, au départ seulement liée aux affaires gouvernementales en temps de paix, jette les bases d'une exceptionnelle réalisation en temps de guerre. Les recommandations que John Grierson émet dans son rapport de juin 1938 posent les cadres déjà adéquats pour les futures productions liées à l'effort de guerre :

1. Que toutes les activités cinématographiques du gouvernement soient coordonnées à partir d'un seul organisme.
2. Qu'un commissaire du gouvernement à la cinématographie soit nommé afin qu'il puisse conseiller le gouvernement en matière de production et de distribution des films.

3. Que l'on embauche du personnel créatif temporaire afin d'améliorer et de soutenir le Bureau de la cinématographie canadienne.
4. Que le programme de production cinématographique se diversifie et s'étende à un choix de sujets beaucoup plus large[39].

Les effets de ce rapport sont l'adoption, à la Chambre des communes, de la Loi du 2 mai 1939, acte de naissance de l'Office national du film. Créé dans une perspective de coordination et de centralisation des activités, l'Office absorbe rapidement des institution et services avec lesquels il a d'abord collaboré. Par un ordre du Conseil du 11 juin 1941, il intègre, entre autres, la Division cinématographique et la Division photographique *ordinaire* de l'ancien Bureau de la cinématographie du gouvernement canadien, rattaché au ministère du Commerce: toutes les activités sont désormais sous la responsabilité du ministre des Services de guerre nationaux[40]. Finalement, le 14 novembre 1945, l'ONF présente son premier rapport annuel officiel, complètement autonome[41]. La croissance considérable du personnel a coïncidé avec la création de toutes sortes de services de plus en plus complexes et sophistiqués, même si les grandes divisions restent peu ou prou semblables à celles du Bureau de la cinématographie. Sous la direction du commissaire du gouvernement à la cinématographie, l'institution fait fonctionner quatre grands secteurs: un service administratif, un service de production cinématographique, un service de distribution et un service de production graphique, recouvrant tout ce qui touche de près ou de loin à la photographie. En 1944, John Grierson a embauché Ralph Foster, qui travaillait au journal *Toronto Star*. Celui-ci réorganise l'ancien Service photographique et toutes les activités qui s'y rattachent dans une même section qui s'appelle désormais la Division des graphiques (Graphics Division). Jusqu'en 1946, avec une productivité très performante, la Division des graphiques contribue à l'effort de guerre de l'ONF, défini par un mandat dont les termes trouvent leur formule définitive en 1945:

> Les films réalisés à l'Office national du film à même son budget sont conçus dans le but de favoriser l'unité nationale et la compréhension mutuelle entre les différents groupes ethniques qui composent la nation canadienne. Ils sont tournés dans l'intention d'interpréter les intérêts de chaque partie du Canada à tout le pays. [...] Les services cinématographiques et photographiques jadis administrés par l'Office de l'information ont été depuis quelques années confiés à l'Office national du film. Ceci signifie qu'une proportion plus grande des

matières graphiques nécessaires au gouvernement pour fin d'information de guerre est produite à l'Office national du film[42] .

1944 et 1945 sont les grandes années de la Division des graphiques. Sous la direction de Ralph Foster en 1944, puis de Graham McInnes, l'année suivante, la Division est structurée en quatre secteurs principaux qui collaborent fréquemment entre eux et produisent régulièrement des séries de réalisations autour et au service d'un même thème. Le travail est fait en équipes et il n'est pas aisé de retracer les identités des participants. Dans une logique toute collectiviste, la division bannit les génériques et les productions sont seulement signées ONF, arborant à l'occasion un blason qui fut, en quelque sorte, le tout premier logo de l'Office[43].

Au Service photographique proprement dit, sont rattachés les photographes qui travaillent à la grandeur du pays et alimentent la photothèque. Pendant la guerre, une trentaine de photographes, tous masculins, sont à l'œuvre. Parmi eux, au moins 12 travaillent à temps plein, le plus connu d'entre eux étant sans doute Chris Lund, qui reste actif jusque dans les années 1970.

Le Service fournit des clichés à la pièce, mais aussi des photoreportages, conçus en collaboration avec des rédacteurs. Ces photoreportages sont destinés à la presse, tous azimuts, et sont produits sur une base hebdomadaire, puis, progressivement bihebdomadaire. Les sujets traités sont de tous ordres, de la transhumance du bétail (Harry Rowed, mars 1944) à l'entraînement des pilotes alliés (Chris Lund et Ronny Jacques, mars-avril 1943), de la construction de l'autoroute de l'Alaska (Harry Rowed et Nick Morant, avril 1942) au travail des femmes en usine (Harry Rowed, août 1942), en passant par les grands événements de l'histoire, telles la Conférence de Québec, au cours de laquelle Mackenzie King fut l'hôte de Churchill et de Roosevelt (Harry Rowed, août 1943) ou la Conférence de San Francisco qui initia la création de l'ONU (Nick Morant, mai-juin 1945). Les carnets de travail conservés aux archives[44] font dénombrer 422 reportages effectués entre 1940 et 1946, les années de production intense étant 1944 avec 68 reportages, et 1945 avec 317. Il est possible de penser que le gouvernement redoublait d'énergie propagandiste au moment où l'avantage commençait enfin à basculer du côté des Alliés.

Toutes ces photographies sont produites pour répondre aux demandes des services gouvernementaux et des ministères, parmi lesquels les tout premiers sont le War Information Board, la Défense nationale et leurs diverses sous-sections, tels le Comité national des finances de guerre à qui l'on doit les célèbres bons de la victoire, la Consumers' Section ou autres General Medical Services. L'ampleur de cette activité laisse déduire qu'il existe une immense quantité de négatifs. Le rapport annuel de 1941 en donne un bon indice en faisant état de 100 000 photos produites dans l'année, dont plus de 50 000 pour le Bureau du directeur de l'information[45].

Outre la diffusion à la pièce et l'exploitation dans le cadre d'un genre spécifique, le photoreportage, ce volume sert aussi de matière première à l'élaboration de produits dont l'originalité ou la diversité démontrent l'importance accordée par l'ONF à la question de la diffusion. Tant pour la production cinématographique que pour la production photographique et graphique, l'Office a veillé à développer une double compétence, autant en matière de production que de diffusion. Ce qui aurait pu, en logique ordinaire, être confié à deux organismes distincts, a été entièrement assumé par le seul Office, qui trouve là une originalité tout à fait particulière, démontrant en quoi l'institution est un acteur soigneusement pensé et remarquablement performant de la propagande d'État.

La Filmstrip Unit est une section entièrement consacrée à la réalisation d'un seul de ces produits exploitant la banque de la photothèque : le film fixe. Ce curieux agencement combine dans des photogrammes positifs, en succession sur un rouleau celluloïd, des photos, dessins et autres graphiques, que l'on déroule à la manivelle dans une petite machine à mi-chemin entre le projecteur à diapositives et le projecteur cinématographique. Le présentateur actionne la manivelle à son rythme et fait des arrêts sur image à son gré, suivant le commentaire dont il assortit la projection. Dans certains cas, un accompagnement sonore, enregistré sur disque, peut être fourni au conférencier. D'abord créé, en 1944, à la demande de l'armée, ce film fixe, *Little Brother of the Motion Picture*[46], d'usage fort simple, est le support pédagogique idéal pour toutes sortes de conférences dans toutes sortes de lieux. En 1945, il y avait 800 projecteurs pour films fixes en usage à travers le pays, dans divers établissements et circonstances.

La Filmstrip Unit, comme les autres sections, n'affiche pas de générique et seul le nom de tel ou tel département gouvernemental apparaît à titre de commanditaire. Il faut entrecroiser les documents pour retracer quelques-uns des artisans, auteurs des 31 films fixes produits entre 1944 et 1946. Une

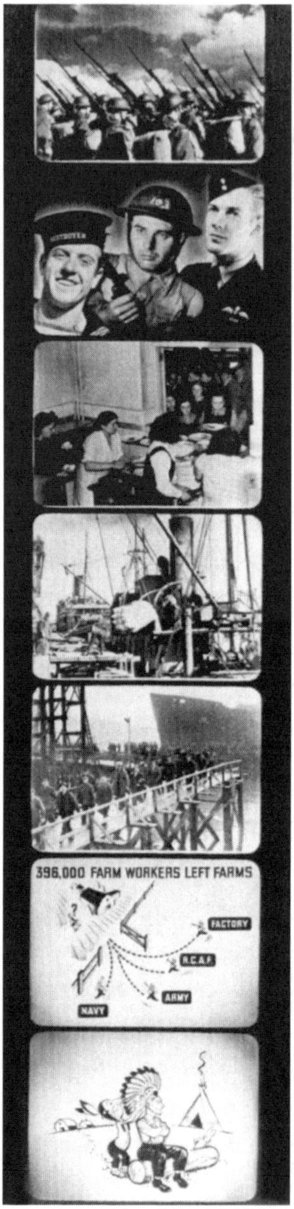

ill. 40 : Les 31 films fixes de l'ONF et des images du premier, *Chief Ketchupwithum Tells the Story.*

FILMS FIXES 1944-46

1. *Chief Ketchupwithum Tells the Story*, n/b, VA, 80 cadres, sonore, 1944.
2. *Wartime Gardening Step by Step*, n/b, VA, 56 cadres, 1945. VF : *Jardin de guerre point par point*, 1945.
3. *Canning Step by Step*, n/b, VA, vers 1945.
4. *Control of Respiratory Diseases*, n/b, VA, 50 cadres, non daté.
5. *Acute Respiratory Disease*, n/b, VA, 21 cadres, non daté.
6. *Personal Health*, n/b, VA, 51 cadres, non daté.
7. *Pregnancy*, n/b et coul., 33 cadres, non daté.
8. *Feminine Hygiene*, coul. et sépia, VA, 36 cadres, non daté.
9. *From the Ground Up*, n/b, VA, 66 cadres, sonore, 1945. VF : *Les houillères du Canada*.
10. *Personal Hygiene*, n/b, VA, 33 cadres, non daté.
11. *Les obligations de la Victoire*, n/b, VF, 66 cadres 1944. VA : *The Story of Victory Bonds*.
12. *Isolation technique*, notice incomplète.
13. *Rural School Lunches*, n/b, VA, 57 cadres, 1944. VF : *Les repas à l'école rurale.*
14. *Modern Chinese Painting*, VA, coul., 48 cadres, non daté. VF : *Peinture chinoise moderne*.
15. *Back to Civvy Street*, n/b, VA, 69 cadres, 1945.
16. *The Canadian People*, n/b, VA, 60 cadres, non daté. VF : *Le peuple canadien*.
17. *Working Together in Canada*, n/b, VA, sonore, 93 cadres, 1945. VF : *Travail d'ensemble au Canada*, 1946.
18. *Camouflage*, notice incomplète.
19. *Great Lake Shipping*, n/b, VA, 48 cadres, 1945. VF : *La navigation sur les Grands Lacs*, 1949.
20. *Cut-Outs Up to Date*, coul., VA, 46 cadres, 1945.
21. *A Message to Advertising Men*, n/b, VA, 47 cadres, vers 1946.
22. *UNRRA Goes into Action*, n/b, VA, 50 cadres, 1945.
23. *A message from your Deputy Minister*, n/b, sonore.
24. *Tenderfoot*, n/b, VA, 43 cadres, non daté.
25. *Community Meets Veterans*, n/b, VA, 65 cadres, 1946.
26. *Peppo and the Family Allowance Cheque*, coul., VA, sonore, 75 cadres, 1945. VF : *Peppo et le chèque d'allocations familiales* (1946).
27. *Canada Research Facilities*, n/b, VA, 86 cadres, 1946.
28. *Orphan Willie*, n/b, VA, sonore ou accompagné d'un livret, 67 cadres, Educational series, n° 2. VF : *Le petit Pierre,* 1950.
29. *The Last Round Up*, n/b, VA, 56 cadres, 1945. VF : *Le dernier rassemblement.*
30. *It Won't Be Long Now*, n/b, VA, 64 cadres, 1945.
31. *Here's Your Man*, n/b, 45 cadres, non daté.

douzaine de personnes travaillaient sous la supervision du producteur Lionel Ried parmi lesquelles un directeur artistique, Fred Anders; des dessinateurs et artistes, Harold MacIntosh, Jimmie Simpkins, les frères Guiseppe et Michael Licastro; à la rédaction, aux tâches secrétariales, des femmes telles Nora Helliwell et Gladys Maguire.

Les photographies de la photothèque ont formé une banque dans laquelle puisent sans limite les concepteurs des films fixes, comme dans le cas, par exemple, de *The Canadian People/Le peuple canadien*, dans lequel on retrouve portraits et paysages de tous les coins du pays. Cependant, lorsque cela s'avère nécessaire, des photographes travaillent spécifiquement pour leurs besoins. Ainsi Jack Long, en février 1944, pour le tout premier film fixe à voir le jour, *Chief Ketchupwithum Tells the Story*, commandé par le National War Finance Committee, mais aussi à plusieurs autres reprises comme pour *Rural School Lunches/Les repas à l'école rurale* (juillet 1944) ou *The Story of Victory Bonds/Les obligations de la Victoire* (juillet 1944). Pour les besoins de la cause, le personnel de l'ONF se prête à la figuration, comme les deux jeunes femmes de *Wartime Gardening Step by Step/Jardin de guerre point par point* (1945), ou même leur descendance, comme ce fut le cas du bébé de Lionel Ried pour *The Canadian People*. Fréquemment, les cadres photographiques alternent avec les cadres dessinés. Des schémas légendés, des graphiques, des traits humoristiques accompagnent le propos. En toute liberté, le film fixe puise dans les ressources autant du cinéma que du dessin animé, des arts plastiques ou de la bande dessinée. La Défense nationale, premier commanditaire avec 10 films fixes, a ainsi appris aux soldats, avec l'humour nécessaire, à préserver leurs pieds par des toilettes soigneuses — on s'en souvient, ce fut un des fléaux de la Première Guerre mondiale — (*Tenderfoot*, non daté), à se préserver des grossesses indésirables (*Pregnancy*, non daté et *Feminine Hygiene*, non daté), à ne pas faire trop de dégâts en réintégrant la vie civile (*Back to Civvy Street*, 1945).

Le soin apporté à la diffusion est clairement confirmé par l'existence d'une Informational Display Division. Ce service, dirigé par Donald W. Buchanan[47], est consacré à la mise en forme des matériaux selon les exigences et les formes de diffusion des photographies et des travaux graphiques, des tirages et des tables à dessin aux travaux de menuiserie, d'emballage et d'expédition. Il fabrique ainsi des étalages d'images ou présentoirs thématiques, tels *Le travail présente les armes*[48], *Cinq années de production en temps de guerre*[49], de petit format, aisément transportables, qui sont installés dans toutes sortes de lieux, des cafétérias d'usine aux vitrines de magasins. Un soin particulier conduit même à concevoir de « nouvelles formes de récits pour les étalages, 6 grandes photographies accompagnées de légendes qui permettent d'évoquer une histoire complète[50] ». Un petit catalogue illustré de la période permet d'identifier différents formats et dispositifs[51] : panneaux glissés dans une vitrine, panneaux muraux accrochés aux murs d'une classe, paravents posés au milieu d'une salle, castelets encadrant un écran pour une projection de film ou de film fixe. Ces dispositifs participent à l'orchestration des différentes productions de la Division des graphiques autour d'un même thème, comme, par exemple, « *Back to Civvy Street*, présentation sur papier, 6 feuilles imprimées mesurant 24 × 36 po ; en anglais ou en français[52] », auquel correspond le film fixe n° 15, portant le même titre. Encore, concernant la prévention des maladies : « *Target T.B.*, présentation de 4 panneaux pliants mesurant 80 × 28 po, créée pour servir de complément au film du même titre qui démontre les différentes méthodes de prévenir et de déceler la maladie, est conçue pour être installée sur une table ; boîtier d'emballage de type porte-documents, 20 × 28 po ; poids à l'embarquement, 12 livres. En anglais ou en français[53]. »

Ce service s'occupe aussi des travaux graphiques classiques destinés à diverses publications de l'Office ou des ministères desservis, comme, entre autres, *Canada Digest*, *Affaires canadiennes* ou le magazine *Canada at War/Canada en guerre*, dont la quarante-troisième livraison, en février 1945, rendant un hommage appuyé à l'effort de guerre, compte en abondance photographies et montages d'images, quasiment sur chacune des 78 pages[54]. Il assume la production de dépliants, de catalogues, de matières imprimées de toutes sortes et, bien sur, d'affiches. Affiches conçues pour accompagner les films produits par l'ONF, mais encore, affiches au service de campagnes en rapport avec l'effort de guerre et le moral des citoyens. Parmi 216 affiches et publicités recensées, évoquons *Votre santé fait la force du pays*[55], *Enrôlez-vous dans l'armée de récupération*[56], *Houseswives Wage War on Hitler*[57].

À cela, il faut encore rajouter les productions de prestige et de grande envergure, les grandes expositions de 1944 et 1945. La première, *Our Strength Behind the Forces*, est inaugurée le 21 mars 1944 : 74 photographies réparties en 11 sections ont été accrochées aux cimaises de la National Gallery, sise à l'époque dans le Victoria Memorial Museum Building, rue McLoed, à Ottawa[58]. Elle part en tournée dans les quatre provinces de l'Ouest et passe par Winnipeg, Regina, Saskatoon, Vancouver et Edmonton entre les mois d'avril et septembre 1944. La conception, la réalisation, l'accrochage, les relations avec les villes, les emballages et les expéditions sont faits directement par l'ONF ou sous son étroite supervision. Le 16 mars 1945, aussi au Victoria Memorial Museum Building, a lieu l'inauguration de la seconde exposition, *This is our Strength*, avec au moins 200 photos réparties en 22 sections, pour laquelle le Wartime Information Board a envoyé 2 000 invitations[59]. Elle circule dans l'Ouest pendant l'été, dans l'Est pendant l'automne en passant par Montréal, à la demande de l'Art Association of Montreal[60]. La cheville ouvrière de ces grands projets est Donald W. Buchanan, chef de l'Informational Display Division et directeur des projets spéciaux. Hommages rendus aux citoyens pour leur contribution à l'effort de guerre, ces expositions apparaissent, d'une certaine manière, comme l'apothéose de la Division des graphiques. Ces productions, des plus simples aux plus ambitieuses, forment un vaste ensemble de représentations qui renseigne sans aucune ambiguïté sur un entendement précis de la propagande par l'image. En ces années de guerre, celle-ci fut envisagée à l'intérieur d'un cadre idéologique qui se retrace aisément.

De 1939 à 1945, l'ONF a été l'instrument privilégié du Wartime Information Board. Tout en édifiant des énoncés à caractère informatif ou autre, fonction proprement sémiotique, il remplissait une fonction communicationnelle essentielle à titre de médiateur entre le gouvernement et la société civile. Cette médiation visait un certain nombre d'objectifs destinés à entretenir le plus solidement possible la cohésion d'un pays engagé dans le pire conflit du siècle.

Un premier objectif, *unir*, tenait compte de quatre problèmes principaux, inhérents à la société canadienne de l'époque et aux réalités physiques du pays. Contre la vastitude de l'espace canadien, la très faible densité de la population, l'éloignement des fronts de l'autre côté des deux barrières océanes, l'invisibilité des combats et des corps militaires, il fut construit, on l'a vu, une rhétorique de la proximité. Pour contrer l'éparpillement (1 hab/km^2 dans les années 1940), conjurer la distance (les recrues du Québec pouvaient se retrouver en service à Victoria et vice versa), conjurer l'absence (les permissions, rares, condamnaient les familles à des attentes interminables, toujours et malgré tout préférables à la mort), en l'absence de télévision pour amener la guerre dans les foyers, une profusion d'images mirent sous les yeux des citoyens ce qui n'était pas visible au quotidien. Le film fixe *The Canadian People/Le peuple canadien* est évidemment exemplaire, avec ces montages de visages où se retrouvent accolés le fermier des Prairies et le pêcheur des Maritimes. C'est aussi, à maintes occasions, comme dans le film fixe *Chief Ketchupwithum Tells the Story*, l'insertion de trois visages de jeunes soldats personnifiant les trois armées, entre deux graphiques sur la production des céréales, pour renforcer le thème de la nécessaire solidarité. Notons encore que ce motif est inscrit en filigrane derrière les titres des expositions *Our Strength Behind the Forces* et *This is our Strength*, autrement dit *l'union fait la force*. Enfin, cet objectif explique très bien la volonté de diffusion, dans les moindres recoins de la société civile, de cette image de ruche dans laquelle tous et toutes, civils et militaires agissent, fondus dans un même front au service du bien commun.

Cet objectif primordial, unir, en accompagne deux autres, qui soustendent l'essentiel de la substance des productions de l'ONF : *informer* et *éduquer*. La masse des reportages photographiques documente à profusion tous les sujets possibles et imaginables. Le citoyen d'Halifax sait, par le menu, comment le Canada participe à la construction de l'autoroute de l'Alaska. Les ouvriers de Toronto et de Montréal sont soigneusement avertis de l'art de la culture céréalière ou de l'élevage bovin. Chaque groupe socioprofessionnel a droit à sa couverture et cette logique de la cueillette d'information visuelle préside, par exemple, à l'organisation des sections des deux grandes expositions : *Men of the Forest, They Produce from Steel, A Nation of Shipbuilders*, etc. (1944), *The Canadian Navy and Merchant Marine, The Farmer's Achievment, Fishing*, etc. (1945).

Le mandat éducatif est illustré à souhait par les films fixes. Lorsqu'il s'agit de faire admettre des restrictions, un volet pédagogique explique et justifie leur nature et leur fondement. Pour les besoins de la cause, le ministre des Finances en personne, pose donc pour le photographe en ouverture du film fixe *The Story of victory Bonds/Les obligations de la Victoire* (1944). Lorsqu'il s'agit de mettre en application une mesure, le film fixe devient un véritable manuel, un guide du savoir-faire, que ce soit pour créer un potager dans sa cour (*Wartime Gardening Step by Step/Jardin de guerre point par point*, 1945), mettre en conserve (*Canning Step by Step*) ou gérer le chèque d'allocation familiale (*Peppo and the Family Allowance Cheque/ Peppo et le chèque d'allocations familiales*, 1946). C'est certainement en regard de ces deux objectifs que s'élabore ce que l'on peut considérer comme le *style* ONF. Cadrage, composition, éclairage, disposition du sujet—à peu près tout est produit en noir et blanc—privilégient systématiquement la clarté et la compréhension du propos plutôt que les effets esthétisants, ce qui fait dire à Carole Payne :

> La photo typique du Service en temps de guerre est souvent mise en scène avec un éclairage artificiel théâtral. Les épreuves sont fortement contrastées pour, entre autres, transmettre clairement le message visé. Ces images devaient persuader les spectateurs d'appuyer l'effort de guerre et d'endosser les programmes de guerre du gouvernement ; rien n'est donc improvisé. Bref, ces photos—comme celles des décennies suivantes—sont des images didactiques qui utilisent l'autorité du documentaire pour imposer une opinion ou une idéologie[61].

Un troisième objectif, *encourager*, apparaît de façon absolument récurrente. Abondamment servi par l'affiche, on le rencontre fréquemment à l'occasion des étalages portatifs qui servent, par exemple, à faire connaître les résultats de la production. Des photos d'usine d'armement, des gros plans sur des pyramides d'obus incitent à toujours plus d'efforts. Ce souci de l'encouragement, s'il n'est pas exempt d'un certain paternalisme, laisse pointer une forme de respect de la société civile et il exprime que l'effort de guerre n'a pas été stimulé par la contrainte et la peur des représailles, mais par la recherche de la coopération et de l'adhésion.

Enfin, un dernier objectif, *féliciter*, consiste à transmettre, de la part du gouvernement à la société civile, les marques explicites de son hommage. Les deux grandes expositions et le numéro spécial de *Canada at War* sont à ce titre des apologies visuelles de la société canadienne : la très haute qualité des réalisations, l'organisation forcément coûteuse et complexe des tournées dans les neuf provinces de l'époque, stigmatisent ce souci très appuyé de la congratulation.

Ce relevé étant effectué, il faut remarquer ce qui n'apparaît pas dans les représentations. Cela est tout à fait fondamental pour bien comprendre l'acception de l'idéologie sous-jacente. Il faut donc signaler l'absence quasi totale de figures de chef éventuellement charismatique. Pas de tribun, pas de meneur de foules, pas de grand timonier. Aucune image d'un

W. L. Mackenzie King, viril guerrier, les yeux perdus dans les nuées. Au contraire, dans le cliché historique de la rencontre de Québec, le premier ministre apparaît bien plutôt comme un petit figurant perdu dans l'entourage de Churchill et de Roosevelt. Aucun général, aucun officier, aucun dignitaire. Aucune scène de foule, aucun rassemblement patriotique, aucun peuple agglutiné autour de ses leaders. À la place, le soldat du contingent, l'ouvrière d'usine, le comité d'hygiène, l'équipe de nuit, les fêtes de la victoire. Ces représentations sont l'indice d'une conception de la propagande qui fait l'apologie de la démocratie, comprise comme un complexe socioéconomique, industriel et démographique dont les sous-groupes sont interactifs et complémentaires. La propagande de l'ONF, ultimement, est un culte du bien commun, pétri de bons sentiments.

Unir, informer, gratifier les citoyens, en synthèse, apparaissent comme les trois vecteurs autour desquels a été jouée toute la rhétorique de la Division des graphiques — et de l'ONF — pendant la guerre. Il est très surprenant de constater que, à quelque moment que ce soit de la période, la teneur des réalisations reste très strictement fidèle à son mandat, son style et ses objectifs. Il semble bien que les employés de l'ONF se soient, de leur propre volonté, fondus en un même corps au service d'une seule et même mission, parfaitement comprise et admise.

Par leur travail, ils suivent, au pied de la lettre, les arguments de John Grierson concernant l'usage du documentaire, des médias, de l'image en démocratie. Entre autres travaux, les importantes études de Gary Evans[62] ont longuement détaillé le cheminement intellectuel et les engagements de cette personnalité hors du commun et décrit comment il liait démocratie et éducation, éducation et médias, socioéconomie et changement social ; comment, pour lui, la propagande pouvait être vue comme l'expression nécessaire du leadership d'un gouvernement démocratique en temps de crise. La cohérence de sa pensée, sa capacité à la convertir en programmes pragmatiques sont démontrées plus qu'il n'en faut par la capacité des employés de l'Office à en décliner autant d'occurrences.

Après la Deuxième Guerre mondiale, l'Office est touché par une crise, véritable chasse aux sorcières, en rapport avec la guerre froide mais aussi, plus simplement, avec le retour au temps de paix. Commissions et groupes de travail redéfinissent les mandats et prérogatives de l'Office. Des réductions de personnel touchent tous les secteurs de l'institution. Si, à la Division des graphiques, six photographes travaillent à temps plein en 1949, il n'en reste que trois en 1955, relayés par des pigistes, alors que la Division elle-même est abolie ; puis plus que deux en 1965 et, enfin, aucun en 1967. Une nouvelle remise en cause de l'Office, à la faveur de la création d'Information Canada en 1970, provoque la dislocation de la photothèque. Après un nouvel âge d'or entre 1960 et 1978 en termes de production, le Service photographique devient définitivement, sous la direction de Lorraine Monk, un service d'acquisition et une institution de collection. Il cesse toute activité en 1984 et, en 1985, devient officiellement le Musée canadien de la Photographie contemporaine, affilié au Musée des beaux-arts du Canada. La collection antérieure à 1962 est alors versée aux Archives nationales.

Notes

1. Madeleine, « S'unir pour grandir », *La Revue moderne*, vol. 1, n° 1, p. 8.
2. Madeleine, *ibid.*, p. 9.
3. Madeleine, « ...Autour d'un monument », *La Revue moderne*, vol. 4, n° 7, mai 1922, p. 9.
4. Major Lanctôt, « Qui a gagné la guerre ? », *La Revue moderne*, vol. 1, n° 12, octobre 1920, p. 26.
5. Jean Bruchési, « La vie canadienne », *La Revue moderne*, vol. 16, n° 12, octobre 1935, p. 3.
6. Vol. 1, n° 3, 15 janvier 1920.
7. Vol. 6, n° 9, 15 juillet 1924, p. 7.
8. Vol. 16, n° 12, 15 octobre 1935, p. 22.
9. Voir à ce sujet Marie-Josée Des Rivières, *Châtelaine et la littérature (1960-1975)*, Montréal, L'Hexagone, 1992.
10. *La Revue moderne*, vol. 1, n° 3, 15 janvier 1920, p. 2.
11. François Ricard, « La Revue Moderne : deux revues en une », *Littératures*, n° 7, Montréal, 1991, p. 78.
12. Pour une introduction à la question de la propagande, on peut consulter avec profit, entre autres ouvrages, Jacques Ellul, *Propagandes*, Paris, Économica, 1990 et Olivier Reboul, *Langage et idéologies*, Paris, Presses Universitaires de France, 1980.
13. Seule la marine allemande s'est un tant soit peu approchée des côtes canadiennes au cours de l'été 1942. Des sous-marins ont alors coulé plus de 20 navires dans le golfe et l'estuaire du Saint-Laurent. Le trajet des convois a été modifié, rendant inutile des avancées ennemies dans la zone. L'hiver a fait le reste : les glaces assuraient mieux que tout autre moyen la protection des côtes contre la marine allemande.
14. En tout, 1 029 510 hommes ont été enrôlés pendant la guerre, soit comme conscrits pour la défense du territoire, soit comme volontaires outre-mer (voir S. Bernier, « Participation des Canadiens français aux combats : évaluation et tentative de qualification », *Bulletin d'histoire politique*, numéro sur *La participation des Canadiens*

français à la Deuxième Guerre mondiale : mythes et réalités, Actes du colloque, 6-9 octobre 1994, vol. 3, n°s 3-4, Montréal, 1995, p. 13-24.

15. Desmond Morton et Jack Laurence Granastein, *Victory 1945, Canadians from War to Peace*, Toronto, Harper Collins Publishers, 1995, p. 19. Pour contextualiser le chiffre, rappelons que le nombre de victimes de cette guerre est, selon les évaluations, situé entre 30 et 50 millions, toutes nationalités confondues.
16. *Ibid.*, p. 249.
17. Le huitième recensement décennal du Canada a eu lieu le 2 juin 1941 et il a dénombré 11 506 655 habitants. Ce chiffre apparaît dans le film fixe produit par l'Office national du film, *The Canadian People*, n/b, VA, 60 cadres, ONF/NFB, non daté. VF : *Le peuple canadien*.
18. Voir à ce sujet le traitement de ce problème dans C. Saouter, « Trop loin, trop grand, trop vide : le sentiment d'exil au Canada pendant la Deuxième Guerre mondiale », dans *Studia Romanica, Bibliothèque française, n° 4, Exils (colloque international de Herstmonceux-Sussex, Grande-Bretagne, 31 mai-3 juin 2001), L'imaginaire et l'écriture de l'exil, l'exil politique*, Debrecen, 2002. La recherche effectuée pour ce thème est en partie reprise dans le présent développement.
19. William Lyon Mackenzie King (1874-1950), premier ministre de 1921 à 1930 et de 1935 à 1948.
20. Le gouvernement organisa huit campagnes entre janvier 1940 et avril 1945. Elles contribuèrent au contrôle de l'inflation, au financement de la guerre et au boom économique d'après-guerre.
21. Film fixe n° 11, *Les obligations de la Victoire*, n/b, VF, sonore, 66 cadres, ONF, 1944. VA : *The Story of Victory Bonds*. Les films fixes étaient accompagnés de scripts lus par le projectionniste. Parfois, ces textes étaient enregistrés sur disque et un tourne-disque était utilisé en même temps que le projecteur.
22. *Notre Canada*, Société Radio-Canada, sc. Paul Gury Le Gouriadec, 25 septembre 1942-21 mai 1943, coll. Archives de la littérature radiophonique, série n° 3, bobine n° 5, dans Renée Legris, *Propagande de guerre et nationalismes dans le radio-feuilleton (1939-1955)*, Montréal, Fides, 1981, p. 274.
23. *Rapport annuel, Office national du film, année budgétaire 1944-45*, ONF, Service des Archives, 1355, p. 2.
24. Film fixe n° 16, *The Canadian People*, *op.cit.*
25. *Un du 22e*, réal. Gérald Noxon, série *En avant Canada*, ONF, 11 min. Ce film est considéré comme la première production de l'ONF en langue française.
26. *Québec, tremplin stratégique*, réal. Stanley Cliche, Jean Lemoyne et Jacques Bobet, série *En avant Canada*, ONF, 1942, 16 min 57 s.
27. Voir C. Saouter, « La guerre, le documentaire et l'Office national du film : les risques de la rhétorique », dans C. Saouter (dir.), *Le documentaire, contestation et propagande*, Montréal, XYZ éditeur, 1996, p. 143-158.
28. *Notre Canada*, *op.cit.*, p. 275.
29. *La Revue moderne*, vol. 22, n° 5, septembre 1940, p. 43-58.
30. Jack Laurence Granastein et Desmond Morton rapportent la contribution d'une pharmacie de Crossfield, Alberta, à l'une des campagnes d'épargne pour la victoire : elle disposa dans sa vitrine, en plus des affiches habituelles, une photographie de

chaque homme et de chaque femme de la ville en service dans les forces armées. Voir *Victory 1945 : Canadians from War to Peace*, *op. cit.*, p. 84.

31. « Votre tricot de guerre, instructions officielles de la Croix-Rouge », dans *Le manuel d'artisanat au foyer*, Montréal, non daté, p. 34-37.
32. Film fixe nº 26 : *Peppo and the Family Allowance Cheque*, couleurs, VA, sonore, 75 cadres, La Division des Allocations familiales et la Division de l'Hygiène alimentaire du ministère de la Santé nationale et du Bien-Etre social présentent..., ONF, 1945. VF : *Peppo et le chèque d'allocations familiales*, 1946.
33. *Our Strength Behind the Forces,* 21 mars-5 avril 1944, exposition itinérante sous-titrée *The Men and Women Who Produced for Victory Now and Strength in Peace,* 74 photographies réparties en 11 sections, organisée par le Wartime Information Board, en coll. avec la National Gallery, réalisée par l'Office national du film, inaugurée à la National Gallery, Ottawa. ANC, Coll. National Film Board of Canada 1971-271, ONF, SdesA, cliché nº 11528, NG of C Library, C TR 739 078 1944.
34. *This is our Strength*, 16 mars-3 avril 1945, 22 sections numérotées, exposition itinérante organisée par le Wartime Information Board, réalisée par l'Office national du film, inaugurée à la National Gallery, Victoria Memorial, Ottawa. ANC, Coll. 1971-271, Office national du film, NG of C Library, C TR 785 C36 1945.
35. Ellen Scheinberg, « Images de la nation : le programme d'immigration et l'utilisation des diapositives », *L'archiviste/The Archivist*, nº 111, Ottawa, 1996, p. 15.
36. Marjorie MacKay, *History of the National Film Board*, inédit, vers 1964, p. 2.
37. *Quarante-septième rapport annuel du ministère du Commerce pour l'année financière close le 31 mars 1939*, traduit de l'anglais, ONF, Service des Archives, Ottawa, 1940, non paginé.
38. *Quarante-huitième rapport annuel du ministère du Commerce pour l'année financière close le 31 mars 1940*, traduit de l'anglais, ONF, Service des Archives, Ottawa, 1941, non paginé.
    Les citations subséquentes sont issues du même rapport, sauf indication contraire.
39. Beth Bertram, *Memorandum on the History and Functions. The National Film Board, Prepared for Use at a Public Administration Seminar in the University of Ottawa, April 25th, 1947*, p. 2, Archives de l'ONF, Montréal, 3210. Beth Bertam a travaillé à l'ONF de juillet 1941 à novembre 1961.
40. « *By order in Council of June 11, 1941, the powers, duties and functions of the Minister of Trade and Commerce, as Chairman of the Board, were transferred to the Minister of National War Services, in the same capacity.* », dans *Annual Report, National War Services*, 1943, p. 23, ONF, SdesA, sans cote.
41. « *M. Lutz, Je me suis mise à la lecture — j'ai trouvé cet extrait d'une réunion du Conseil en date du 4 sept 45. Je crois bien d'après cet extrait que le rapport annuel 1944-45 est bel et bien le premier rapport annuel officiel de l'Office. J'ai lu tous les procès-verbaux depuis 1939 (21 sept 39 plus exactement) et je n'ai rien trouvé concernant un rapport annuel de cette époque.* » (Note de Huguette Guérin à Bernard Lutz, Montréal, ONF, Services des archives, non daté, sans cote.)
42. *Rapport annuel, Office national du film, année budgétaire 1944-45*, *op.cit.*, p. 2.
43. Le blason est définitivement remplacé en 1968 par un logo créé à l'occasion d'un concours gagné par un certain Georges Beaupré, devant Norman McLaren. Ce logo,

remanié à quelques reprises et toujours en usage, combine un œil et un petit bonhomme stylisés.

44. *Alphabetic Version of Numerical Catalogue*, dates extrêmes : 1940, 1946, ANC, Coll. National Film Board of Canada 1971-271 FDAO.
45. *Quarante-neuvième rapport annuel du ministère du Commerce pour l'année financière close le 31 mars 1941*, traduit de l'anglais, Ottawa, 1941, ONF, Service des Archives, non paginé, Montréal.
46. Hans Moller, « Producers Explore New Ideas with an Old Visual Aid », *Industrial Photography*, New York, United Business Publications, 1963, cité par Marc Pitre, texte préparatoire pour un site de l'ONF, inédit, 31 janvier 2001.
47. Issu de la National Film Society of Canada, Donald W. Buchanan a communiqué à Ross McLean la passion du documentaire et a contribué à la sollicitation de J. Grierson dans les années 1930. Il travaille à l'Office du 1er janvier 1942 au 1er juin 1947. Il contribue à l'organisation des circuits ruraux, qui constitue une partie de la distribution cinématographique non théâtrale. Puis, à partir de 1944, il travaille à la Division des graphiques tout en dirigeant les projets spéciaux. Montréal (ONF, Service des archives).
48. *Rapport annuel, Office national du film, année budgétaire 1944-45, op.cit.*, p. 24.
49. *Ibid.*, p. 25.
50. *Ibid.*, p. 25.
51. *A Catalogue of Informational Displays Designed and Produced by the National Film Board of Canada*, annoté *Mid 40's*, Montréal, ONF, Service des Archives, sans cote, 4 pages.
52. *Ibid.*, p. 5. Le film fixe correspondant permet de dater le catalogue en 1945.
53. *Ibid.*, p. 3.
54. *Canada at War*, n° 43, Special Pictorial Edition, on war-changed Canada, issued by Wartime Information Board, in February 1945, designed by National Film Board, 78 pages, Bibliothèque du Musée des Beaux-Arts du Canada, dossier C TR 739 078 1944.
55. ANC, Coll. 1971-271 FDAO Office national du Film, WRP, dans Cahier *WR series.*
56. *Ibid.*
57. *Ibid.*
58. Archives du Musée des beaux-arts du Canada, dossier C TR 739 078 1944.
59. Archives du Musée des beaux-arts du Canada, dossier C TR 785 C36 1945.
60. Lettre du 2 avril 1945 du Dr. C. F. Martin, président, Art Association of Montreal, à H. O. McCurry, directeur, National Gallery of Canada, Ottawa, Archives du Musée des beaux-arts du Canada, dossier C TR 785 C36 1945.
61. Carol Payne, « Un document canadien, le Service de la photographie à l'Office national du film », in *A Canadian Document/Un document canadien*, Ottawa, Musée canadien de la photographie contemporaine, 1999, p. 51.
62. Voir à ce sujet les travaux de référence de Gary Evans. Voir aussi William Robert Young, *Making the True Graphic : The Canadian Government's Home Front Information Structure and Programs during World War II*, thèse de doctorat, University of British Colombia, Department of History, 1978.

4

DÉNONCER, ÉDULCORER :

GUERRES MÉDIATISÉES ET REPRÉSENTATIONS DE LA GUERRE

Les plus anciennes photographies de guerre ont été prises pendant le conflit qui a opposé les États-Unis au Mexique de 1846 à 1848. Prises au daguerréotype par un ou des photographes inconnus, à peu près toutes disparues, elles sont plutôt connues par les quelques versions gravées qui ont été conservées. Appréciées pour leur valeur historique plutôt que pour leur valeur documentaire, suivent les plaques de Roger Fenton. On l'a dit, la longueur de l'exposition excluait toute scène d'action et l'autocensure du photographe a fourni un corpus concentré sur les arrières. Moins de 10 ans plus tard, Mathew Brady envoie une équipe de photographes en plein milieu des combats de la guerre de Sécession. Les clichés ne sont toujours pas des instantanés. L'apparition de photographies de cadavres, par le choc qu'elle génère dans le public des États-Unis, marque une étape significative. De fait, dès ce moment, la photographie de guerre inaugure une fonction sous-jacente : donner à voir l'impasse d'une civilisation, sa rencontre avec la mort. En effet, de façon tout à fait régulière et de plus en plus explicite, le photographe de guerre traque le sort de l'humanité. Les comptes rendus des stratégies, des armements, des ressorts technologiques, dont on pouvait encore être friands pendant la Première Guerre mondiale s'amenuisent peu à peu devant un motif de plus en plus prégnant : l'homme aux prises avec la mort.

Lorsque Fenton ou l'équipe de Brady photographient guerre de Crimée et guerre de Sécession, ils sont des entrepreneurs privés issus du monde de la photographie, sans rapport naturel ou substantiel avec la presse imprimée. La création des grands magazines de reportage offrent le support attendu pour un véritable essor du photo journalisme : *Vu* en France, *Life* aux États-Unis, *Die Illußtrirte Zeitung*, *Stern* en Allemagne. L'invention de la similigravure et du bélinographe rend possible la transmission rapide des clichés des lieux de la prise de vue aux salles de presse et l'impression fidèle des reproductions des clichés. Les grands noms du photojournalisme apparaissent avec, parmi les plus réputés d'entre eux, ceux qui couvrent les conflits et les crises, et parmi ceux-là, Robert Capa, qui couvre tous les conflits de la planète des années 1930 aux années 1950 et qui, lui-même, meurt à la guerre : il saute sur une mine en Indochine en 1954, peu de temps avant la fin de l'intervention française. Le photojournalisme de guerre contribue au patrimoine par des photos d'une puissance qui leur vaudra régulièrement la reconnaissance collective.

Malgré des enjeux politiques et militaires spécifiques, au-delà de l'évolution considérable des moyens techniques à la disposition tant des belligérants que des photographes et des entreprises de presse, les photographies des différentes guerres véhiculent des thèmes récurrents en rapport avec les phases qui composent tout conflit[1].

Le *combat* donne à voir le soldat en action. Il est sale, fréquemment pris dans des nuages de fumée ou des cloaques de boue. C'est essentiellement lui qui donne l'image type de la Première Guerre mondiale : soldats sur fond de barbelés et d'arbres déchiquetés. Exténués, ils sont en fait autant ceux de Verdun que ceux du Vietnam. Seule change la végétation et la luxuriance tropicale est autant angoissante que les chicots des Ardennes. Le *cadavre* est le rappel de l'équation entre guerre et mort. Héros, guerrier, sauveur de la patrie, toute la charge culturelle qui construit la légitimité du soldat cesse avec l'apparition du cadavre. Il ne gît alors qu'un *homo sapiens* dans sa plus totale animalité. Le *prisonnier*, contrairement au cadavre, reste dans le paradigme des rituels de guerre. Mis hors jeu, affaissé sinon prostré, il est en attente de retrouver un statut. Les *victimes civiles* expriment la guerre totale. Prises dans le guêpier de la guerre, elles sont davantage montrées écrasées par la violence régnante que malmenées par l'ennemi. En fuite, parquées, entassées, elles sont brinquebalées d'une ruine à l'autre. Elles manifestent la mise en suspens de la normalité. La *victoire* est une manifestation de foule. Abondamment montrée dans le cas de la Deuxième Guerre mondiale, elle laisse peu de traces dans le cas des autres guerres. C'est certainement un des signes par lequel on peut reconnaître la légitimité accordée à ce conflit. Les *représailles* vont de l'exécution sommaire au rituel spectaculaire de la tonte des femmes françaises en 1944. Images toujours ambiguës, elle signalent la place de la barbarie dans les rituels d'achèvement de la guerre. Les *commémorations* ponctuent l'entre-guerre. Plus fréquentes que les scènes de victoires, elles montrent autant le geste du souvenir que la persistance des traumatismes physiques et psychologiques par les visages ravagés et les corps mutilés. Ces différentes thématiques, qui suivent les différentes étapes de la guerre, ont donné lieu à des images emblématiques dont certaines sont universellement connues.

« Antietam, 17 septembre 1862 », par Alexander Gardner : prise en plan d'ensemble, cette photo a le cadrage traditionnel d'un paysage. En contrepoint, une maison blanche se détache sur un sombre rideau d'arbres. Une barrière souligne la composition, et, comme un agrément, une carriole complète cette image classique, éventuellement bucolique si ce n'est qu'à l'avant-plan gît une série de cadavres, presque confondus dans les tonalités de gris. L'identification des cadavres *dans un deuxième temps*, comme une incongruité presque inaperçue, impose une relecture en rupture radicale avec la lecture du paysage. L'identification des corps morts impose au travail de l'interprétation la violence d'une reconstitution qui contredit le caractère paisible de la photo.

« Sur l'Argonne, vers 1914 ; le 23e d'infanterie de la 2e Division tirant avec un 37 mm sur une position allemande » : prise en plan d'ensemble, cette photo a aussi un format paysage. Les soldats, courbant l'échine, sont pris sous le feu de l'ennemi auquel ils ripostent. Scène de sous-bois, version enfer. La disposition des corps de l'avant-plan à l'arrière-plan creuse la profondeur de champ et met en évidence le blanc du fond, envahi par la fumée, comme un *no man's land* strié par les arbres calcinés. Cette image est l'inverse de la précédente. Les soldats y sont — encore — vivants ; le paysage est mort.

« Près de Cerro Muriano, vers le 5 septembre 1936 », par Robert Capa : aux médianes de l'image, le corps du combattant est suspendu dans l'espace uniforme, épinglé comme un papillon. L'instantané photographique, par sa fugacité, gèle dans un être-là perpétuel celui qui, précisément à ce moment, cesse d'être. L'hallucinant paradoxe de cette photo fascine : le moment de la mort n'est pas avant, ni après la photo, mais dans la photo. Dépositaire de la preuve du grand passage, elle montre la mort comme une action, l'ultime que chacun est appelé à accomplir, chacun à son heure, mais que le soldat

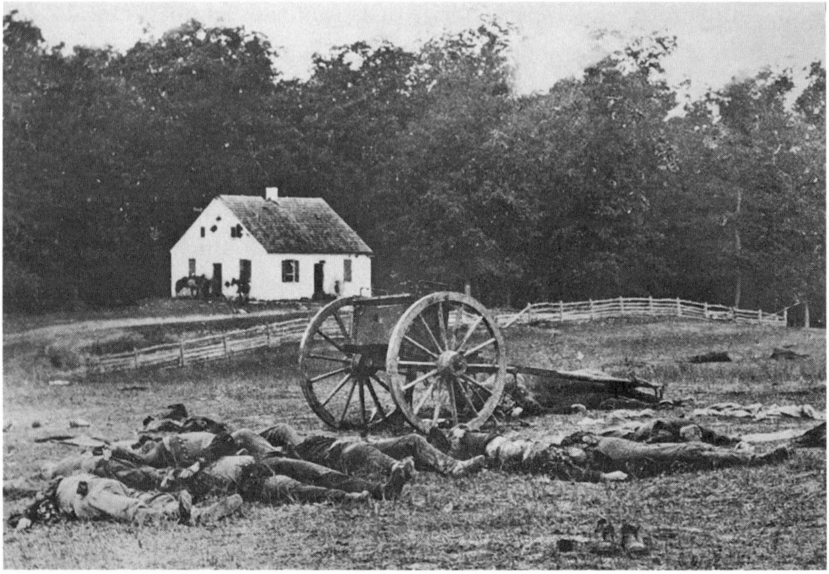

ill. 41 : A. Gardner, Antietam, 17 septembre 1862.

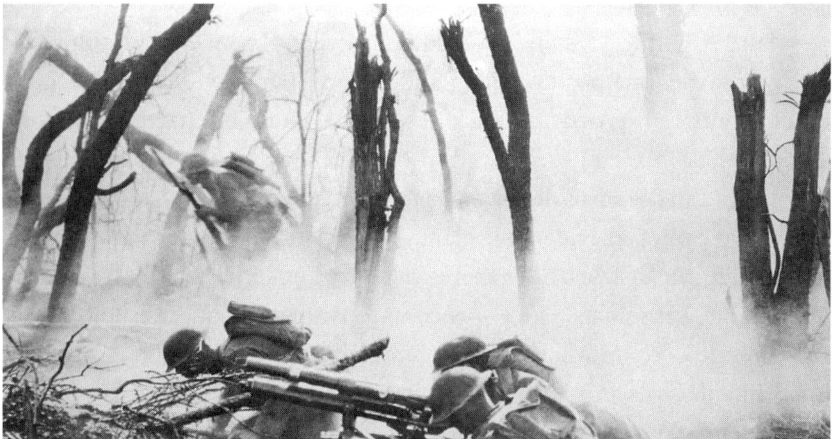

ill. 42 : Sur l'Argonne vers 1914.

admet de devancer par contrat en entrant dans le métier des armes. *Avoir été là, au bon moment*: cette photo exprime forcément la quintessence du photojournalisme de guerre par la capacité du photographe, dans l'exercice de son métier, à saisir la quintessence de la guerre: *tuer ou être tué.*

Omaha Beach, 6 juin 1944, débarquement de l'armée américaine, par Robert Capa: le flou qui ici n'est pas artistique, renvoie à l'instabilité, à l'ébranlement du monde. Encore en plan d'ensemble, elle immerge, aux sens propre et figuré, le soldat dans ce déséquilibre dont la violente perturbation peut l'anéantir.

La prise d'Iwo Jima, 23 février 1945, par Joe Rosenthal: cette photo est une reprise; en remettant l'événement en scène[2], la photo le fige, au sens littéral du terme, puisqu'il a été demandé aux soldats de reprendre la *pose*. La composition de cette gestuelle, en tous points conforme aux grands canons du classicisme, sert à l'expression du rapport à la mort: ayant survécu, voici les soldats figés pour la postérité.

Viêt-minh abattant un Viêt-cong à bout portant, Saigon, 1968, par Edward Adams: peu d'images montrent les ennemis aux prises. Ces affrontements sont pourtant ce qui fonde le statut du soldat. Dans cette photo, l'insoutenable provient de la perversion des rituels qu'elle démasque. Un des protagonistes est en costume civil alors que l'autre est en uniforme: le geste est meurtrier. Cette exécution a eu lieu précisément parce que les caméras étaient là. Après des décennies de témoignage incontesté, voici les médias au seuil de la complicité.

Vivre, mourir, survivre est un leitmotiv qui sous-tend toutes les photos de guerre et cela est corroboré par des photos qui, au-delà de leurs référents spécifiques, tel ou tel épisode de tel ou tel conflit, stigmatisent une dimension psychologique et anthropologique au fondement de l'humanité. Une variation essentielle de la mort est le *devenir mort*, si tant est que l'on puisse employer cette expression, qui est l'aboutissement de tous les actes de guerre. Ce *devenir mort* peut être perçu et complètement ressenti sans en franchir le cap biologique. Cette proximité du décès peut être si grande qu'elle laisse des traces visibles. Cette « soudaine intimité avec la mort[3] » a été vue par les photographes qui l'ont saisie, cette fois-ci à la faveur du gros plan, dans l'épiderme profond de ceux qui l'ont ressentie. Nous en avons la trace dans

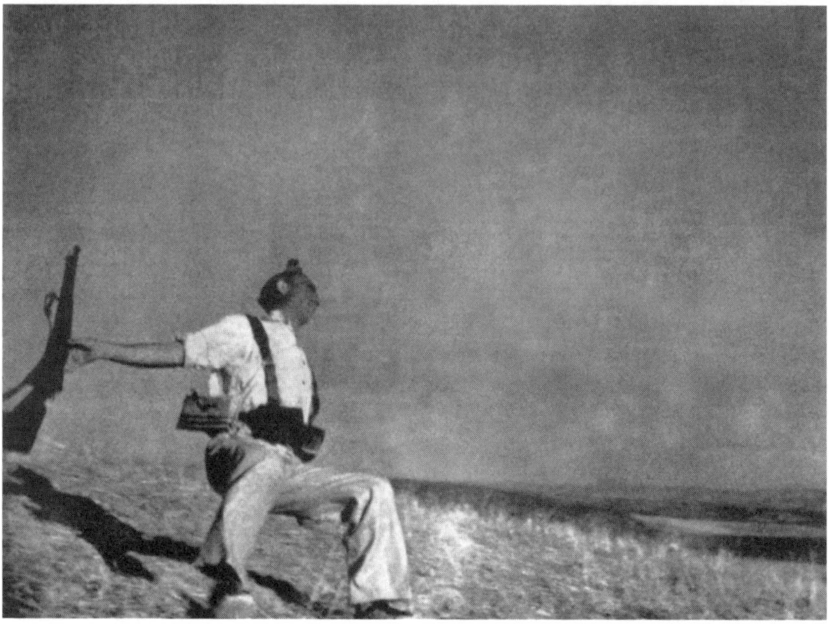

ill. 43 : R. Capa, Près de Cerro Muriano, vers le 5 septembre 1936.

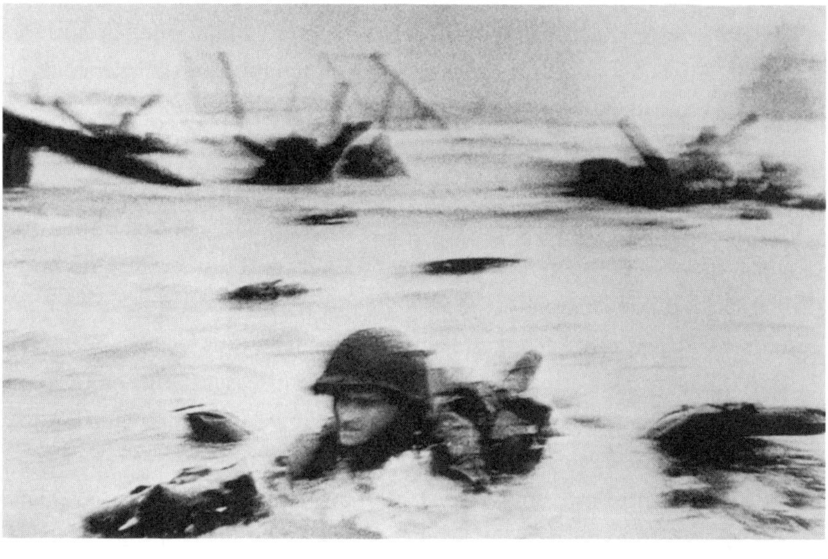

ill. 44 : R. Capa, Omaha Beach, 6 juin 1944.

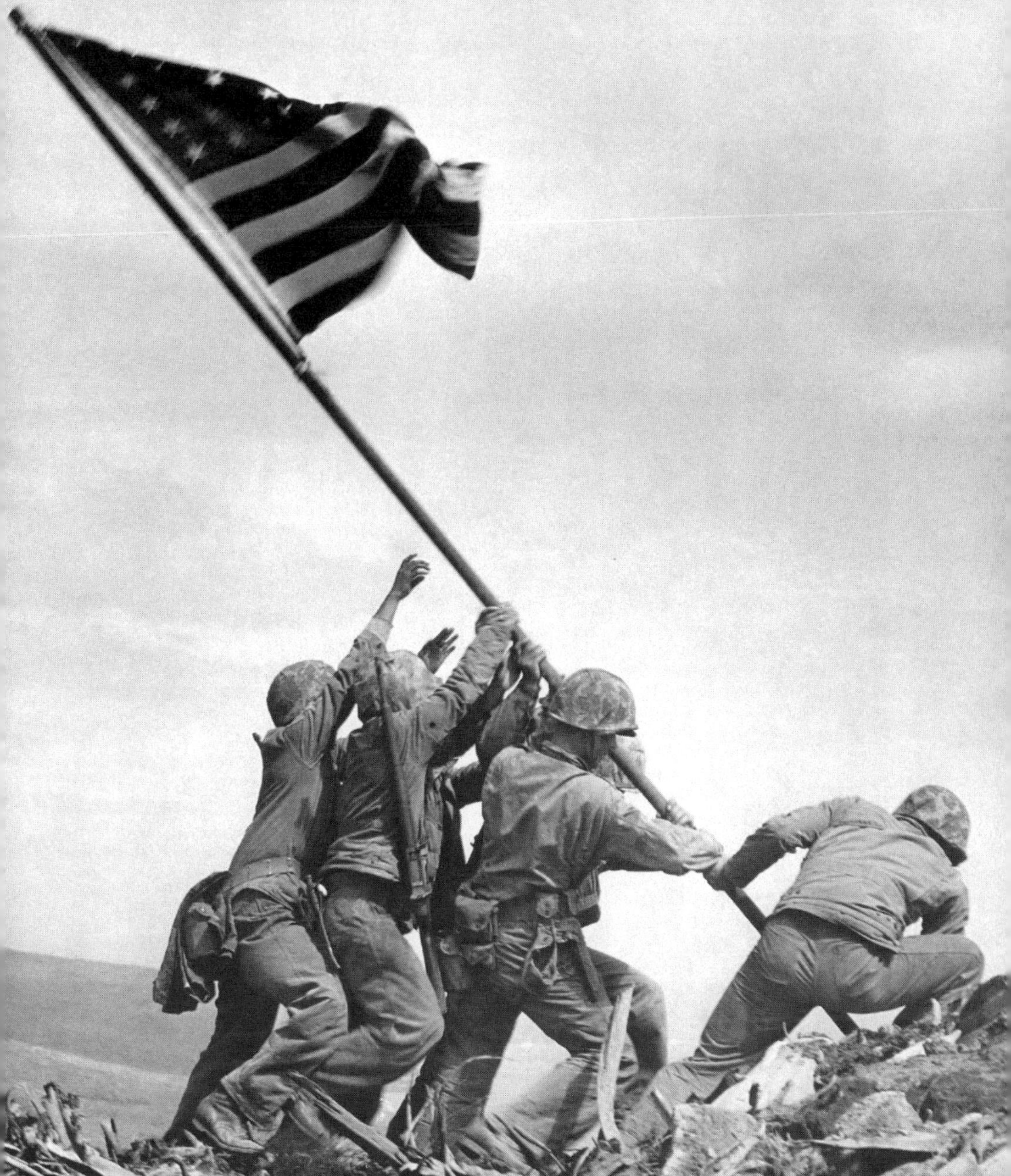

ill. 45 : J. Rosenthal, La prise d'Iwo Jima, 23 février 1945.

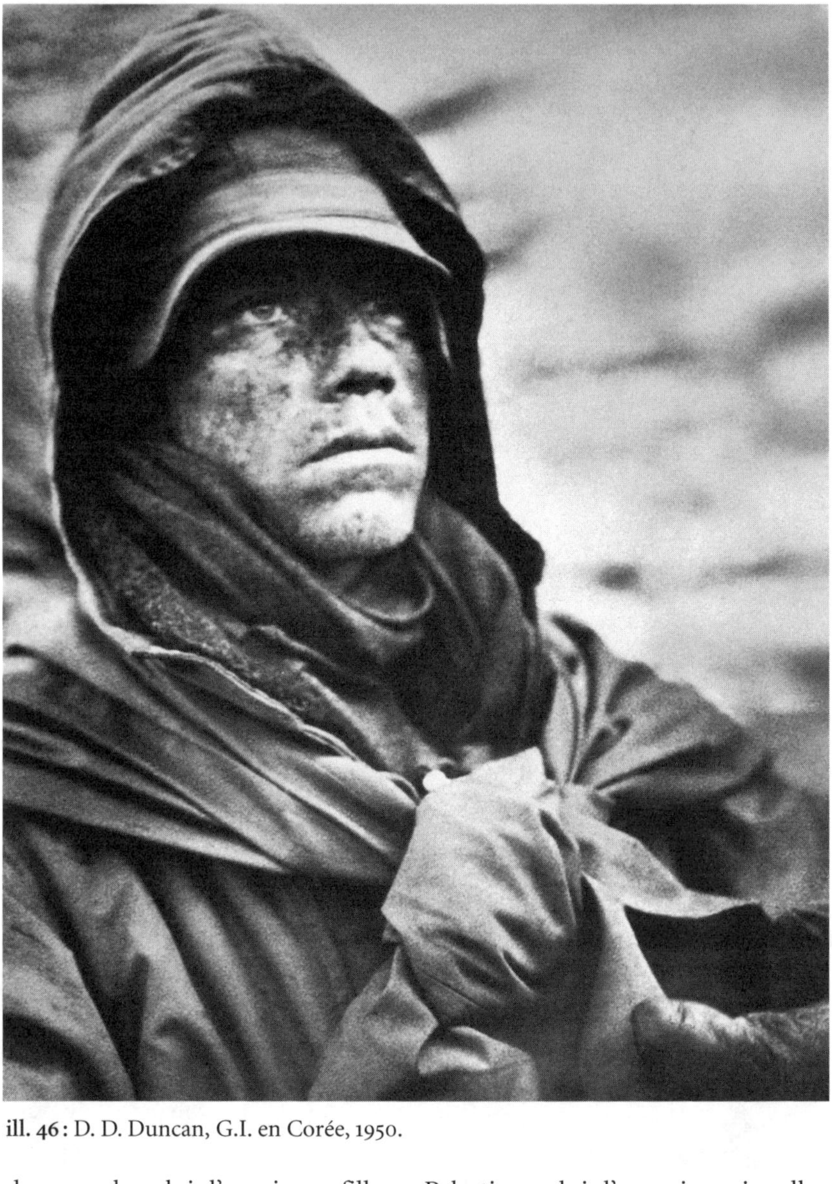

ill. 46 : D. D. Duncan, G.I. en Corée, 1950.

des regards, celui d'une jeune fille en Palestine, celui d'un prisonnier allemand, celui d'une femme vietnamienne, celui d'un soldat en Corée.

La mort suivra ou ne suivra pas, l'étape biologique est subsidiaire. L'expérience de la mort a eu lieu est elle s'exprime par l'immensité de la *détresse* parfaitement lisible dans ces photos. Cette expérience et cette conscience très intimes — les photographes l'ont bien compris en utilisant le gros plan — qui forgent ou anéantissent les personnalités, furent le lot de populations entières autant que de soldats de toutes les guerres. Nié jusqu'à tout récemment, le syndrome post-traumatique a pourtant laissé sa trace depuis longtemps sur la pellicule.

Ces expériences de la mort et du seuil de la mort introduisent un autre thème, celui des *rituels d'ensevelissement.* Là sans doute faut-il citer, prise sur le front russe, cette photo de femmes cherchant leurs morts après la bataille (*Union soviétique, après la bataille de Acken von Kertsch*, Dmitri Baltermantz, 1942). Enterrer les morts est un geste essentiel pour terminer le cycle dans les bornes de la culture et pour que les vivants puissent continuer. Ce geste-là est saisi par le photographe de guerre. *A contrast : Federal buried, Confederate unburied, where they fall, on the battlefield of Antietam* veut appuyer — et dans la version photographiée et dans la version gravée — l'importance de cet ensevelissement qui donne droit au repos. La mise en page de l'album *Souvenir* de l'exposition du War Record Office de 1919 a consacré la première page à ce thème (voir chapitre 2). Régulièrement, les photographies montrent les femmes pleurant leurs morts. L'ampleur des chagrins, le pathétique des prises de vue ne masquent jamais le geste essentiel et pacificateur : il y a quelqu'un pour pleurer ce mort-là. On trouve dans ce geste la trace d'un protocole extrêmement archaïque. L'enchaînement des générations est régi par des lois subtiles qui ne peuvent être enfreintes, ni du côté de la mort, ni du côté de la vie. D'où la barbarie des représailles lorsqu'une femme a des relations avec l'ennemi. Le rituel de la tonte des femmes françaises après la Libération, photographié par Robert Capa à Chartres en 1944, traduit la condamnation de cette transgression par un signe exposé à tous : le crâne rasé publiquement, inévitablement visible dès que la tondue circule dans l'espace collectif.

Ces photos de guerre, passé leur publication en fonction de l'actualité, sont éditées et rééditées sous forme d'albums, de catalogues, de monographies, d'ouvrages thématiques, etc. *De facto*, elles renseignent sur des choix éditoriaux et, par leur réception publique, sur les formes d'une mise en mémoire. Ces images sont assumées comme les plus représentatives, sinon les plus emblématiques. Il faut donc, *a contrario*, s'interroger sur les images et les représentations qui n'apparaissent pas.

Il n'y a à peu près jamais de photos de cadavres déchiquetés ou de grands blessés. Les mutilés sont visibles dans les hôpitaux de campagne, dans les commémorations et autres lieux *hors* du front. Tabou difficile à franchir, l'atteinte à l'intégrité corporelle ne touche pas le seuil du montrable. Non plus, peu ou pas de scènes de viol ou de prostitution. Pratiqués pourtant *ad nauseam*, viol et prostitution sont au corps féminin la désintégration psychologique équivalente à la désintégration physique du corps des hommes. Un interdit frappe aussi leur exposition. Enfin, manquent les actions génocidaires et les exactions contre les populations civiles. Là aussi, tabou, censure ou autocensure.

Le photojournalisme de guerre fait l'histoire des grandes valeurs et des grandes détresses. Il construit une vaste synecdoque où la partie pour le tout fait la distinction rhétorique entre le montrable et le non-montrable. Cela permet sans conteste un travail de la mémoire en évitant de montrer l'insoutenable. Dans une certaine acception, la photographie de guerre est une contribution au travail de réparation, essentiel aux survivants et aux vivants.

Cependant, il existe des myriades d'autres images. Celles de Lee Miller à l'ouverture du camp de Dachau, celles de tous les témoins et participants qui ont pris leurs propres clichés, celles, escamotées pour le grand public, des photographes des armées, celles aussi des officiers de l'armée allemande, des médecins nazis, etc., sans compter toutes les représentations mentales dans la mémoire de ceux qui ont vu et vécu dans la tourmente. Si la photographie n'a pas à remplir à elle seule la tâche de la reconnaissance des faits et de leur réparation, elle reste cependant un témoin de premier ordre pour prendre la mesure de la problématique. Une rupture dans la dialectique du montrable et du non-montrable a eu lieu pendant la guerre du Vietnam. L'accès libre au champ de bataille, on le sait, a propulsé à la une de l'actualité mondiale des photographies de corps agressés, de gestes meurtriers. L'autorisation de ces représentations a été de courte durée. De façon drastique, gouvernements et états-majors interdisent alors le champ de bataille aux photographes, planifiant strictement les accès autorisés et interdits. Invasion de la Grenade, guerre des Malouines, guerre du Golfe, intervention en Somalie : le *montré* photographique et télévisuel devient la dénégation évidente, sinon délibérée, du *non-montré*. La première guerre du Golfe de 1990 est exemplaire de ce nouvel ordre des choses. Il n'y a pas eu de morts pendant cette guerre, cela a été publicisé: contrairement à celle du Vietnam, ce fut une *guerre propre*. Il n'y a donc rien à réparer.

Cependant, créer un antagonisme entre pouvoirs politiques ou militaires et pouvoirs médiatiques dédouane de façon manichéenne le rôle des photographes, des journalistes, des éditorialistes et aussi du public, qui, nonobstant les effets de la censure de guerre, conviennent à leur tour de représentations expurgées de l'insoutenable. La guerre du Kosovo, en 1999, en donne la pleine mesure de l'élimination radicale et consensuelle de certains types d'images.

La guerre du Kosovo : l'épuration d'un paradigme

L'analyse comparative des photographies publiées par deux quotidiens à l'occasion de cette guerre laisse identifier l'aboutissement d'une rhétorique des représentations de la guerre nourrie par un siècle et demi d'images médiatisées[4]. Deux journaux nationaux, l'un nord-américain et anglophone, l'autre européen et francophone, à savoir le journal canadien *The National Post* et le journal français *Le Monde*, ont publié 452 photographies du 23 mars 1999, date à laquelle le secrétaire général de l'Organisation du traité de l'Atlantique Nord, Javier Solana, ordonne les frappes contre la Yougoslavie, au 19 juin 1999, date de la signature de l'accord militaire entre l'OTAN et la Yougoslavie. Les deux quotidiens placent dans leurs pages des sections spéciales qui contiennent l'essentiel des photographies: *Kosovo in Crisis* et *L'OTAN contre la Serbie*, complétées par *Horizons* et *World*. Le conflit occupe la une une fois par semaine en moyenne. Les deux journaux publient à quelques reprises des pages récapitulatives du conflit, ce qui leur donne l'occasion de republier l'une ou l'autre photo. La mise en page des journaux avec leurs sections spéciales créent, par un effet de maquette, un espace qui s'apparente au feuilleton, au récit en épisodes dont la durée est de 13 semaines. Le rythme et la quantité des photographies publiées est variable dans les deux journaux et certaines semaines sont même très contrastées: par exemple, *Le Monde* ne publie qu'une seule photographie la première semaine, mais trente et une pendant la quatrième, le *National Post* publie deux photos pendant la onzième semaine, mais en avait publié vingt-six pendant la deuxième. Les photographies sont essentiellement fournies par des agences de presse, telle Reuters, premier fournisseur devant l'Associated Press, l'Agence France Presse, et quatorze photographes indépendants. Toutes les photographies sont en noir et blanc à l'exception de quelques rares photos en couleurs placées à la une. Enfin, les photos sont à peu près toutes différentes les unes des autres, puisque seulement sept d'entre elles sont publiées à plus d'une reprise et, parmi ces sept, seulement deux sont publiées dans les deux journaux, sans que cela ne donne d'importance particulière à ces photos d'un quelconque point de vue.

En accord avec Laurent Gervereau, « la question que nous devons nous poser n'est pas celle de savoir comment s'est déroulée la guerre, mais quelles figures l'ont transmise[5] ». Un classement thématique des 452 photographies permet l'identification des motifs représentés, au niveau le plus simplement descriptif, et le repérage de ce qu'on peut appeler une typologie de la guerre : le soldat, l'ennemi, le combat, les victimes, les prisonniers, l'équipement, les ruines et destructions, la victoire.

Les réfugiés représentent la moitié du corpus. Photographiés dans les camps à la périphérie du Kosovo ou lors d'une attaque de l'un ou l'autre belligérant (OTAN ou Serbie), ils édifient l'image massive d'un peuple refoulé et foulé au pied. *Collatéraux* dans le langage de la stratégie, pour les médias ils sont au contraire la pièce centrale de la représentation de la guerre. En contrepoint, l'absence totale du combat, si ce n'est de façon allusive avec de rares photos d'avion, une vingtaine, et de tanks, une dizaine, escamote tout simplement la réalité de la guerre. Sans affrontement, comment peut-il y avoir des morts ? Sans combat, à quoi servent alors les soldats ? Sans le combat, c'est une action centrale du récit de la guerre qui disparaît et rend la narration absurde.

Entre l'absence totale et l'écrasante prépondérance, deux motifs ont une relative présence : les soldats et l'équipement militaire (une cinquantaine pour chacun des motifs). Photographiés à l'arrière, par exemple, sur les bases aériennes italiennes, ou dans les camps de réfugiés, ils offrent une subdivision curieuse : les équipements sont toujours ceux de l'OTAN, mais les soldats sont nettement répartis en deux groupes : le contingent de l'OTAN et les guerriers de l'UCK (Ushtria Clirimtare e Kosoves, armée de libération du Kosovo). À ceux-là sont réservés le cliché sur le terrain et surtout la représentation hiératique et idéale, l'image traditionnelle du guerrier. Une charge émotive certaine est associée au soldat de l'UCK, celui de l'OTAN étant toujours dans une sorte de réserve, de second plan, dans une position de service.

Ces soldats qui s'entraînent (UCK) ou prennent soin des démunis (OTAN) ne combattent donc pas et le corpus reste discret sur la question des morts (dix-sept photos) et des prisonniers (huit photos). Il y a fort à penser d'ailleurs qu'il n'y eut que trois soldats américains faits prisonniers pendant ce conflit, puisque ce sont toujours eux qui apparaissent sur les clichés. Pas de combat, peu de combattants, il n'y a donc pas grand-chose à fêter lorsque cessent les frappes de l'OTAN. Seulement huit photos illustrent ce thème. Enfin, autre discrétion remarquable, la couverture photographique montre peu les protagonistes en présence. Cinq clichés sur les porte-parole politiques kosovars, une douzaine pour ceux de l'OTAN, parmi lesquels ne se détache pas vraiment le président Bill Clinton, malgré l'anti-américanisme européen qui s'est largement manifesté sur les différentes tribunes. Seul Milosevic a une réelle présence : plus de vingt clichés pour lui tout seul. Devant une telle répartition, on ne peut manquer alors de remarquer l'importance d'un motif que l'on aurait pu *a priori* considérer comme secondaire : plus de cinquante photos sont consacrées aux ruines et destructions (villages brûlés, immeubles bombardés, ponts arrachés, etc.).

En ordre décroissant d'importance, le corpus donne donc à voir essentiellement des réfugiés, des ruines, quelques soldats et un ennemi, Milosevic. La répartition et les proportions restent identiques dans les deux quotidiens, seul le nombre est plus grand dans le *National Post*.

La distribution du volume des photographies selon le thème est le facteur principal qui oriente la représentation de la guerre du Kosovo. En effet, tous les aspects de la typologie de la guerre sont à peu près couverts. Mais le spectateur est bien plus exposé à certains aspects qu'à d'autres dans des proportions que l'on peut qualifier d'outrancières. Dans chacun des journaux, une photo sur deux est consacrée au réfugié et, plus particulièrement, au réfugié en détresse. Au point que deux rares photos montrant des enfants dans un camp allant chercher de l'eau ou allant à l'école avec des petits sacs UNICEF paraissent d'une quotidienneté tout à fait incongrue. Aucune forme de soulagement ou de répit n'est accordée à cette foule de gens. Les photographies exposent systématiquement un paroxysme émotif. Le réfugié apparaît comme valant pour tous les déplacés du siècle, de la population civile belge de 1914 aux Hutus et Tutsis de 1994, en passant par les convois de Juifs des années 1940. Un réfugié en 1999 est devenu une figure rhétorique, une synecdoque généralisante : l'effet de style colore la stricte information.

À ce réfugié, correspondent logiquement des ruines et destructions spectaculaires dans le pays où il vivait. La stricte observation des images amalgame les destructions causées par les Serbes et celles causées par l'OTAN. Détruire des maisons, détruire un pont, détruire un édifice administratif : autant de gestes qui renvoient à une forme d'agression indifférenciée contre les civils, atteints dans leurs biens mobiliers et immobiliers. Les ruines sont une métaphore de la guerre et leur représentation ostentatoire ne participe plus seulement à l'information, mais au moins autant à l'accentuation du pathétique. On sait à cet effet les houleuses réactions de l'opinion publique qui ne distinguait guère une attaque d'un village par les Serbes d'une attaque de l'OTAN contre un moyen de communication, tel qu' un pont ou l'édifice de la télévision à Belgrade. Tout a été jaugé à l'aune de la victime civile. Cet amalgame est tout à fait problématique car il provoque un glissement nettement perceptible : l'agresseur est Milosevic et son armée est celle de l'OTAN. À ce point, une autre distortion trouve son éclairage. Les soldats de l'UCK, représentés sur un mode traditionnel (tenue de campagne, insignes, entraînement dans des montagnes reculées) sont de valeureux guerriers qui se dressent entre l'agresseur et la veuve et l'orphelin. Le soldat de l'OTAN devient un élément de trop, un élément encombrant dans cette logique manichéenne. La décence de l'information, interdisant de le montrer coupable des ravages de la guerre au même titre que Milosevic, et les valeurs viriles étant réservées à l'UCK, on le montre donc dans des activités d'intendance (sur les bases, à l'arrière) ou dans des activités humanitaires (dans les camps de réfugiés)[6].

La représentation de la guerre du Kosovo propose un théâtre étrange aux protagonistes équivoques. Une foule incommensurable de femmes et d'enfants, venue de nulle part, allant nulle part, est chassée par un tyran diabolique qui rase tout sur son passage, maisons, trains, ponts et immeubles. Quelque part, une poignée de valeureux guerriers veulent lutter contre le tyran. Ailleurs, des soldats neutres, sinon passifs, fourbissent des armes et aident à prendre soin des réfugiés.

Des pages récapitulatives, présentant un calendrier des faits depuis le début des frappes, sont publiées par *Le Monde* les 22 avril et 12 mai et par le *National Post* le 26 avril ; elles complètent et synthétisent ce que le corpus a montré. Les dates et de brèves notices sont ponctuées de petites photographies, à peine plus grandes que des timbres-poste. Plusieurs de ces photographies ont déjà été vues dans des éditions antécédentes, les autres concordant avec la typologie relevée. Si l'on s'arrête, par exemple, sur celle du *Monde* du 12 mai, la vision journalistique de la couverture de cette guerre apparaît dans toute sa clarté. Sur 16 photos, 9 clichés sont consacrés aux ruines et destructions, liant dans un même groupe le siège du parti de Milosevic atteint le 21 avril, et un train bombardé le 12 avril. Pas de clichés centrés sur les soldats autrement qu'en tant que prisonniers, qui, là, sont représentés deux fois : captifs, puis libérés. Une minuscule photo montre en plan serré deux hauts responsables de l'OTAN (le général Wesley Clark et le secrétaire Javier Solana) ; deux photos beaucoup plus grandes montrent Milosevic à son bureau, puis serrant la main du chef kosovar Ibrahim Rugova. Aucune photo de réfugiés : ils sont inclus dans la métaphore des ruines. Enfin, un avion, très visible, occupe une place de choix. Aucun blindé.

Ces choix de photographies montrent une difficulté certaine à rendre compte des problématiques et pointent leur résolution éventuelle à partir d'une grille de compréhension à la convenance des journalistes.

Premier constat : la dénonciation des frappes de l'OTAN qui ont fait des victimes civiles est un leitmotiv du corpus, bien repris par la page récapitulative du *Monde* (sous-titre : *La guerre sera propre*). Aucune image concernant les exactions serbes n'apparaît dans la page, alors qu'elle a pour titre *L'épuration ethnique au Kosovo*. Pour peu, on manque de croire que l'épuration est commise par l'OTAN. Le *syndrome d'un nouveau Vietnam* est à l'horizon du discours journalistique.

Deuxième constat : de toute évidence, les journalistes ont de la difficulté à composer avec trois et non deux clans en présence, la Serbie de Milosevic, l'UCK et l'OTAN. Il n'est pas non plus facile d'identifier qui se bat contre qui, qui se bat pour qui. La couverture photographique efface les chefs de l'OTAN, présente l'UCK comme un groupe sans chef particulier, et présente Milosevic sans armée ni peuple. On oscille entre une guerre livrée par un collectif, l'OTAN, à un individu diabolique, et une guerrilla menée par une armée de libération comme au bon temps de Che Guevara, les deux n'ayant aucun rapport l'une avec l'autre. La couverture journalistique tente de reconstruire une *guerre romantique*.

Troisième constat : une *conception archaïque du guerrier*, selon laquelle les hommes doivent aller au combat pour protéger les femmes et les enfants, guide la prise de vue de façon très visible. Le choix du point de vue du photographe est parfaitement identifiable : le viseur est placé de telle manière que les hommes adultes, lorsqu'ils sont visibles, soient à la périphérie ou à l'arrière-plan des photos. L'attention est entièrement focalisée sur les femmes, les enfants et les vieillards. Il est très important que les hommes ne soient pas visibles car ils doivent au même moment être ailleurs, en train de lutter. Si l'on sait que les hommes adultes ont été des cibles privilégiées des Serbes dans leurs opérations d'épuration, on sait aussi que nombre d'entre eux ont fait partie des colonnes de réfugiés. Les photographes et les maquettistes des journaux semblent éprouver une difficile contradiction : leur dénonciation complète de la guerre, qui, donc, admet le refus de combattre des hommes, et leur impulsion à vouloir édifier spontanément ces mêmes adultes mâles dans une position de combattants. La valorisation de l'UCK et l'effacement des hommes parmi les réfugiés sont certainement les signes de cette impulsion.

Enfin, quatrième constat : l'exposition prépondérante des destructions prouve le désastre de la guerre. La *métaphore de la ruine* est ici, comme pendant la Première Guerre mondiale, la solution de l'autocensure pour évoquer l'insoutenable, le moyen le plus efficace pour rappeler ce qui a été. Les photojournalistes multiplient les clichés et les journaux leur accordent une large place. Si des époques bien antérieures ont préféré commémorer la guerre avec des scènes de batailles ou de redditions protocolaires, alimentant le noble registre de la peinture d'histoire, depuis la guerre de Sécession et, surtout, depuis la Première Guerre mondiale, l'image emblématique de la guerre est l'architecture en ruine, cathédrale de Reims, quartiers d'Hiroshima et autre aéroport de Sarajevo.

Des ruines et des réfugiés omniprésents, des combattants mal discernés, des enjeux confus, une culpabilité larvée : devant le refus croissant de la guerre et la croissance de la guerre, devant la difficulté à comprendre les conflits les plus récents, et, particulièrement, ces conflits yougoslaves, inacceptables dans la mentalité européenne et occidentale, le discours médiatique et sa mise en images mettent un accent de plus en plus manifeste sur les représentations de la compassion. Mais, ce faisant, ils mettent aussi en scène une stratégie d'évitement qu'une reconstitution diachronique des images de la guerre permet de bien identifier.

150 ans de conflits : des photographies commémoratives

Les dernières années du XXe siècle ont donné lieu à toutes sortes de récapitulations sur le siècle qui tirait à sa fin. Elles ont pris la forme de séries documentaires télévisées, de rétrospectives et d'expositions photographiques, de sites Internet ou même de productions allégoriques : par exemple, les séries télévisées *100 images*[7] et *Dawn of the eye*[8], l'édition spéciale de *Life* : *The Way we were*[9], les deux volumes-souvenirs, éditions conjointes du *Journal de Montréal* et de *The* Gazette, *Montreal's Century/Un siècle à Montréal*[10], le site Internet des projets du millénaire du ministère de la Défense nationale du Canada[11] ou, pour l'allégorie, le film *Titanic*[12]. Ces différentes productions ont été voulues très élaborées, particulièrement soignées sur le plan esthétique. Elles ont à la fois une valeur poétique et une valeur référentielle. Elles manifestent une mémoire du siècle en même temps qu'une interprétation des événements, elles édifient des représentations qui témoignent du travail de la mémoire au sein des sociétés : elles sont de véritables commémorations accompagnant le rituel de passage vers le nouveau millénaire.

Dans le foisonnement de thèmes qui alimentent ces productions, une récurrence particulière se dégage très vite : la mémoire du XXe siècle ne peut faire l'économie d'un phénomène qui le marque et, certainement, le ravage de part en part, à savoir, la guerre. Même un étrange petit album européen comme *Curious Moments, Archive of the Century/Das Photoarchiv*[13], dont l'objet est une récapitulation de l'insolite et de l'extraordinaire, du loufoque et du risible, n'y manque pas. Entre la virtuosité du maître d'escrime qui, d'un seul coup d'épée, tranche seulement la pomme placée sur la gorge de sa partenaire et l'art de parfumer des ampoules un soir de fête, il donne à voir une marchande ambulante qui, dans les ruines de Berlin, vend des pantoufles et des peignes garantis cinq ans ou, encore, un soldat britannique emportant dans son blindé, à la faveur de l'attaque d'un village italien, un joli mannequin d'étalage subtilisé à une devanture.

Comiques rarement, pathétiques souvent, les représentations visuelles de la guerre au XXe siècle constituent un immense corpus dont la signification est fondamentale pour comprendre l'impact que ce siècle a pu avoir sur les mentalités, siècle qui, on le reconnaît maintenant, a été un des plus belliqueux de toute l'histoire de l'humanité. Le rituel de la commémoration par l'image donne l'occasion d'un rassemblement synthétique qui, par définition, dresse l'inventaire de ce qui a le plus marqué, de ce qui a été retenu. L'étude de ces productions permet de repérer les images emblématiques, les topiques dominantes, mais aussi, par la négative, ce qui a été laissé de côté ou mis en sourdine.

Concernant le thème de la guerre, les commémorations débutent en 1994. En effet, dans ce cas, les premiers rituels marquent les 50 ans du débarquement de Normandie et les derniers entérinent une nouvelle forme d'intervention dite *d'ingérence humanitaire* initiée avec la guerre du Kosovo. Pendant six ans, une grande abondance de productions apparaissent sur les tablettes et les tribunes. Des numéros spéciaux de revues aux livres d'art, en passant par les grands prix de photoreportage, l'aire occidentale se penche sur ses actes guerriers et les remet en scène. Des publications importantes paraissent des deux côtés de l'Atlantique : il s'en dégage des convergences mais aussi des spécificités concernant les visions américaines et européennes, des variantes selon les pays. Par exemple, pour les États-Unis, la guerre du Vietnam est un incontournable, alors que pour le Canada, on veillera à mettre l'accent sur le maintien de la paix. Côté européen, les magazines français ont un souci particulier à traiter le Débarquement de l'intérieur, réservant une place aux civils qui ont subi l'événement. Cependant, l'impression d'ensemble est que ces particularités ont une importance *régionale* et que, plus largement, un même système de valeurs conduit le travail de représentation.

Le premier consensus concerne les conflits dont on doit se souvenir : Première et Deuxième Guerre mondiale, guerre du Vietnam, guerre du Golfe, guerre en ex-Yougoslavie, guerre du Kosovo. En marge, la guerre d'Espagne et la guerre de Corée. La guerre de Corée est brièvement retenue par les Américains mais oubliée par les Européens. Quant à la guerre d'Espagne[14], elle apparaît, de toute évidence, parce qu'elle a donné lieu à l'une des plus fortes images emblématiques du siècle, citée plus haut, celle du républicain fauché par une balle, prise par Robert Capa en 1937 et publiée par *Life*. De façon tout à fait remarquable, nous constatons une impasse quasi totale concernant les guerres de décolonisation. Deux rares photographies ont été retenues par Marie-Monique Robin pour *Les 100 photos du siècle* : 1900, « La révolte des Boxers », qui donne à voir neuf japonais posant fièrement devant les cadavres décapités — et les têtes — de quatre Boxers, et « 1946, Gandhi au rouet » prise par Margaret Bourke-White, universellement connue, mais que ne reprend pourtant pas *Life: The Way We Were*, alors que la revue fut la première à la publier. Guerre d'Algérie, guerre d'Indochine et autres éradications des jougs coloniaux sont rangées sous l'euphémisme *Imperial Retreat* dans *Camera in Conflict*[15], sous-titré, c'est à souligner à l'encre rouge, *Civil Disturbance/Innere Unruhen/Rébellion et contestation*. Cette apparition et, surtout, cette non-apparition au gré des éditions laissent croire, d'une part, que le statut d'État n'est pas clairement reconnu aux vainqueurs des nations émancipées, d'autre part que les guerres qui comptent sont endogènes : les guerres de décolonisation sont des guerres menées par *l'autre*, extérieures à l'aire occidentale. De là émerge une question : le travail de mémoire, la possible commémoration ont-ils besoin, pour se réaliser, de la connivence anthropologique de l'entre-soi ? L'intérêt de cette question est confirmé par un sondage du *Figaro Magazine*[16], effectué en 1994. En France, 44 % de la génération de la Deuxième Guerre mondiale approuvaient que « la France et ses alliés [aient] refusé que le chancelier allemand Helmut Kohl soit présent lors des cérémonies de commémoration du débarquement » (41 % désapprouvaient, 15 % étaient sans opinion). Par contre, 66 % de la génération des petits-enfants, celle de l'Euro et du traité de Maastricht, estimaient « que la présence de l'Allemagne aurait été un symbole de la réconciliation franco-allemande ».

Time[17], *Life*, *Les cent photos du siècle* laissent penser que la Première Guerre mondiale est maintenant loin dans le champ de l'histoire. Son souvenir se cristallise autour d'une représentation dominante, celle des tranchées. Dans le no man's land ou dans les fossés, le soldat erre sous d'épaisses fumées dans un monde minéral et ravagé. Il n'y a pas de cliché universel, comme pour la guerre d'Espagne, mais plutôt une déclinaison autour d'un même motif. Parfois même, on sait que la photo est un faux, comme dans le cas de celle d'Ivor Caste, *Over the Top*, prise en 1917[18]. Celle retenue par *Life* fait singulièrement penser aux reconstitutions tournées par Griffith en Nouvelle-Angleterre. Vraies ou fausses, cette distinction ne concerne peut-être plus que les érudits, tant elles sont conformes aux traits sélectionnés par le temps et nécessaires à la validité de la représentation. Le texte d'accompagnement de la photo retenue pour le Répertoire d'images du site de la Défense nationale canadienne résume le consensus :

> La fumée durant les batailles, qui est produite par l'armée elle-même ou qui résultait des combats, était si dense que parfois on ne distinguait plus les soldats. L'image des soldats qui lancent une attaque dans la fumée en juin 1918 illustre combien les hommes qui engageaient une bataille pouvaient facilement y perdre la vie[19].

Trois autres photos de la période laissent identifier des motifs qui dépassent le cadre événementiel de la guerre de 1914-1918 et qui annoncent des valeurs appelées à devenir de plus en plus importantes. L'une est publiée par *Life* : elle traite du retour des soldats. Tout au long de la diachronie, pour les Américains, la représentation du *retour* est un motif récurrent, autant pour les Étasuniens que pour les Canadiens. Ce motif n'apparaît pas chez les Européens et *Les 100 photos du siècle* choisit plutôt un gros plan sur le visage d'un cadavre, photo anonyme publiée initialement dans *L'Illustration* pendant la Première Guerre mondiale. On reconnaît là l'influence des études et des sensibilités actuelles qui se penchent maintenant sur les dimensions individuelles, sur l'expérience privée des soldats. Enfin, la bienveillance du soldat, représentation devenue primordiale ces dernières années, illlustrée par la photo canadienne prise à Mons en 1918 d'un soldat consolant un bébé blessé à la tête, fait consensus.

La Deuxième Guerre mondiale est elle-même un emblème de la guerre au xxe siècle. De surcroît, elle a eu lieu alors que la photographie de reportage atteignait son apogée, *l'âge d'or du photoreportage*. En termes quantitatifs, la commémoration lui accorde une place très importante. Indéniablement, elle ne fait pas encore partie d'un lointain champ historique. Le grand public ne se fait plus beaucoup entretenir de Verdun, de la crête de Vimy ou du naufrage du Lusitania ; par contre, en 1994, il a été submergé par des publications sur le débarquement, même du côté américain de l'Atlantique où, pourtant, la propension notoire à l'amnésie est réguièrement déplorée. *Le Figaro Magazine*, déjà mentionné, *L'Express*, *Time*, *Maclean's*, *Newsweek*, *Le Nouvel Observateur*, etc., ont sorti des numéros spéciaux. Cependant, des nuances continentales doivent certainement être apportées. Si *Maclean's* a sorti sa revue commémorative, il faut remarquer que *Montreal's Century* règle la question en deux chiches photos. L'une, de 1941, montre un rassemblement contre la conscription, l'autre en vis-à-vis, montre, en 1939, une file de volontaires pour l'engagement dans les forces armées. Ce sont les seules et uniques représentations liées au thème de la guerre. Cela veut-il dire que les Montréalais n'ont pas participé à l'effort de guerre, n'ont pas été rationnés, qu'aucun d'entre eux n'est mort au combat ? Manifestement, la réalité de l'engagement du pays n'a guère de place dans la mémoire de ses citoyens.

À l'opposé, lorsqu'on demande aux Français ce qu'évoque pour eux la libération de la France en 1944, « la délivrance, la fête, la joie, la victoire, le débarquement » emportent largement les suffrages alors que « les bombardements » remportent 9 % (génération de la guerre) et 7 % (génération des petit-enfants), « les combats » 8 % (génération de la guerre) et 6 % (génération des petits-enfants). Les sondés pouvaient cocher une case *rien du tout* : le taux, ici, est de 1 % pour la génération de la guerre, ce qui est bien normal, mais, de façon tout à fait remarquable, il est aussi bas que 2 % pour les petits-enfants. Quels seraient les résultats du même sondage en territoire canadien ?

La variété des photographies est grande et compte des accents régionaux selon le pays éditeur, par exemple, l'attaque de Pearl Harbour pour les États-Unis, les convois de l'Atlantique pour le Canada, etc. Mais, dans ce contexte de commémoration, elle rayonne cependant autour de quelques images devenues de véritables monuments et que revues, albums et livres reprennent à peu près systématiquement : les incontournables clichés de Robert Capa à Omaha Beach, celui de Joe Rosenthal lors de la prise d'Iwo Jima. Un thème reste cependant extrêmement difficile à traiter et impose une question : peut-il seulement y avoir une photographie emblématique des camps d'extermination ? Ici, le *voir* — ou le *regarder* — est aussi difficile que le *dire*. La déficience de la représentation signale une incapacité anthropologique de la civilisation occidentale à trouver un apaisement devant la *Shoah*. Il s'agit bien de déficience et non pas d'absence : aucune publication ne veut oblitérer cette réalité, mais on perçoit aisément le malaise avec lequel les éditeurs ont cherché *la* photo sans la trouver. Les résultats sont discordants, certaines photos sont parfois même difficiles à déchiffrer. Personne n'a osé puiser dans l'œuvre de la photographe Lee Miller, pourtant exceptionnelle. Il n'y a pas, du côté de la photographie, d'équivalent du film *Nuit et Brouillard*[20], si tant est que ce film a encore une valeur emblématique, la deuxième génération d'après-guerre semblant davantage reconnaître cette fonction à un film de *fiction* comme *Schindler's List*[21]. Enfin, outrepassant le strict cadre événementiel, une des occurrences majeures des représentations de la guerre confirme sa place : la ruine.

La guerre du Vietnam marque un tournant dans les représentations, lié à bien plus que l'apparition des reportages photographiques en couleurs. *Les 100 photos du siècle* a retenu trois photographies centrées sur des individus dont il fournit même les identités : un infirmier de l'armée américaine, Vernon Wike, prise par Catherine Leroy ; une manifestante pacifiste, Jane Rose, prise par Max Riboud ; et la petite fille brûlée au napalm, Kim Phuc, nue, les bras en croix, courant sur une route au milieu d'enfants hurlants, dont la prise de vue valut le prix Pulitzer au photographe Nick Ut en 1972. *Life* retient la photo prise par Larry Burrows des soldats américains harassés transportant un des leurs, mort ou blessé et celle prise par Roger Malloch des manifestations sur les campus américains. *Time* se concentre sur les photos emblématiques que tout le monde connaît : celle de Kim Phuc, mais aussi celles de l'éxécution à bout portant dans une rue de Saigon en 1968, de l'immolation d'un moine par le feu en 1963. Il est ici question d'images qui commémorent et non d'un compte rendu de la couverture effectuée par les médias de l'époque : il est tout à fait étonnant d'observer ce que le passage au tamis par le temps qui passe a retenu. Toutes ces images, universellement connues, à peu près toutes porteuses d'une forte valeur emblématique, représentent toutes des *individus*, des personnes uniques au monde prises dans des événements dont l'impact est directement visible dans des gestes et des expressions spécifiques à eux et à eux seuls. Le cadrage, la taille du plan, la composition, l'instant du déclenchement concourent à discriminer le sujet de la représentation des grandes composantes qui éclipseraient leur individualité : la masse des civils victimes des combats, le grand corps indifférencié des forces armées, les mouvements de contestation des années 1960, etc. Au-delà du cadre événementiel, ces représentations témoignent du triomphe de l'individualisme. D'une part, parce qu'elles manifestent la prépondérance d'un trope, employé jusque-là de façon assez peu marquée : à côté de la métaphore de la ruine, voici maintenant la synecdoque particularisante du portrait, cette petite fille-là pour toutes les petites filles, ce peloton-ci pour tous les pelotons, etc. Pour être valide, la synecdoque doit être comprise comme telle par le spectateur. Le statut d'emblème est la preuve de la validité : tout un chacun est convaincu qu'il n'y a pas eu qu'une seule petite fille brûlée au napalm pendant la guerre du Vietnam. D'autre part, parce qu'elles sont le symptôme d'une sensibilité particulière, propre à la civilisation occidentale, qui arrive ici à un point culminant après cinq siècles d'élaboration : le statut et la valeur de l'individu tels que défendus dorénavant dans les sociétés contemporaines et les diverses chartes des droits et libertés. Cette élaboration, à n'en pas douter, influence de façon déterminante la teneur des actuels principes humanitaires.

La guerre du Golfe répercute les nouvelles rhétoriques héritées de la guerre du Vietnam et agrandit la brèche ouverte. Les représentations confirment que la mort est odieuse et que non seulement les civils, mais les soldats eux-mêmes doivent à tout prix être épargnés. Les publications s'attardent peu sur ce conflit qui fut sévèrement soumis à la censure. Mais, si la guerre du Golfe est la première guerre entièrement en couleurs qui, de plus, a-t-on osé dire, s'oppose à la précédente par sa propreté, c'est néanmoins elle qui donne l'occasion de renverser un tabou important des représentations de la guerre : celui de la détresse du soldat. Prise par David C. Turnley à bord d'un hélicoptère, elle donne à voir un soldat américain pleurant de toute son âme à côté du cadavre d'un camarade enveloppé dans un *body bag* et d'un autre, le regard aveuglé par un énorme bandage. L'humanité des soldats a probablement trouvé là une nouvelle icône. Jusque-là, cette humanité était prioritairement véhiculée par l'image du soin aux bébés ou aux enfants, seule représentation acceptable.

Finalement, les guerres en ex-Yougoslavie et au Kosovo, peu distinguées l'une de l'autre, consacrent un paradigme de la représentation de la guerre, héritier des constructions rencontrées tout au long de la diachronie, mais aussi épurant et hiérarchisant les traits qui le composent. Il vaut de le rappeler à partir d'un lieu qui donne la meilleure preuve de sa consécration : le prestigieux prix Pulitzer de l'année 2000, catégorie *Feature Photography*.

> Pour une photographie remarquable dans la catégorie photo magazine en noir et blanc ou en couleurs, pouvant être présentée sous la forme d'un ou de plusieurs clichés, d'une séquence ou d'un album, cinq mille dollars (5 000 $). Prix accordé à Carl Guzy, Michael Williamson et Lucian Perkins du *Washington Post* pour leurs images intimes et émouvantes montrant le tourment des réfugiés du Kosovo[22].

Ce reportage compte 19 photographies. Toutes sauf une, cadrée en plan de grand ensemble pour montrer le site d'un camp de réfugiés kosovars, proposent une grande proximité avec les scènes et les personnes. Trois

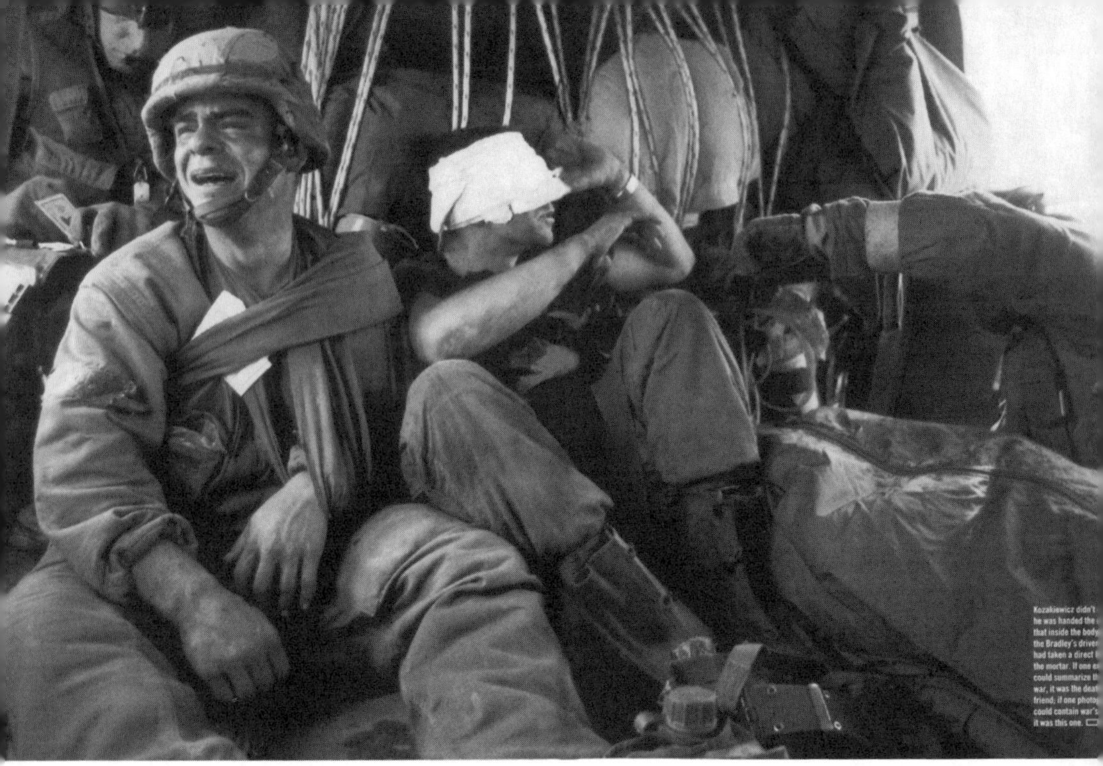

ill. 47 : D. C. Turnley, Soldats américains pendant la guerre du Golfe, 1991.

d'entre elles sont des gros plans sur des femmes en pleurs. Six d'entre elles ont des enfants pour sujet principal. Cinq photos, dont la profondeur de champ est plus importante, contiennent un élément en très fort avant-plan de manière à conserver une proximité avec la scène représentée. Elles sont ces *images intimes et poignantes* qui ont valu le Pulitzer à leurs auteurs. Les quelques soldats qui apparaissent sur trois photos sont tous de l'OTAN et sont intégrés au milieu des civils. Puisque le reportage est étatsunien, l'une d'entre elles donne une place de choix au drapeau américain.

Il y a là les trois composantes d'un paradigme de la représentation de la guerre, sanctionné en toute fin de siècle : *la ruine, la victime civile, le soldat bienveillant* ; les figures rhétoriques de sa mise en forme : *la métaphore de la ruine* et *la synecdoque du portrait* ; et le protocole d'énonciation de sa communication : *la distance intime.*

Côté européen, à une échelle régionale, une autre photographie, primée elle aussi, compte à son tour quasi tous les éléments qui viennent d'être énumérés : mêmes composantes, même rhétorique, même énonciation. La ville française de Bayeux a accordé le *Trophée Photo 2000 Prix du public, prix Bayeux des Correspondants de guerre, un hommage à la liberté et à la démocratie*, à Éric Bouvet, photographe *free-lance*, pour son cliché pris dans les Balkans d'une vieille dame dans un champ de ruines, emportant avec elle une lourde charge de tapis sauvés de la débâcle et un portrait de famille, possiblement celui de son mari. La dame est en fort avant-plan et l'on déchiffre aisément son expression douloureuse. Mieux, malgré son format, les traits du portrait encadré sont bien visibles.

Représenter, ne pas représenter, mal représenter

Le cheminement suivi au long d'un siècle et demi d'images documentaires autorise certains constats et certains questionnements. Tout d'abord, les représentations de la guerre au xxe siècle sont en corrélation évidente avec les discours sur la guerre, que ce soit du point de vue historique ou idéologique, et les sélections commémoratives en font tout à fait écho. Le théâtre lunaire de la Première Guerre mondiale avec ses petits soldats fourmillant dans la fumée renvoie au choc que fut la découverte de l'invraisemblable puissance de destruction acquise grâce à la Révolution industrielle. On le dit souvent, le xxe siècle a commencé en 1914. La Deuxième Guerre mondiale, c'est l'extermination des Juifs, la bombe atomique et le gigantesque effort guerrier de l'ensemble de la planète symbolisé par le débarquement de Normandie. On continue de dire les Alliés, et non pas les États-Unis d'Amérique, l'URSS, etc. Avec la guerre du Vietnam, commence la représentation du rejet de la guerre, dont la première expression est le *Faites l'amour, pas la guerre*, le *Peace and Love* des grandes manifestations de l'époque. La guerre tue et cela ne doit plus être. L'accent de plus en plus manifeste sur les victimes civiles, sur la détresse des soldats renvoie à la hantise de la guerre totale, vécue déjà deux fois, qui a alimenté le syndrome de la guerre nucléaire pendant toute la seconde moitié du siècle.

Ces images commémoratives sont aussi révélatrices de l'évolution des mentalités. Indépendamment des moyens technologiques ou des contraintes de la censure, là ou la Première Guerre mondiale a abondamment photographié d'orgueilleux états-majors — images désormais oubliées du grand public —, la première guerre du Golfe préfère montrer le général Schwarzkopf serrant dans ses bras, comme un bon papa, la jeune soldate Melissa Rathburn Nealy libérée par les Irakiens[23]. Alors que les images emblématiques de la Deuxième Guerre mondiale insistent sur la noblesse et le sacrifice des soldats, les photographies de la guerre du Vietnam et de la guerre du Golfe imposent la reconnaissance du syndrome post-traumatique. Enfin, l'horreur de la guerre et, peut-être, la répugnance croissante à l'idée du combat au corps à corps, font évacuer des représentations États, armées, enjeux, équipements, pour ne plus retenir que la détresse des victimes. Mieux, la compétence guerrière du soldat est dorénavant occultée : celui-ci se consacre exclusivement à son œuvre de bon samaritain. Le site du ministère de la Défense nationale canadienne laisse d'ailleurs penser que l'armée est composée, par définition, de sportifs et de bons Samaritains : voilà bien le dernier endroit où trouver des combattants.

Les valeurs sous-jacentes à ces représentations posent problème : elles ne valent qu'en autant qu'elles concernent l'aire occidentale. En effet, outre l'absence de représentation des guerres coloniales, la manière de représenter les conflits de tous ordres hors Europe et Amérique laisse perplexe : dans cette catégorie d'images commémoratives, apparaissent ouvertement des actes de barbarie, de mutilation sauvage, des images d'horreur dont est expurgée la mémoire de l'Occident. Au malaise des éditeurs concernant les images des camps d'extermination et autres Mi Lay, s'oppose une certaine aisance à montrer, par exemple, dans un cadrage impeccable, l'exécution sordide d'un collaborateur pendant la guerre civile qui fit naître l'État du Bengladesh[24]. Autre exemple de contraste, certains événements de l'*autre monde* n'ont carrément pas de formulation visuelle cohérente. *Les 100 photos du siècle* a retenu un étrange très gros plan d'un visage scarifié qui tient autant de l'enquête ethnographique que du *happening*, style *Body-Art* newyorkais : il est censé commémorer le génocide du Rwanda. Cette image, très belle au demeurant et réalisée par le photographe James Nachtwey, est aussi retenue par *Time : Great Images of the Century*. Elle désigne la synecdoque du portrait comme solution possible pour ce genre de représentation, solution qui, par contre, n'apparaît nulle part comme adéquate pour la *Shoah*. *Life* n'aborde pas la question et le site du ministère de la Défense nationale du Canada non plus. Le site n'ose même pas une solution allusive en utilisant, par exemple, un portrait du géneral Dallaire, en service au Rwanda pendant le génocide. Ce faisant, outre le respect dû à ce général, les concepteurs du site n'ont pas su non plus manifester une grande cohérence face au discours dominant qui veut valoriser le maintien de la paix et l'aide humanitaire. Cependant, il faut nuancer et tenir compte de l'incapacité de dire et de montrer, si peu de temps après les événements. Malgré les films — discutables — *La liste de Schindler* et *La vie est belle*[25], les représentations de la *Shoah*, à la troisième génération, ne sont toujours pas réalisées.

La progression logique, quasi linéaire, des formes et des valeurs véhiculées par les représentations conduit, en Occident, à un paradigme très épuré, chargé de bons sentiments. Il y a pourtant un non-dit, un non-assumé dans ce travail de la représentation et du souvenir que l'on trouve, en creux, dans ce que l'on exhibe seulement à propos de l'*autre* monde, le monde non occidental.

> Ceux qui sont aujourd'hui livrés en pâture à notre indignation bien pensante sont désormais des talibans, des combattants africains, ou des victimes exotiques d'attentats lointains, de pauvres diables donc, comme par hasard du tiers-monde, qui n'ont nul représentant légal pour les protéger : au moins on peut continuer à publier (et voir) des meurtres et des exécutions publiques avec la conscience tranquille, le bon vieux mépris colonial de toujours — et sans ennuis légaux[26].

En chargeant ainsi l'autre de la honte de l'exaction, les commémorations du millénaire signalent une tactique d'évitement. La psychanalyse nous apprend qu'oublier est une façon de narcotiser les problèmes et le pire moyen de soit disant les résoudre. Ces questions et ces problèmes révélés par les représentations visuelles de l'histoire sont pourtant ceux qui alimentent les contradictions dans l'espace international d'aujourd'hui. La très récente actualité des années 2001 à 2003 le confirme de façon non discutable.

Notes

1. Ce passage prend appui sur une recherche exploratoire antérieure. Voir C. Saouter, « Images emblématiques : le photojournalisme et la guerre », dans C. Beauregard et C. Saouter (dir.), *Conflits contemporains et médias*, Montréal, XYZ éditeur, 1997, p. 169-181.

2. Voir Gérard Le Marec, *Les photos truquées, un siècle de propagande par l'image*, Paris, Atlas, 1985, p. 133, et Marie-Monique Robin, n° 26, dans *Les 100 photos du siècle*, Paris, éditons du Chêne/Hachette Livre, non paginé, 1999.
3. Voir Claude Barrois, *Les névroses traumatiques*, Paris, Dunod, 1988, p. 8-10.
4. Ce passage reprend en partie C. Beauregard et C. Saouter, « La couverture photographique du conflit au Kosovo en 1999 », dans Claude Beauregard, Alain Canuel et Jérôme Coutard (dir.), *Les médias et la guerre, de 1914 au World Trade Center*, Montréal, Méridien, 2002, p. 173-189.
5. Laurent Gervereau, *Les images qui mentent, histoire du visuel au XXe siècle*, Paris, Seuil, 2000, p. 85.
6. Une photographie montre un soldat, peut-être même un aviateur, protégeant un bébé des ardeurs du soleil dans l'ombre de son casque. Nous avions rencontré ce même thème du soldat bienveillant représenté en contact avec un bébé dans le corpus de la guerre de 1914-1918, au chapitre 2.
7. *Les cent photos du siècle/Das Jahrhundert in Bild*, série écrite et réalisée par Marie-Monique Robin, arte et capa production, avec la participation de telepiu de la Télévision suisse romande et de Channel Four Finlande, le concours du Centre National de la cinématographie et le soutien de la Mission pour célébrer l'an 2000, 1997, 100 x 6 minutes. Voir aussi Marie-Monique Robin, *Les 100 photos du siècle*, Paris, Éditions du Chêne /Hachette Livre, 1999.
8. *Dawn of the Eye*, conçu et produit par Mark Starowicz, CBC Television, BBC et The History Channel, 6 × 60 min., 1996.
9. *Life : The Way We Were. Decades of the Twentieth Century. A Photographic Journey Through America's Last Hundred Years*, DesMoines, LifeBooks, 1999.
10. *Montreal's Century, A Record of the News and the People who Shaped the City in the 20th Century*, Outremont, Trécarré, The Gazette, Le Journal de Montréal, 1999.
11. *Voyage dans le temps—photos miniatures* (années 1910, 1940 et 1990), <http://www.mdn.ca>.
12. *Titanic*, É.-U., 1997, réal. James Cameron, prod. Twentieth Century-Fox Film Corporation et Paramount Corporation, couleur, 194 min.
13. Hendrik Neubauer, *Curious Moments, Archive of the Century/Das Phootarchiv*, Köln, Könnemean, 1999.
14. Pour une étude approfondie de la photographie pendant la guerre d'Espagne, voir Caroline Brothers, *War and Photgraphy*, London, Routledge, 1997.
15. Nick Yapp, *Camera in Conflict : Civil Disturbance/Innere Unruhen/Rébellion et contestation*, Köln, The Hulton Getty Picture Collection, Könneman, 1996.
16. Henri Amouroux, « Le sondage qui étonne, Quelle image les Français ont-ils de la Libération ? », sondage Sofres, *Le Figaro Magazine, Normandie 6 juin 44, 50 ans après*, supplément spécial, 30 avril 1994, p. 114-118.
17. *Time : Great Images of the 20th Century. The Photographs That Defined Our Times*, New York, Time Books, 1999.
18. ANC, PA648 ; sur cette photo, voir le développement de Peter Robertson, *op. cit.*, chapitre 2.
19. ANC, PA-169, fond du ministère de la Défense nationale.
20. *Nuit et brouillard*, France, 1955, réal. Alain Resnais, prod. non identifiée, n/b, 32 min.

21. *La liste de Schindler*, É.-U., 1993, réal. Steven Spielberg, prod. Steven Spielberg, Gerald R. Molen et Branko Lustig, coprod. Lew Rywin, n/b, 197 min.
22. <http://www.pulitzer.org>.
23. *Life: In Time of War, Coming Home*, numéro spécial n° 4, 18 mars 1991.
24. *Les 100 photos du siècle*, n° 57, Paris, Éditions du Chêne /Hachette Livre, 1999.
25. *La Vita è bella*, It., 1997, réal. Roberto Begnini, prod. Melampo cinématographie, Cecchi Gori Group, Miramax Films et Miramax Television, couleur, 141 min.
26. Yves Michaud, « Critique de la crédulité, la logique de la relation entre l'image et la réalité », *Études photographiques*, n° 12, 2002, p. 121.

5

ENVAHIR, CONFORMER :

ESPACE PUBLIC ET CHRONIQUE MÉDIATIQUE

À la fin du xxe siècle, alors que se cherchent de nouveaux usages pour un nouveau média, Internet, l'image-média connaît trois supports de diffusion principaux, solidement implantés dans les sociétés, la presse imprimée, le cinéma et la télévision. Dans la généalogie des médias, la télévision arrive tardivement pour des raisons davantage liées à l'histoire politique qu'aux complexités technologiques proprement dites. En effet, au point de vue expérimental, la procédure était au point dès les années 1920. L'ingénieur russe Vladimir Zworykin, immigré aux États-Unis, avait breveté en 1929 l'iconoscope, un analyseur d'images dont la réussite profitait des résultats obtenus au début de la décennie par des chercheurs comme l'Anglais John Logie Baird et le physicien français René Barthélémy. L'émission, réalisée sur ondes hertziennes, avait fait ses preuves dans les années 1930, en utilisant comme antenne l'Empire State Building ou la tour Eiffel, puis avait donné lieu à des retransmissions d'envergure, telles les funérailles du roi d'Angleterre George VI et les Jeux olympiques de Berlin en 1936. La Deuxième Guerre mondiale met un terme à l'expansion probable qui aurait pu suivre dès ce moment. La reconversion des industries nord-américaines au service de l'effort de guerre, la destruction des sociétés et des économies européennes sous les coups de l'Allemagne nazie repoussent au tournant des années 1950 l'implantation effective du nouveau média. L'étape de la diffusion implique un parc d'appareils récepteurs dépendants du pouvoir d'achat des utilisateurs potentiels. La richesse de l'après-guerre, aux États-Unis comme au Canada, l'essor économique pendant ce qu'on appelle les *trente glorieuses* de l'Europe rassemblent les conditions nécessaires. La corrélation dans le temps entre augmentation de la qualité de vie et accès massif au nouveau média est nettement démontrée par les statistiques. Pour la période 1995-2000, Canada, États-Unis, Grande-Bretagne, France, Japon offrent à leurs citoyens une espérance de vie située entre 76,7 (État-Unis) et 80 années (Japon) ; ces pays comptent entre 601,4 (France) et 847,3 téléviseurs (États-Unis) pour 1 000 habitants. Pour la même période 1995-2000, l'espérance de vie d'un pays comme l'Égypte est évaluée à 66,3 années ; le pays compte 121,7 téléviseurs pour 1000 habitants. En Éthiopie, l'espérance de vie des 60 millions d'habitants est de 43,3 ans[1]. En 1984, il a été établi que le pays comptait moins de 50 000 téléviseurs[2] ; des chiffres plus récents ne sont pas disponibles. En 1990, l'Algérie comptait un taux d'équipement de 29 %, le Sénégal de 6 %, l'Inde de 8 %.

> Si [les États-Unis, la France, l'Allemagne, le Royaume-Uni, l'Italie, le Japon, l'URSS] ne sont pas représentatifs de la situation mondiale, ils illustrent en revanche des contextes où le développement de ce média est assez important pour que l'audience devienne une clé de l'industrie télévisuelle. Les mesures d'audience sont intimement liées au marché publicitaire et au développement des télévisions commerciales, donc à la situation économique des pays. [...] Il serait donc utopique de tenter de cerner la nature de l'audience pour des continents comme l'Afrique et l'Asie[3].

En septembre 1952, lorsque Radio-Canada inaugure ses premières transmissions à Montréal et à Toronto, 85 % des foyers des États-Unis sont déjà équipés. En 1966, le Québec compte 96 % de foyers équipés d'un téléviseur en couleur. Dans les années 1970, la câblodistribution remplace rapidement les antennes dans les régions densément peuplées et la diffusion par satellite assure le reste. La première transmission transatlantique d'une émission de télévision a lieu le 10 juillet 1962, grâce à un satellite placé en orbite à 5 000 km de la Terre. L'Angleterre atteint un seuil d'équipement comparable à l'Amérique du Nord en 1970, la France en 1975 : les dernières décennies du siècle consacrent l'hégémonie du nouveau média. Les conséquences sur les comportements culturel et civique sont connus : la télévision est devenue une agora électronique, un nouvel espace public, qui absorbe *toutes* les formes de la culture et fait converger vers elle *toutes* les formes d'information.

La hiérarchie des médiations au profit de la télévision est illustrée de façon typique au moment des élections. Ce moment majeur de l'exercice démocratique ne peut plus être conçu en dehors de la scène télévisuelle. Le grand événement d'une campagne électorale n'est pas le passage du candidat dans la localité de l'électeur, mais le débat des chefs de parti à la télévision. Ainsi fut sanctionné le sort de Richard Nixon en 1960, qui perdit les présidentielles américaines devant John F. Kennedy, en raison de sa moindre performance lors d'un tel exercice, le premier du genre dans l'histoire de la télévision. Il est désormais admis que c'est le facteur *d'exposition* dans ce média qui donne la juste mesure de la publicisation dans l'espace public, tant à l'homme politique qu'à la vedette du show-business, qu'à tout problème posé par et dans la société.

Médiatrice incontournable, la télévision est, par ailleurs, très vite devenue une forme culturelle à part entière. Si, comme le dit joliment Christian Delporte, « grâce au petit écran, *Dom Juan*, en une soirée, rassemble autant ou davantage de spectateurs qu'en trois siècles de représentations[4] », elle accapare à son profit des heures de loisir autrement disponibles pour d'autres pratiques culturelles. Dans un pays comme la France, fortement attaché au prestige de l'écriture, établissant toujours une hiérarchie nette entre culture d'élite et culture populaire, les comportements sont pourtant désormais de plus en plus semblables à ceux des Nord-Américains. Dans ce pays, la durée moyenne de l'écoute hebdomadaire est passée de 10 heures en 1977 à 21 heures en 1997, à 23 heures en 2001[5]. Les grands consommateurs (plus de 30 heures par semaine) lisent deux fois moins de livres, vont deux fois moins au théâtre et au musée, vont nettement moins au cinéma que ceux qui ne regardent jamais la télévision[6]. Actuellement, les Canadiens regardent la télévision en moyenne 21,7 heures par semaine[7]. En 1998, 48,9 % d'entre eux ouvraient un journal quotidiennement, 21,7 % le faisaient au moins une fois par mois ; 57,1 % d'entre eux lisaient au moins une revue par semaine, 36,2 % d'entre eux choisissaient aussi un livre[8]. Et l'on constate que les préférences en matière d'émissions sont aussi similaires. La fiction est très prisée : téléfilms, téléséries sous toutes les formes de séquencialisation, rediffusions cinématographiques, dans le registre humoristique ou dramatique, accaparent 31,8 % du temps d'écoute des Français, 36,2 % de celui des Canadiens. Magazines d'affaires publiques, documentaires et journaux télévisés, regroupés ensemble, occupent 35,8 % de l'écoute française, 38,4 % de l'écoute canadienne[9]. La mesure des auditoires auprès des francophones du Québec dans les premiers mois de 1998 donne au palmarès des 10 émissions les plus regardées, les neuf premières places aux téléséries, la dixième allant à un jeu-questionnaire[10]. Ces chiffres, sans valeur qualitative, confirment, d'un point de vue quantitatif, une grande subdivision qui traverse en filigrane un siècle de médias de masse, suivant l'axe de la documentation, qui vise le fait et l'information, et l'axe de la représentation, qui vise la remise en forme du monde et la fiction : « [A]u fond, vous savez, mon seul rival international, c'est Tintin ! » constatait déjà le général de Gaulle à la fin des années 1960[11].

À la croisée des deux domaines, un genre médiatique tire un profit maximal de leur combinaison : la publicité. Ce genre a inventé de brèves formulations, par page ou section de page dans la presse imprimée, par *clips* dans les médias électroniques, qui associent systématiquement une information à caractère strictement référentiel, le produit à acheter, et une représentation puisée dans les ressources des formes culturelles, mises en scène redondantes du discours persuasif, mini-récits classiques, développements oniriques par association d'idées, etc. L'intérêt de la publicité est de livrer ainsi le répertoire des visions du monde conformes et considérées comme telles, puisque choisies pour leur aptitude à inciter au passage à l'acte, c'est-à-dire l'achat. Ce faisant, la publicité est une véritable déclinaison de la société idéale, celle-ci n'étant pas une illusion puisque le geste d'achat qui y donne accès se produit dans le monde des réalités.

Le parasitage systématique des lectures et des visionnements de la fiction ou de l'information imposé par les insertions publicitaires, provoque nécessairement un amalgame des deux modes d'appréhension. Il a été démontré, dans le cas de la publicité pour automobile, que la fantasmagorie édifiée par les publicitaires coïncidait tout à fait avec la conception que les récepteurs avaient de cet objet[12]. En 1993, Les réseaux de la télévision québécoise ont diffusé 241 messages différents pour le profit des frabricants, concessionnaires, fournisseurs de pièces et services connexes. La presse en a imprimé 585 autres variations. Il ressortait que la fonction moyen de transport était totalement évacuée, hormis quelques rares situations extravagantes (petit monde du dessin animé, montagnes désertes et inaccessibles, etc.). Le conducteur était toujours seul sur la route, sans aucune forme de circulation autre que la sienne, la plupart du temps dans des milieux non urbanisés sinon non habités. Conçue pour aller de nulle part à nulle part, l'automobile est réservée au plaisir solitaire, en l'absence de toute interaction avec qui que ce soit. Cet objet n'appartient pas au monde des communications. Cet extraordinaire fantasme de retrait social est paradoxalement associé à l'un des objets parmi les plus contraignants de cette même sphère sociale. Il est une porte d'évitement offerte à chaque apparition au milieu d'un bulletin de nouvelles. Il offre la confirmation d'une culture du repli individualiste dans chaque télésérie. L'ensemble de la production publicitaire, par une rhétorique de l'individu accompli jusqu'au bout de ses désirs dans une société idéale, débarrassée de ses enjeux, de ces contradictions et de ses finalités, entérine une culture de l'évitement qui pointe de façon de plus en plus manifeste dans les représentations sociales. Son très fort facteur d'exposition donne un poids accru autant à ses contenus qu'à ses formes : elle modèle peu à peu des formats de communication toujours plus brefs, toujours plus univoques. La télévision est éminemment compatible avec les stratégies de la publicité : elle aussi vise le maximum d'impact sur son auditoire, le plus vite et le plus simplement possible, sa viabilité en dépend. Et il reste plus facile de sauter une page dans un imprimé que de sauter des plans devant un écran.

L'importance prise par la télévision a forcément imposé une redistribution des auditoires, sinon des rôles, aux autres médias. Elle a fait de la radiophonie un vecteur quasi obsolète de l'information qui compense, plus souvent qu'autrement, par des émissions de lignes ouvertes ou d'affaires publiques. Elle a dépossédé le cinéma du traitement des actualités, éliminant complètement du spectacle en salle les premières parties autrefois consacrées aux *Actualités Pathé* et autres *Canada en guerre*. Dans le même mouvement, elle est devenue le principal diffuseur de l'activité documentaire et un diffuseur incontournable pour la rentabilité des films de fiction, une fois le passage sur écran effectué. *Titanic*, de James Cameron, en 2000, a rassemblé 62 millions de téléspectateurs aux États-Unis, au Canada, au Mexique, au Vénézuela et dans divers pays d'Europe. À l'occasion de sa diffusion au Brésil, il a obtenu 79,1 % de l'auditoire dans la région de Sao Paulo[13]. Le 22 octobre 2001, *La Vita è bella*, de Roberto Benigni, a attiré 16,08 millions de téléspectateurs italiens, soit 53,67 % de l'auditoire. Auparavant, *Dancing with the Wolves*, de Kevin Costner, avait été un autre record de la télédiffusion italienne avec 53,81 % de l'auditoire : « [S]eules quelques rares parties de football ou transmission de course de Formule 1, avec titre en jeu, réussissent à faire mieux[14]. » La télévision a finalement confisqué à la presse la portion congrue des citoyens en quête d'information. La dichotomie entre presse quotidienne et presse hebdomadaire ou mensuelle a été accentuée par la concurrence devant les moyens de diffusion de l'information. La force du direct dans le traitement télévisuel de l'actualité et de la nouvelle impose *de facto* au journal d'être une ressource de deuxième lecture. Alors que la presse périodique a pu trouver un second souffle en ciblant des publics de mieux en mieux segmentés, les quotidiens ont atteint des plafonds en ce qui a trait à la diffusion après avoir souvent subi de fortes baisses de tirage.

Tout cela en raison des formes sémiotiques utilisées : la télévision produit des sons et des images et les diffuse dans un temps record. Cette formidable capacité de production (les réseaux diffusent quasiment 24 heures sur 24), jointe à une formidable réception (près de 100 % de la population), font de la télévision un vecteur essentiel des sociétés industrielles avancées au tournant du XXIe siècle, et il ne se trouve nulle part un seul politicien, un seul citoyen, un seul sociologue pour en douter.

Prolifération, exposition, proximité

La presse à grand tirage avait fidélisé ses lecteurs grâce à l'introduction du feuilleton, sous forme littéraire lorsque les auteurs étaient Alexandre Dumas, Honoré de Balzac ou Conan Doyle, sous forme de bandes dessinées lorsqu'ils étaient Richard Outcault, Winston McCay ou Hergé. Le cinématographe avait d'abord servi à capter à travers le monde des vues animées au caractère tout à fait documentaire, refaisant les périples des premiers photographes. Puis, il fut imaginé de simuler des lieux et des événements, et le cinématographe devint le cinéma. La radiophonie se développa en créant ses propres formes de feuilleton et elle laisse dans les annales une des meilleures mystifications du monde des médias : en 1938, les États-Unis furent terrorisés par une attaque de Martiens, car les auditeurs d'Orson Welles, sur les ondes de RKO, confondirent fiction et réalité lorsqu'il leur lut *La guerre des mondes* de H. G. Wells. La télévision n'eut qu'à tirer profit à son tour de formules largement éprouvées.

Si les chercheurs et les responsables institutionnels se sont largement interrogés sur les fonctions de la télévision, traditionnellement nommées *informer*, *éduquer* et *distraire*, sans parvenir à en tirer des conclusions univoques et définitives, il est par contre aisé de tracer une frontière claire entre ses deux grands volets de production : l'information et la fiction. Prise au sens strict, l'information a pour référent non équivoque le monde et ses événements. Qu'il soit question d'une déclaration de guerre, de la propagation d'une épidémie ou de la mise en marché d'un nouveau dentifrice, le traitement de l'information, entre documentation et représentation, vise strictement à rendre compte de faits, d'événements, de phénomènes préexistants. La fiction, quant à elle, par contrat avec ses destinataires, que ce soit grâce à la petite formule *il était une fois*, par un générique ou la mention *à suivre...*, élabore des univers vraisemblables ou supposés tels dans lesquels l'affabulation suit un libre cours. Aussi loin que l'on remonte, où que l'on se tourne dans l'espace, les deux formes discursives cohabitent. L'ampleur du temps utilisé pour disposer d'un média comme la télévision conduit à confondre l'action de la regarder avec l'exercice citoyen et les activités culturelles. Après plusieurs décennies d'hégémonie dans les sociétés concernées, cela mène à identifier une problématique conditionnée par trois facteurs particuliers : l'expostion, la prolifération et la proximité, tous trois ayant une importante implication dans l'amalgame entre fiction et réalité.

L'*exposition*, on l'a dit, est le facteur devenu essentiel pour donner à un fait, à un événement leur pertinence. Pire, ce qui ne passe pas à la télévision n'existe pas, n'a pas eu lieu. Dans les débats qui animent le photojournalisme contemporain devant la prépondérance télévisuelle, les reporters justifient régulièrement leur travail : « Ils parcourent la planète pour en prendre la température, pour alerter, pour dénoncer, pour ne pas oublier un conflit. [Ils constatent] une perte d'influence sans précédent dans la presse, qui les oblige à s'interroger sur leur travail et à trouver d'autres supports, essentiellement l'exposition et le livre[15]. » Cette presse, dénonce-t-on ailleurs, « paniquée et fascinée par une télévision qui lui “volait” une partie importante du marché publicitaire, n'a pas été capable de redéfinir sa fonction. Elle a oscillé entre faire de la télévision imprimée [...] et surenchérir sur des sujets décidés par la télévision[16] ». La télévision, nouvelle agora électronique, impose que, pour se faire entendre, on ne descende pas dans la rue mais qu'on perturbe ses plateaux :

> J'ai fait irruption sur scène, en direct, pour clouer le bec à la présentatrice [...]. Cet incident n'a pas été repris dans la récapitulation de Radio-Canada à 23 h 25 ni par les journalistes trop occupés par les gagnants, dans la salle de presse, mais s'est quand même retrouvé dans le générique de fin du gala de CBC[17].

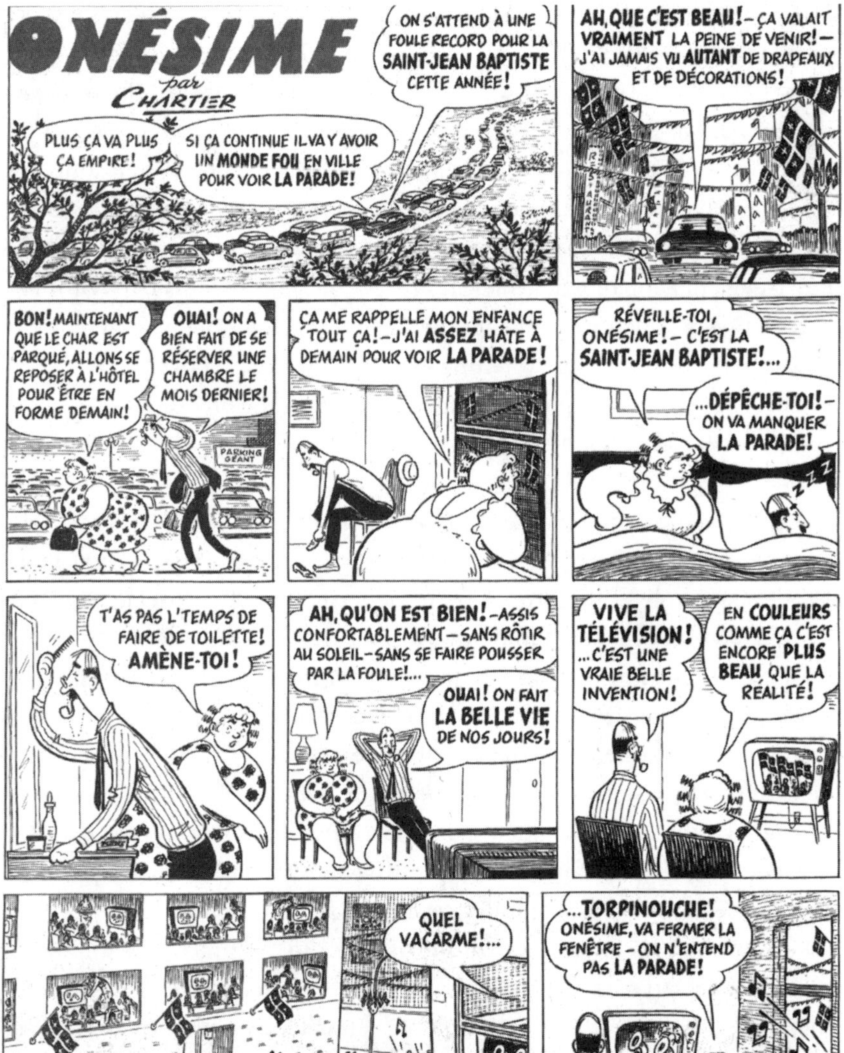

ill. 48 : R. Chartier, La fête de la Saint-Jean Baptiste, 1975.

Ce facteur de l'exposition télévisuelle comme preuve d'existence est en train de devenir une composante de la construction identitaire, jusque pour le moindre des atomes de la société, à savoir l'individu : les *reality shows* et autres *Survivor* aux États-Unis, *Star Academy* et *Pignon sur rue* au Canada, *Loft Story* en France l'illustrent de façon éloquente, sinon consternante.

La *prolifération* est un facteur *a priori* simplement pragmatique qui laisse constater le flot d'énoncés proposés par la télévision, en premier lieu, mais aussi, dans une logique de concurrence, par les autres médias. Les promoteurs d'une production, quelle qu'elle soit, pour la faire valoir, tentent d'accaparer de l'espace — et du temps — dans tous les supports possibles et construisent ce que l'on pourrait appeler une chaîne de productions-médias. Au Québec, dans les années 1980, ce genre de démarche a été soigneusement orchestré autour d'un best-seller, *Le Matou*, roman à succès de l'écrivain Yves Beauchemin. Paru en 1981, le roman bat tous les records de vente connus dans la province. Deux cent mille exemplaires sont rapidement écoulés alors qu'un livre qui atteint les 10 000 exemplaires est déjà considéré comme un best-seller. Il connaît une dizaine de rééditions, dont trois françaises, une norvégienne, une danoise, une finnoise, une portugaise, une anglaise. « [Le] succès en France a des répercussions au Québec où les ventes augmentent énormément, surtout après le passage d'Yves Beauchemin à l'émission française, très prisée au Québec, de Bernard Pivot, *Apostrophes*[18]. » Le roman est publié en feuilleton dans le journal *La Presse* en 1982, connaît une nouvelle réédition en format de poche en 1985, à l'occasion de l'adaptation cinématographique, dont le tournage sert au montage d'une télésérie diffusée sur les ondes de Radio-Canada en 1987. Frances J. Summers a répertorié 232 articles de presse consacrés à cette réussite publique et commerciale. Entre l'excellente stratégie des attachés de presse de la maison d'édition, les qualités de conteur du romancier, la publicité enthousiaste des médias et l'engouement du public, une connivence s'exprime autour d'une culture intimement travaillée par le paradigme télévisuel :

> Le peu de commentaires sur le sens du roman semble indiquer un paradoxe : on apprécie le roman parce qu'il n'a pas de signification profonde. [...] Dans l'ensemble, on ne relève pas de grandes digressions philosophiques ni même de profondeur psychologique ou sociale dans le roman d'Yves Beauchemin, [...] [*Le Matou* est mené comme] un reportage, caméra au poing, sans avoir de

temps à perdre avec des introspections psychologiques que ne permettraient pas le rythme, le bruit, l'agitation de la vie quotidienne[19].

Cependant, le succès d'une telle stratégie est pondéré par un troisième facteur, celui de la *proximité*. Paradoxalement, l'abondance d'énoncés soumis aux citoyens, plutôt que d'en faire des personnes supérieurement informées, a provoqué chez eux un comportement de retrait régulièrement déploré par les professionnels du marketing. Ce réflexe de retrait se manifeste devant la télévision par le *zapping*, et permet une lecture sélective de la presse imprimée.

> Il faut harponner le lecteur dès le départ. Le férer gentiment pour qu'il morde à votre histoire et plonge dans votre récit. Tout se joue en quelques secondes. [...] Ce que vous écrivez doit ressembler à ce que vous diriez au téléphone, sachant que la ligne risque d'être coupée d'une seconde à l'autre. Il faut tout dire sur le champ. [C'est le lead.] Certains l'appellent « amorce », d'autres « attaque »... Peu importe. Ce qui compte, c'est ce premier paragraphe magique qui fait qu'on nous lit ou non jusqu'à la fin[20].

Il se répercute dans le faible engagement devant les problèmes de l'heure. Une image chasse l'autre, un événement chasse l'autre : devant la multitude des informations disponibles, le sentiment éventuel de l'action nécessaire est transformé en sentiment d'impuissance et le sentiment d'impuissance est résolu par l'indifférence.

L'adhésion du public, plus souvent qu'autrement, dépend du degré de connivence avec l'information véhiculée et, au moins autant, avec les formes de sa mise en média[21]. Une large part du succès du *Matou* provenait précisément de l'effet de reduplication de l'univers ordinaire du lecteur et de la familiarité des thèmes : valeurs familiales, jeunesse entreprenante, fragilité et impertinence de l'enfance, le tout en milieu urbain avec brèves échappées bucoliques en campagne[22].

La connivence est aisément acquise dans le cas d'événements qui affectent directement le public cible : au Québec, une tempête de neige fait régulièrement la une de la presse ou l'ouverture des téléjournaux devant n'importe quel événement de la scène internationale. La crise du verglas qui a affecté le sud du territoire en 1998 a donné lieu à une couverture d'une ampleur au-delà de toutes mesures, y compris à la télévision, qui a remplacé pendant des jours et des jours sa programmation régulière par une programmation de crise, alors que son public cible était totalement privé d'électricité et, donc, de téléviseur. Une telle attitude se retrouve à l'identique dans la couverture d'un événement d'une autre gravité. Ce qu'on appelle maintenant la crise d'Oka avait donné lieu à une importante mobilisation médiatique entre les mois de juillet et de septembre 1990. Dans la région de Montréal, un litige autour d'un terrain de golf, qui avait mis aux prises autochtones et municipalité blanche, avait tourné à la crise nationale et nécessité l'intervention des forces armées canadiennes. La tension atteint un point culminant avec la mort d'un caporal devant les barricades érigées par la Nation mohawk. Les apaisements, malgré l'absence immédiate de résolution du litige, ont conduit au démantèlement des barricades au début de l'automne. En 1994, une tragédie aux sinistres antécédents se déroule au Rwanda entre les mois d'avril et de septembre. Conséquents d'un lourd contentieux colonial et postcolonial, les affrontements politiques et ethniques du pays dégénèrent en une vague génocidaire. L'inertie de la communauté internationale laisse se produire le massacre de près d'un million de personnes. Le facteur de proximité a joué de façon non équivoque dans la couverture des deux crises comme le montre, d'un simple point de vue quantitatif, les compilations éditoriales comparées des quatre quotidiens francophones du Québec, *La Presse*, *Le Devoir*, *Le Journal de Montréal* et *Le Journal de Québec* : Oka, un mort, 1 236 articles ; Rwanda, un million de morts, 319 articles[23].

La connivence s'acquiert aussi lorsque la forme de discours utilisée est conforme aux modes de représentation prédominants dans les goûts du public. C'est ainsi que la *mise en média* calque opportunément une trame événementielle sur une narration de type téléromanesque. Emblématique de ce facteur, la crise d'Oka se résume désormais à une image, dont le périple médiatique remodèle progressivement la signification, la transformant de document d'une actualité en une représentation de type téléromanesque.

Cette image est une photographie prise par Shaney Komulainen, de Canadian Press, publiée à la une de *La Presse* le dimanche 2 septembre 1995. Elle donne à voir un soldat canadien, Patrick Cloutier, du Royal 22e régiment, impassible et nez à nez avec un guerrier mohawk masqué et non identifié qui le défie. Les caméras de télévision ayant filmé la scène, l'image a connue une diffusion imprimée et électronique. Cadrée en très gros plan, très vite appelée le *duel du regard*, présentant exclusivement deux visages et leurs attributs, la photo est devenue l'emblème de ce conflit local et a même pu être vue comme le symbole des luttes entre civilisation et barbarie, le barbare étant fatalement le guerrier mohawk.

Cependant, cette image est le résultat de minutieuses manipulations. Tout d'abord, à l'étape de la prise de vue. Non pas celle, précisément, de cet incident, mais plus globalement, de la crise d'Oka : le commandement du détachement militaire présent sur les lieux avait, sans équivoque ni ambiguïté, prévu et réglementé toutes ses relations avec les médias[24]. Ensuite, à l'étape de la publication. La planche-contact permet de constater les recadrages progressifs de Shaney Komulainen et le resserrement supplémentaire effectué par le pupitre de *La Presse*. Ces deux visages superbement isolés dans l'intimité de l'affrontement, comme si le sort du monde reposait sur ces deux seuls champions, ont en fait été extraits d'une véritable petite foule :

— À quel moment votre célèbre face-à-face a-t-il eu lieu ?

— Quand les caméras sont arrivées. L'Indien est venu à ma hauteur à ce moment-là et il a commencé à faire son show devant moi. Il me demandait si j'étais nerveux et disait qu'il allait me tuer [...].

— Il vous a dit toutes ces belles paroles devant les caméras ?

— Oui, mais il ne parlait pas fort : juste assez pour que moi, je le comprenne. Mais je n'étais pas le seul face à face avec les Indiens. Tous mes chums se trouvaient dans la même situation[25].

Le journal *La Presse* republie la photo cinq fois en six articles et une caricature entre le 2 et le 29 septembre 1990, couronne le soldat Cloutier personnalité de la semaine, le 9 septembre, et consacre définitivement sa valeur sous la plume de la chroniqueure Lysiane Gagnon, le 4 septembre :

> L'image qui dit tout. L'image disait surtout la réaffirmation de l'État de droit, qui est en l'occurence l'État démocratique, incarné à ce moment-là par ce jeune militaire qui ne cédait pas un pouce de terrain tout en résistant à la confrontation — symbole vivant d'une armée aux ordres de l'autorité civile qui a montré, depuis le début de ce pénible conflit, un respect absolu pour la vie humaine[26].

Cette vocation de l'incident et de sa mise en média au service de la paix publique touche déjà à son terme. En récapitulation le 29 septembre, elle est positionnée de telle manière que la pliure de la page passe entre les deux visages : « [I]l y avait des barricades, il y a maintenant un mur de Berlin entre les Blancs et les Indiens », commente le journaliste André Noël. Le 8 septembre, le journal *Le Soleil* coupe la photo en deux et ne publie que le profil du soldat Cloutier. Puis, la romance prend le relais. Après avoir avoir éliminé par cadrage et recadrage toute représentation d'un geste *collectif* fait par *plusieurs* soldats d'un peloton, le duel est récupéré pour édifier un héros qui se détache du commun. Consacré personnalité de la semaine, devenu *L'homme qui n'a pas froid aux yeux,* sous la plume du rédacteur de la rubrique Benoît Chapdelaine, les signes annonciateurs d'un tel destin sont retrouvés dans l'enfance du héros, confirmés par la mère du soldat citée à cinq reprises. Cinq ans plus tard, la photo fait la page couverture d'un magazine grand public, *Dernière heure* : c'est un anniversaire. Le traitement est de l'ordre personnel et privé. Le contexte politique est devenu complètement anecdotique, le ton est à la confidence. Du politique et du public, on est passé à une logique téléromanesque du familial et du privé.

Le traitement réservé à cette photo entretient des points communs avec une photo dont l'impact a été encore plus fort sur la scène publique. Elle aussi affublée d'un titre emblématique, *La piéta*, prise par Hocine en Algérie en 1997, primée par le prix World Press l'année suivante, elle est le résultat d'un recadrage effectué sur l'un des clichés de la planche-contact. La même stratégie a été employée : supprimer le contexte et les personnages autour de la femme en larmes pour l'isoler et l'ériger en icône de la détresse maternelle. La récupération dans la *proximité* des spectateurs occidentaux a consisté à extraire le cliché de son contexte algérien et musulman pour le ramener dans la sphère chrétienne : cette photo avait été faite à la manière de Michel-Ange. La femme photographiée, algérienne et musulmane, s'est insurgée devant une telle récupération et a récusé toute idée de connivence avec un tel procédé.

De tels exemples font cerner une problématique de plus en plus évidente au long de ces deux ou trois décennies d'expansion majeure du monde des médias. Sous l'impulsion de l'accroissement de la richesse, la prolifération médiatique, télévision en tête, accompagne et consacre le triomphe d'une culture de l'objet, de la consommation et de l'individualisme, signe de l'épiphanie de la démocratie dans les sociétés industrielles avancées. Le modèle publicitaire, qui tire le meilleur profit autant de l'exposition, de la prolifé-

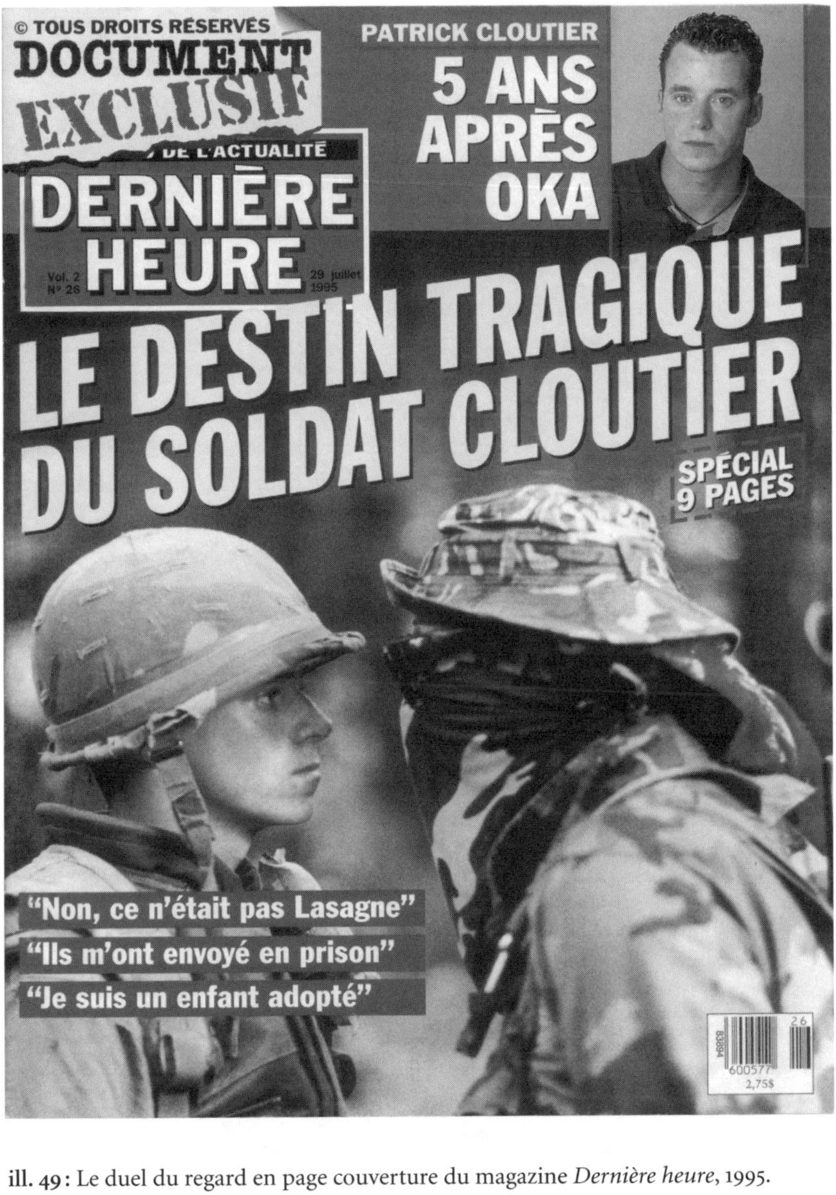

ill. 49 : Le duel du regard en page couverture du magazine *Dernière heure*, 1995.

ration que de la proximité, a contribué sans aucun doute à faire glisser les sujets eux-mêmes au rang d'objets, au point que les professionnels du genre ne distinguent pas les stratégies conseillées pour la publicité commerciale et la publicité dite sociétale : on peut vendre de l'humanitaire comme on vend du dentifrice ou une automobile. Abondamment analysé et régulièrement décrié, ce bilan de société est celui des intellectuels de toutes allégeances, parmi lesquels Gilles Lipovestky :

> Les nouvelles valeurs et les nouveaux comportements sociaux ont été reliés au mode de vie impulsé par le règne des objets, du confort et des loisirs de masse. La conséquence immédiate de la prolifération des objets de consommation est en effet la fragmentation individualiste du corps social : là où il y avait échange social, il y a désormais consommation privée, rétraction individualiste, atomisation des êtres, la machine à laver automatique remplace le lavoir et la télévision, les échanges interpersonnels directs. Difficile d'en douter : l'univers des objets et du bien-être fonctionne comme une machine de dissémination sociale, de repli sur la sphère privée[27].

Ce constat, pour être complet, doit exprimer que cette même culture de l'objet, de la consommation et des médias est aussi rendue possible par l'éradication de la famine, spectre endémique de l'entièreté de l'histoire de l'humanité, l'accession à une longévité hors du commun grâce à une hygiène de vie et des soins de santé généralisés, l'épanouissement de l'État de droit soutenu par des populations instruites grâce à des taux d'alphabétisation proches des 100 % dans tous les pays concernés. La connivence est aussi construite autour de ces acquis qu'il n'est pas de bon ton de valoriser, mais qui expliquent pourtant très logiquement le pacifisme de plus en plus marqué de ces sociétés, l'engouement pour une rhétorique de la compassion que les représentations de la guerre expriment à souhait, l'inclination à un pluralisme qui rend caduques les idéologies et les chasses aux sorcières autant religieuses que raciales ou sexuelles. Bon an, mal an, les flux migratoires vers les sociétés occidentales confirment régulièrement le sentiment de sécurité rattaché à ce modèle. Les représentations que ces sociétés se donnent d'elles-mêmes, tout au long d'un siècle et demi d'industrialisation et d'accroissement de la richesse, montrent bien que, à côté de la dissémination sociale et du repli dans la sphère privée, priment au moins autant un confort et un entendement commun centrés sur l'entre-soi. La mise en images des conflits, tout en valorisant de façon de plus en plus nette victimes civiles, ruines et soldats bienveillants au détriment des belligérants et de leurs enjeux, construit aussi une dichotomie tout à fait particulière : les représentations explicites de l'exaction, de la torture, de l'horreur et de la barbarie sont, non pas inexistantes ou cachées, mais rangées dans un corpus distinct. Elles sont réservées à *l'autre*, celui qui ne fait pas partie de l'entre-soi occidental. De façon patente, les albums commémoratifs du tournant du XXe siècle laissent clairement comptabiliser ces nombreuses images issues des guerres civiles africaines, des manifestations islamistes, des excès asiatiques. Le pacifiste XIXe siècle, dont on dit qu'il fit connaître à l'Europe sa plus longue période de paix, est pourtant le siècle des colonisations agressives et des guerres impériales. Les deux guerres mondiales donnèrent naissance, comme une leçon indispensable à en tirer, à la Société des Nations puis à l'Organisation des Nations Unies. Mais elles imposèrent aussi la création artificielle de la Yougoslavie et le découpage arbitraire du Moyen-Orient. L'horreur du conflit ouvert a contenu pendant 40 ans une guerre dite *froide* grâce, entre autres, à la lucidité de chefs d'État comme Kennedy et Khrouchtchev. Elle s'effectua pourtant sur un mode beaucoup plus chaud, par conflits locaux interposés, comme au Vietnam, et engendra la poudrière afghane. L'élaboration du paradigme d'une concorde toujours croissante s'est faite au prix d'un déni des exactions et des contradictions commises par soi-même. Cette tactique de l'éludation a profité d'un réflexe d'autocensure initialement justifiable mais qui a aussi consisté à projeter ailleurs ses insolubles irritants : l'Occident a pelleté ses non-dits et ses non-assumés dans la cour de l'autre. L'autre monde a fini par tendre un miroir et servir à l'Occident sa propre mise en scène dans le plus effarant des scénarios.

Le 11 septembre 2001

Le matin du 11 septembre 2001, quatre avions détournés des aéroports de Boston et de Washington sont les instruments de l'attaque terroriste la plus terrifiante jamais organisée. Un avion percute le Pentagone à Washington, un second s'écrase près de Philadelphie, deux autres s'encastrent dans les tours du World Trade Center à New York. Près de 3 000 personnes sont tuées. L'événement traumatise l'ensemble des sociétés occidentales et commotionne le reste de la planète. Les répercussions de cette journée sur le futur de la communauté internationale s'étirent dans un échéancier dont on ne peut prédire le terme. De la même façon qu'on a pu dire que le xxe siècle a commencé en 1914, sans doute un certain 28 juin à Sarajevo, on peut dire maintenant qu'il s'est achevé à New York, le 11 septembre 2001, entre 8 h 45 et 9 h 03.

Dans ce délai de 18 minutes, toutes les médias entrent en état d'alerte maximale et une hypermédiation commence. Les télévisions suspendent les programmations régulières et enclenchent un mode d'information continue qui dure pendant des jours. Tous les journaux et les magazines consacrent leur une et leur première de couverture à l'attentat; la très grande majorité d'entre eux opte pour une photo des Twin Towers. Des cahiers et des numéros spéciaux, des suppléments hors série sont produits dans des délais accélérés. Les mises en page inversent les proportions texte-image: l'attentat est vécu par sa mise en image, davantage que par sa mise en mots. Pour les citoyens situés dans le même fuseau horaire que l'Est des États-Unis, la routine est suspendue: à Montréal, la journée est spontanément chômée. Certains rentrent chez eux précipitamment « mourir auprès des leurs »; les plus jeunes assaillent les plus vieux pour savoir si « la troisième guerre mondiale est commencée[28] ». D'autres s'agrippent aux téléphones pour retracer un parent, un ami en séjour à New York. Les autres s'agglutinent en groupes compacts autour des médias disponibles: télévisions des lieux publics, postes de radio, lignes Internet. *Exposition, prolifération, proximité*: la connivence entre médias et société a atteint en ce jour de septembre des seuils fusionnels inusités. De façon patente, le ton des professionnels des médias, à l'oral autant qu'à l'écrit, est identique à celui de leurs lecteurs et auditeurs. Soudain, les professionnels des médias sont *aussi* des citoyens, affectés eux-mêmes par les événements. Au Québec, une telle attitude ne s'était pas rencontrée depuis la tempête de verglas de 1998[29]. Dans cet état de crise hors normes, des milliers d'images sont produites et diffusées. L'angoisse est inextinguible et les caricaturistes l'expriment immédiatement. Par deux fois au moins, *Le cri* d'Edward Munch est pastiché. Anthony Jenkins, du journal canadien *The Globe and Mail*, et Cost, du journal belge *Le Soir*, reprennent le petit visage exsangue, déformé par la peur — ou la folie —, à l'avant-plan d'une scène d'apocalypse. Pour l'un les tours en feu, pour l'autre une pluie d'avions. Jeff Danziger, du *Los Angeles Times*, reprend plutôt le *Colosse*[30] de Goya et calque un oncle Sam hagard, un corps dans les bras, géant titubant dans les gravats de Manhattan.

Les photographies, au-delà de leur fonction documentaire, rendent compte à la fois d'un processus cathartique et d'un système de valeurs explicite et parfaitement spontané car produit pendant un paroxysme émotif. La prolifération démesurée compte certainement une part d'hystérie. Mais, à n'en pas douter, elle a aussi accompagné un besoin tout à fait salubre de répéter l'événement traumatique pour reconstruire un sentiment de réalité, indispensable à chacun des citoyens concernés pour traverser l'épreuve. Autant que l'autocensure, la répétition fait partie des mécanismes utiles à une préservation de la santé mentale. Elle vaut mieux, en tout cas, que le déni et l'oubli, véritables bombes à retardement. En cela, elle a rempli une fonction cathartique non négligeable.

Dans le même temps, cette prolifération médiatique a permis d'observer le processus suivant lequel s'est élaborée la représentation des événements, autrement dit la construction de sens apte à englober et à ordonnancer des faits perçus comme une indicible sauvagerie. L'attentat ayant eu lieu aux États-Unis plutôt qu'au Kenya, en Indonésie ou à 30 000 pieds d'altitude dans l'espace international, le nombre de témoins compétents et autorisés à construire un discours dans l'espace public est très grand :

> Tout le monde s'en fout du Pentagone. New York est une capitale de l'image et, naturellement, des centaines de photographes se sont trouvés à Manhattan : une vingtaine pour Associated Press, 18 pour Gamma, 16 pour Corbis-Sygma, 11 pour Magnum, un bon paquet pour le *New York Times* mais aussi des spécialistes du portrait glamour ou de la publicité. Et de nombreux amateurs… Entre les images « capturées » sur l'écran de télévision et les photos, l'offre était gigantesque, accélérée par la transmission numérique, du « bureau à bureau » dans le monde entier. Gamma-New York a envoyé 2 500 images en quatre jours contre 400 habituellement[31].

Une des représentations clés est, de toute évidence, la séquence dans laquelle le deuxième avion percute la tour sud du World Trade Center. Cette séquence est la seule mise en image — ou *mise en média* — qui se détache dans la production télévisuelle. Les autres images, celles qui restent, proviennent du photojournalisme. La possible captation d'un déroulement donne ici un avantage déterminant à la télévision, seule technique capable d'en rendre compte au destinataire. Cette représentation, dont la performance narrative, informative et cathartique est d'une grande puissance, a de surcroît été diffusée

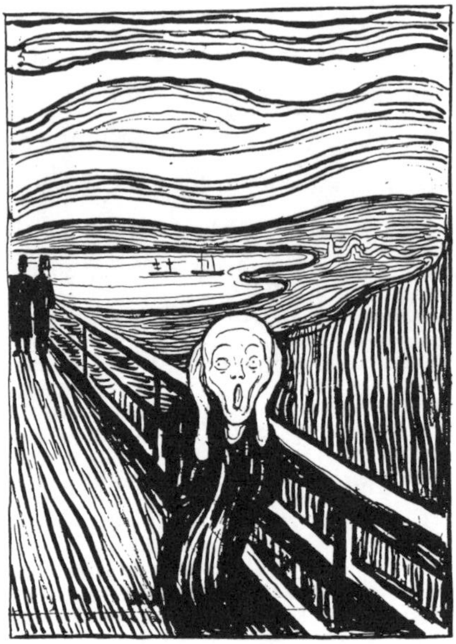

ill. 50 : E. Munch, Le cri, 1895.

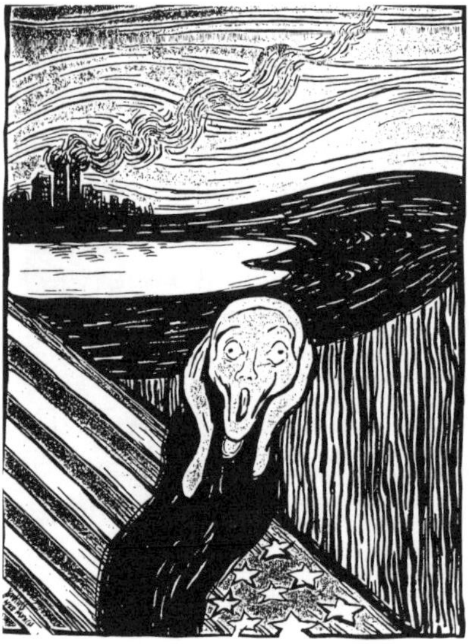

ill. 51 : A. Jenkins, dessin, *The Globe and Mail*, 12 septembre 2001.

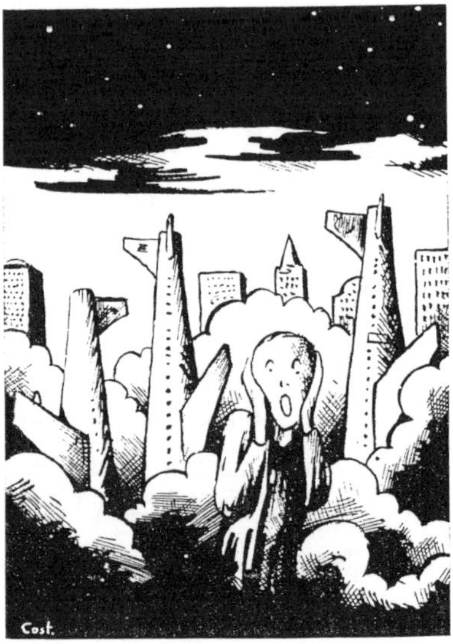

ill. 52 : Cost, dessin, *Le Soir*, 13 septembre 2001.

en direct : elle *est* la cause traumatique de l'événement pour tous ceux qui n'étaient pas sur les lieux. *La Presse* du 13 septembre titre *Les téléspectateurs du monde entier psychologiquement touchés.* Diffusée *ad nauseam*, c'est elle qui permet la répétition cathartique, et, des mois plus tard, lorsqu'il s'agit de faire un retour sur les événements du 11 septembre, c'est elle qui est systématiquement réutilisée. La presse imprimée a su en disposer, en recourant aux procédés bien établis de la métonymie ou de l'ellipse. Par la métonymie, une seule image suffit : une tour est déjà en flammes, la trajectoire de l'avion vers la deuxième permet d'inférer ce qui va suivre. Par l'ellipse, en deux images, tout est dit : dans la première image, un avion est dans le champ alors que la première tour est en feu ; dans la deuxième, les deux tours sont en feu et on ne voit plus d'avion. Du point de vue des catégories médiatiques, c'est ce deuxième avion qui a fait passer l'événement du fait divers à la sphère politique. Un seul avion, c'est un accident ; deux avions, c'est un attentat. Un an plus tard, cette séquence, dans la version photographiée par Robert Clark du *Time*, gagne le deuxième prix du World Press Photo.

La seconde représentation clé est celle offerte par toutes les unes du 12 septembre : les Twin Towers. Préférablement montrées en plein embrasement, elles sont montrées aussi en train de s'écrouler, parfois à l'arrière-plan d'une foule en fuite ou d'un véhicule calciné, comme dans *Le Devoir*. Ce choix établit, dès le 12 septembre, la valeur emblématique de ces tours qui, dans les médias sinon dans l'opinion publique, relègue à l'arrière-plan, puis dans le silence, l'attaque du Pentagone et l'écrasement près de Philadelphie. Dix-huit mois plus tard, l'attentat terroriste est exclusivement évoqué sur fond de World Trade Center. En fait, la force symbolique de cet ensemble architectural justifie facilement sa prépondérance. Derrière la destruction de ces tours, il y a le motif de la *citta ideale*, celui-là même photographié par Rider Rider à Cambrai en 1918. New York et le World Trade Center sont bien sûr l'expression achevée de la cité : urbanité, modernité, puissance économique, accomplissement de la société civile et cosmopolite. Dès le 13 septembre, *La Presse* publie une photo tout à fait hagiographique des deux tours intactes. Le point de vue en contre-plongée, qui magnifie la hauteur des bâtiments, est mis en relation avec une légende explicite : *World Trade Center, Pentagone ou Maison Blanche, puissance financière, puissance militaire ou puissance politique : ce sont bel et bien des symboles, plus que des êtres humains,*

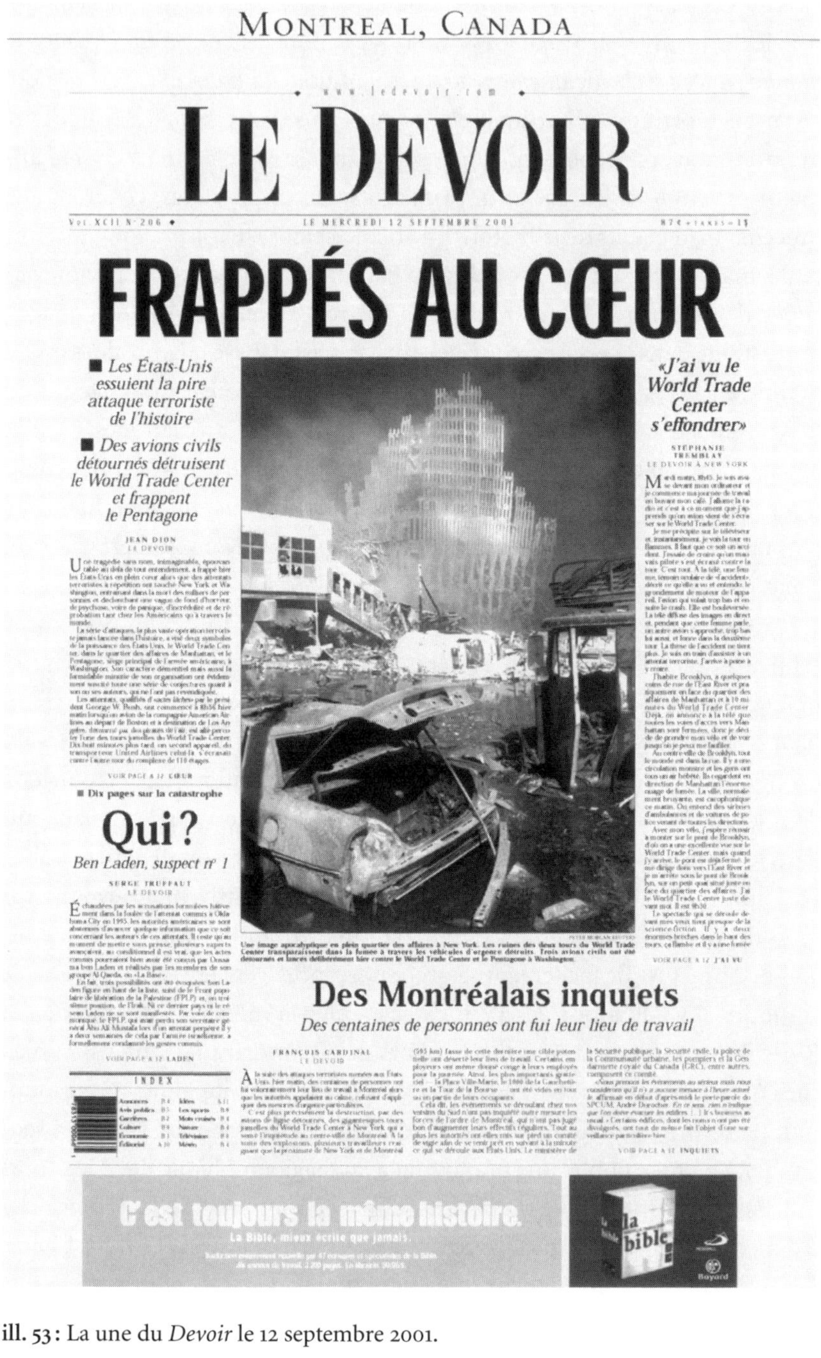

MONTREAL, CANADA

www.ledevoir.com

LE DEVOIR

VOL. XCII N° 206 ◆ LE MERCREDI 12 SEPTEMBRE 2001 87¢ + TAXES = 1$

FRAPPÉS AU CŒUR

■ *Les États-Unis essuient la pire attaque terroriste de l'histoire*

■ *Des avions civils détournés détruisent le World Trade Center et frappent le Pentagone*

JEAN DION
LE DEVOIR

VOIR PAGE A 12 : CŒUR

■ Dix pages sur la catastrophe

Qui ?

Ben Laden, suspect n° 1

SERGE TRUFFAUT
LE DEVOIR

VOIR PAGE A 12 : LADEN

INDEX

Une image apocalyptique en plein quartier des affaires à New York. Les ruines des deux tours du World Trade Center transparaissent dans la fumée à travers les véhicules d'urgence détruits. Trois avions civils ont été détournés et lancés délibérément hier contre le World Trade Center et le Pentagone à Washington.

«J'ai vu le World Trade Center s'effondrer»

STÉPHANIE TREMBLAY
LE DEVOIR À NEW YORK

VOIR PAGE A 12 : J'AI VU

Des Montréalais inquiets

Des centaines de personnes ont fui leur lieu de travail

FRANÇOIS CARDINAL
LE DEVOIR

VOIR PAGE A 12 : INQUIETS

C'est toujours la même histoire.
La Bible, mieux écrite que jamais.
la bible
Bayard

ill. 53 : La une du *Devoir* le 12 septembre 2001.

L'AMÉRIQUE SOUS LE CHOC

Le paradoxe des deux tours

u quelque
, ces tours
Trade Cen-
p simples,
ait dit une
me repro-
échelle ré-
qu'on a re-
e Minoru
uguration
lonné une
t mal dans
aquées sur
t toujours
d'illusion
ilmées au
a dents de
d'acier ex-
cinétique,
lignes trop
artier.

u les rem-
me parais-

n, dans la
sans me
à TV5, à
ce même
du World
t imploser
lu paysage
douze se-
rue mon-
ns nos sa-
e, six, dix
même (je
nées que
. Pour des
mme moi,
ne image,
tion a, lui
rréel. Jus-
sive, d'un
'un agite à
ge. Alors,
mier em-
e dans le
t de cellu-
té. Dans la
mes. Il y
lans !

paradoxe
hitecture :
tre... l'être
monde est
servent de
d'éléments
elles peu-
ne des rai-
n'en aura
bâtir des
leurs voi-

t du défi.
nçais Jean
stitut du
ginait une
êtres qu'il
que ». Son
s jamais
ur de plus
le plus en

plus transparente, au fur et à mesure des étages.

Il y a aussi le besoin d'espace. Les gratte-ciel, d'exception qu'il furent, deviennent la solution pratique pour y empiler les populations. C'est le choix urbanistique que fait la ville de Vancouver, coincée entre l'eau et les cimes. Il y a même un architecte néerlandais, ces jours-ci, à Rotterdam qui expose (en blague) un projet de tour pour cochons : puisque les porcheries encombrent les campagnes, dit-il, créons des condos pour cochons où les braves bêtes attendent, heureuses, leur extermination sur des balcons verts avec vue sur ville.

Reste enfin la soif de symboles... Mais reste à savoir lequel ? Il y a tout un monde, par exemple, entre une tour remplie de bureaux où l'on s'active dès potron minet à défendre, à la sueur de son front, les valeurs du puritanisme (travail, effort, capital)... et une tour, disons, comme la tour Eiffel, tout entière vouée aux plaisirs, érigée dans le Paris futile de la Belle Époque 1900.

En ce début de XXIe siècle, ce sont les forces de l'argent qui se lancent à l'assaut des nuages. La course à la tour la plus haute du monde est une guerre publicitaire. Le but étant d'accrocher au plus haut des cieux, le nom de sa compagnie. C'est une banque, la Swiss Re, qui plantera un gros cigare habillé d'une résille dans le centre de Londres. C'est un homme d'affaires japonais qui est en train de bâtir, à Pudong, en Chine, ce qui sera la tour à bureaux la plus haute du monde en 2006. Sa tour s'appellera, notez bien, la World Financial Centre (ses architectes new-yorkais, Kon Pederson Fox, que j'ai rencontrés en mars dernier, n'étaient pas joignables, hier, bien sûr).

World Trade Center, Pentagone ou Maison-Blanche, puissance financière, puissance militaire ou puissance politique : ce sont bel et bien des symboles plus que des êtres humains, que les terroristes ont visé mardi. C'est comme cela, aussi, que les Américains ont reçu le message : « On peut ébranler les fondements de nos édifices, mais pas le fondement de l'Amérique », a déclaré George Bush. La preuve : à peu près rien n'a été dit sur la chute du bâtiment 7, survenue en fin de journée mardi, qui fait tout de même 47 étages...

N'en déplaise à Bush, l'image que représentent les jumelles du World Trade Centre de New York n'était pas celle de la liberté, ni celle de la démocratie. Elle était plus proche, à mon sens, d'un autre doublé symbolique, plus petit mais omniprésent, dans les paysages de la planète : les deux arcs jaunes de McDonald's.

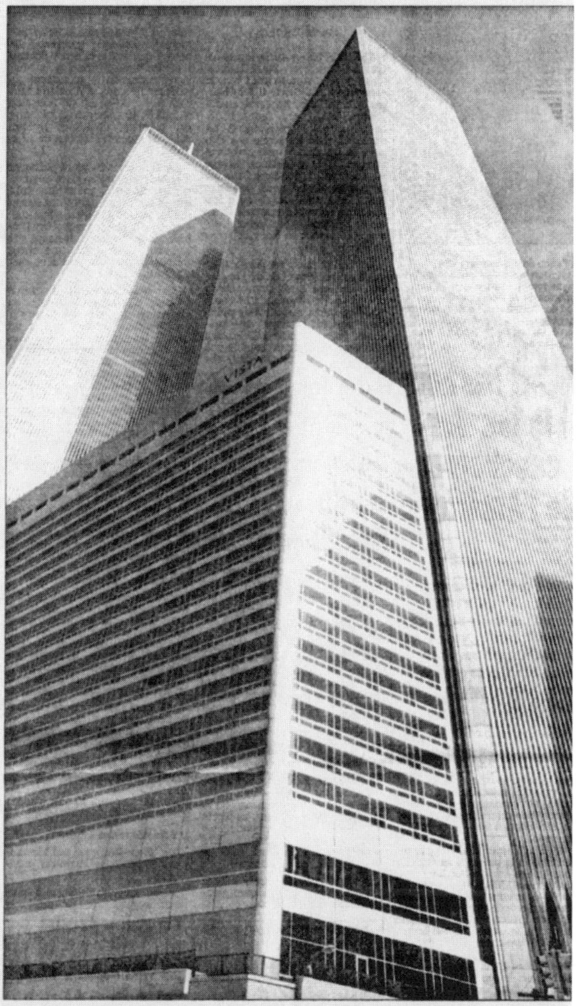

World Trade Center, Pentagone ou Maison-Blanche, puissance financière, puissance militaire ou puissance politique : ce sont bel et bien des symboles, plus que des êtres humains, que les terroristes ont visés mardi. C'est comme cela, aussi, que les Américains ont reçu le message : « On peut ébranler les fondements de nos édifices, mais pas le fondement de l'Amérique », a déclaré George Bush.

ill. 54 : Les tours intactes dans *La Presse*, 13 septembre 2001.

que les terroristes ont visés mardi. C'est comme cela, aussi, que les Américains ont reçu le message : « On peut ébranler les fondements de nos édifices, mais pas le fondement de l'Amérique », a déclaré George Bush.

Un dyptique est construit : la photo des tours intactes, véritable relique grâce à son caractère indiciaire, placée en vis-à-vis de la photo de la voiture calcinée devant les ruines fumantes. Cette voiture est aux victimes de 2001 ce que la chaise renversée dans les gravats de Cambrai était aux victimes de 1918.

Immédiatement après l'effondrement des tours, les photographes cherchent les victimes. Les représentations, pléthoriques, laissent cependant constater dès les premiers jours un évident réflexe d'autocensure : les morts, intacts ou déchiquetés ne sont pas montrés. Ils sont pourtant là : « Avec sa vue imprenable sur les tours jumelles, le *Wall Street Journal* s'est trouvé au cœur de l'action et ses journalistes, obligés d'évacuer leur édifice, ont dû enjamber à leur sortie cadavres et restes humains[32]. » Décision des rédactions, injonctions des instances de gestion de la crise, autocensure des journalistes, les images n'apparaissent pas et on ne les réclame pas : « [E]n tant que journaliste, j'ai eu accès à tout ce dont j'avais besoin pour réaliser mes reportages : de la souffrance, de l'émotion, de l'humain à chaque coin de rue. Pas besoin d'aller chercher du sanglant dans les décombres pour cela[33]. » La représentation la plus proche de la mort donne à voir les gens apparaissant aux fenêtres défoncées au-dessus des étages en feu ou des gens ayant sauté dans le vide. Une de ces photos circule plus que les autres : un homme, la tête en bas, impeccablement aligné sur la médiane de l'image, est figé devant la muraille de la façade d'une des tours. Par métonymie encore, l'inférence construit l'issue inexorable. Cette image disparaît rapidement et ne sera pas reprise dans les albums commémoratifs publiés dans l'année qui suit. Cette photo, parfaite d'un point de vue photojournalistique ne gagne pas le prix Pulitzer qui, pourtant, avait été attribué en 1976[34] à une photo exactement du même registre, ni le World Press Photo, dont le comité préfère attribuer le premier prix au cadavre d'un enfant afghan[35].

Ici, comme pendant la guerre au Kosovo, les représentations privilégient la victime *en vie* et trouvent rapidement leur icône : une femme en coquet costume de bureau, avec collier et sac à main, couverte de poussière, hébétée, émergeant d'une grisaille uniforme, regardant droit dans le viseur de l'appareil photo. Cette femme revenue d'entre les morts, pallie au non-montré parce que non montrable. Un discret écart devant ce consensus est cependant effectué par le quotidien le plus lu du Québec, *Le Journal de Montréal*. Journal d'information à la lisière du magazine *People* et du sensationnalisme, il dit tout haut ce que tout le monde pense tout bas. Dans une magistrale page double, placée après un long cahier de petites annonces et avant les pages sportives, comme un retour du refoulé, il révèle cet ordre du monde découvert à l'occasion des représentations de la guerre. Les pages 138 et 139 de la livraison du 12 septembre donnent à voir 4 photos occupant toute la surface des feuilles, avec un titre en superposition : *Les attentats les plus meurtriers depuis 25 ans*. Première photo : l'ambassade américaine à Nairobi, en août 1998. Une grappe de gens transportent une personne sur un brancard dont on ne peut dire si elle est vivante ou morte. Deuxième photo : attentat contre un Boeing 747 d'Air India, en juin 1985. Neuf cadavres sous des linceuls blancs sont alignés sur des brancards posés au sol. Troisième photo : attentat-suicide à Beyrouth en octobre 1983. Sept cadavres dans des linceuls de fortune sont déposés sur le sol. Quatrième photo : attentat contre un Boeing 747 de la Pan Am, écrasé à Lockerbie en Écosse, en décembre 1998. Un groupe de secouristes est en discussion devant un débri de l'avion.

La mort montrable est celle de l'autre : Kenya, Inde, Liban. L'immontrable, celle de l'entre-soi : spontanément le pupitre du *Journal de Montréal* choisit l'image des secouristes, l'équivalent du soldat bienveillant. Malgré le caractère *décent* des trois photos prises ailleurs, chez l'autre, cette mise en page reproduit inévitablement la dichotomie qui consiste à donner de l'entre-soi une image compassionnelle, de l'autre monde, celle d'un réservoir de toutes les horreurs.

Il n'y a donc pas à s'étonner de trouver, après des ruines si prodigieuses et des victimes civiles si pathétiques, une célébration tous azimuts de la figure du sauveur dans toute son abnégation : le pompier. Dans le paradigme de la compassion et de la bienveillance, la figure du pompier est une ressource inespérée : n'étant pas un soldat, donc, dans le non-dit, un homme destiné à tuer ou à être tué, il n'est que bienveillance, support idéal de toutes les valeurs de charité. Les héros du *9-11* sont les pompiers, l'ampleur de leur engagement et de leur ténacité leur ayant largement mérité la reconnaissance publique. Cette gratitude se retrouve de façon clairement manifestée dans les très abondantes photos qui les représentent. Le deuxième prix du World Press Photo 2002, attribué à James Natchez du *Time*, consacre ce sentiment :

dans une composition d'une grande esthétique, elle donne à voir un pompier courant dans le champ de ruines de *Ground Zero*. Les pompiers sont les sauveurs de la patrie, les champions de la société civile meurtrie. Dès le premier jour, la représentation emblématique est réalisée : trois pompiers hissent un drapeau à un mât planté de guinguois dans les gravats. La référence à Pearl Harbour avait spontanément surgi sous la plume des journalistes. Quelques photos de l'attaque de décembre 1941 ont été publiées montrant l'analogie entre les immenses destroyers en feu et les tours jumelles. La revanche sur Pearl Harbour a été accomplie dans l'océan Pacifique : de ce souvenir surgit la seconde analogie, construite par Tom Franklin d'Associated Press et Sipa Press et intitulée *11 septembre 2001, 17 h 01, Ground Zero*. « "En regardant dans mon viseur, je me disais que j'avais déjà vu cette scène quelque part", a-t-il témoigné[36]. » Le geste des pompiers à New York en 2001 est celui des marines à Iwo Jima en 1945 : planter le drapeau en signe de victoire et d'espoir. Le photographe professionnel de 2001, comme Joe Rosenthal pendant la Deuxième Guerre mondiale, est en première ligne au plus près des combattants. Aux États-Unis, la réception de cette représentation est dithyrambique.

> [Ces] « pompiers avec drapeau » sont apparus sur l'emballage de barres chocolatées et sur des auto-collants pour pare-chocs, ou encore sous forme de décorations de Noël ou peints sur les flancs de citrouilles d'Halloween. Tom a reçu lui-même 11 prix et 10 000 coups de fil et *e-mails* de félicitations, participé à 15 talk-shows les plus regardés du pays, et conversé dans le bureau ovale avec le président Bush en personne à l'occasion de la sortie du timbre-poste reproduisant son œuvre. [...] Il a appris que les commandos américains en Afghanistan laissaient sa fameuse photo en guise de signature dans les grottes bombardées de Tora-Bora[37].

Le tryptique lentement construit depuis le début du XXe siècle atteint son plein accomplissement en ce mois de septembre 2001. Il est consacré par la une du *New York Times* : une mosaïque de quatre photos occupe une colonne centrale. Sur les deux tiers, les tours en flamme. À la base des tours, une équipe de pompiers dans les ruines. En bas de colonne, un plan rapproché d'une femme blessée, accroupie au sol, vers laquelle de nombreux bras se tendent. En tout petit, une photo du Pentagone, laissant de la place à cinq lignes de légende. En médaillon, dans la colonne de droite, une photo métonymique du deuxième avion filant vers la tour sud. En 2002, cette une et la couverture des événements par le journal lui vaudront sept prix Pulitzer, dont le prestigieux Breaking News Photography.

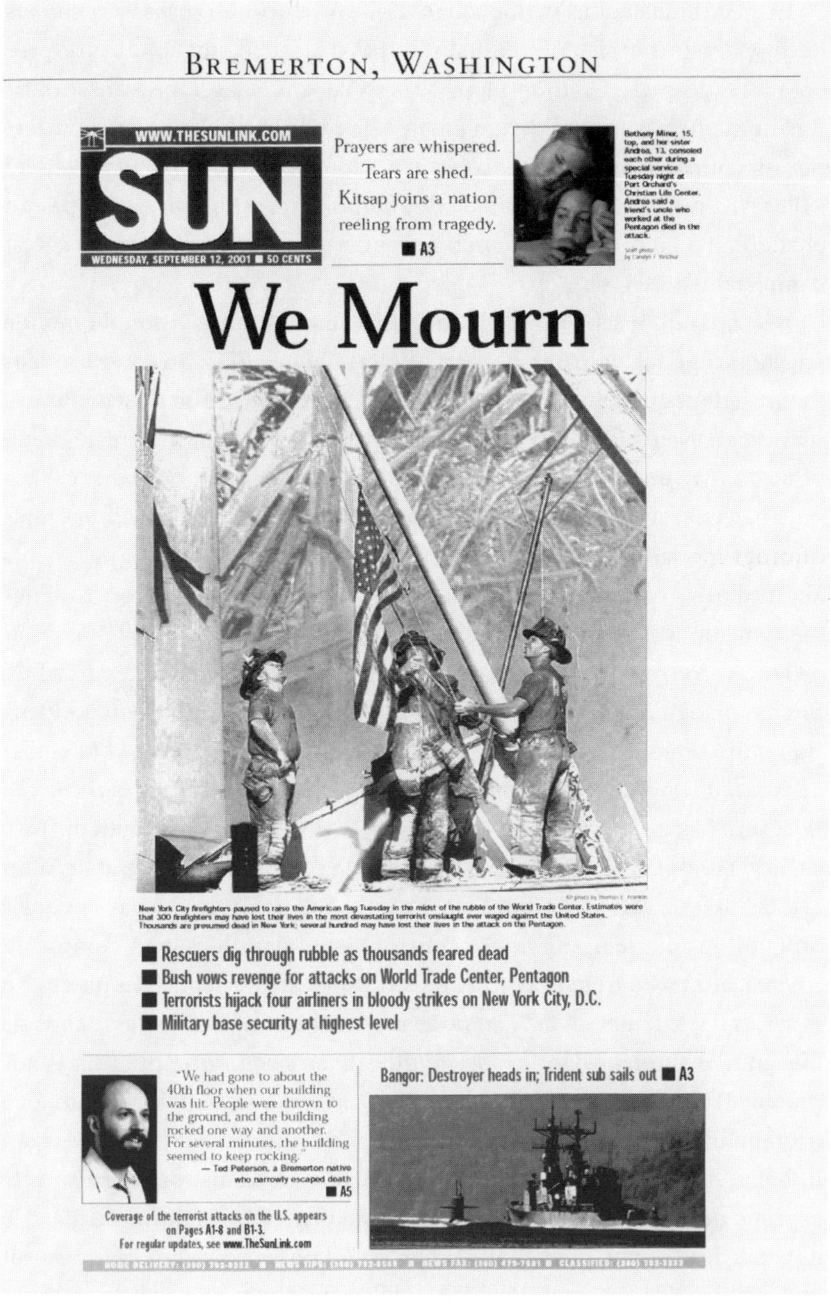

BREMERTON, WASHINGTON

WWW.THESUNLINK.COM

SUN

WEDNESDAY, SEPTEMBER 12, 2001 ■ 50 CENTS

Prayers are whispered.
Tears are shed.
Kitsap joins a nation
reeling from tragedy.
■ A3

Bethany Miner, 15, top, and her sister Andrea, 13, consoled each other during a special service Tuesday night at Port Orchard's Christian Life Center. Andrea said a friend's uncle who worked at the Pentagon died in the attack.

We Mourn

New York City firefighters paused to raise the American flag Tuesday in the midst of the rubble of the World Trade Center. Estimates were that 300 firefighters may have lost their lives in the most devastating terrorist onslaught ever waged against the United States. Thousands are presumed dead in New York; several hundred may have lost their lives in the attack on the Pentagon.

- Rescuers dig through rubble as thousands feared dead
- Bush vows revenge for attacks on World Trade Center, Pentagon
- Terrorists hijack four airliners in bloody strikes on New York City, D.C.
- Military base security at highest level

"We had gone to about the 40th floor when our building was hit. People were thrown to the ground, and the building rocked one way and another. For several minutes, the building seemed to keep rocking."
— Ted Peterson, a Bremerton native who narrowly escaped death
■ A5

Coverage of the terrorist attacks on the U.S. appears on Pages A1-8 and B1-3.
For regular updates, see www.TheSunLink.com

Bangor: Destroyer heads in; Trident sub sails out ■ A3

ill. 55 : T. Franklin, Les pompiers, héros de New York.

Une cité emblématique, une société civile meurtrie, un corps de pompiers dévoués. Pour compléter la déclinaison : pas d'enjeu identifiable, pas de protagonistes distincts. L'acte de guerre se déroule sans belligérants, sans motifs ; il n'est même pas revendiqué : il émerge de nulle part. Mieux, on a pu cerner un coupable unique, Oussama Ben Laden, comme auparavant le seul Milosevic, responsable diabolique du drame. Pire, cet homme n'est pas un chef d'État, comme au bon temps de la guerre classique. L'irrationnel s'est complètement réalisé.

L'attentat du 11 septembre n'a pas remis en question la vision du monde angélique et édulcorée qu'un tel tryptique véhicule. Il l'a au contraire renforcée en tant que solution, en ce qui a trait à la construction de sens, devant un magma événementiel, et il l'a renforcée en tant que principe organisateur, pour donner un contexte explicatif, en aval et en amont des faits. Ce faisant, il dévoile un scénario, servi par des terroristes venus d'un *ailleurs*, mais dont les modalités ont été pensées par l'entre-soi : « ce que nous vivons aujourd'hui » comme un film « doit cesser d'être perçu dans cet éloignement métaphorique pour commencer d'être entendu en sa vérité[38] ».

De façon symptomatique, deux quotidiens, aux deux extrémités de la hiérarchie médiatique, *Le Journal de Montréal* et *Le Monde*, traitent à l'identique une référence remarquée dans les mêmes termes. *Quand la réalité dépasse la fiction !* titre le premier ; *Terrorisme : quand la réalité dépasse la fiction*, titre l'autre, tous deux reproduisant la couverture du roman de Tom Clancy, *Sur ordre*, dans sa version en livre de poche. Cette illustration d'un avion en piqué vers la Maison Blanche introduit deux articles dans lesquels on fait l'inventaire des fictions catastrophistes, dans le roman comme au cinéma, dont sont friands les lecteurs et les spectateurs depuis des lustres. Le 15 avril 1912, le naufrage du *Titanic* avait aussi produit une onde de choc de très grande ampleur dans la société du XIXe siècle et porté un assaut sans précédent à une croyance, elle aussi angélique, celle-là du progrès illimité et triomphant. On s'était alors aussi rappelé d'un roman, *Futility*, de Morgan Robertson, qui préfigurait de façon troublante la catastrophe. La société exprime quelque chose par la fiction qu'elle n'arrive pas à formuler dans le discours de la raison. Le roman avait préfiguré un naufrage, le naufrage avait préfiguré la déflagration de 1914. Devant l'assaut des événements, la croyance en un système, à court terme, avait été renforcée. L'attentat du 11 septembre

2001 renforce encore l'opposition entre sociétés industrielles avancées, démocratiques et policées et l'autre monde. Là aussi, la caricature exprime ce que le traitement documentaire refuse de formuler. Le fauteur de trouble, dans cette affaire, vient de là-bas, univers compact et indifférencié, capable de toutes les tortures et de toutes les sauvageries. Dans un dessin inconcevable, Serge Chapleau, de *La Presse*, ratifie définitivement la césure. Le 25 septembre, il propose une foule innombrable d'hommes barbus et enturbannés, résolument identiques, face à laquelle un homme barbu et enturbanné, identique à ses comparses, demande : « Est-ce que quelqu'un ici a vu Ben ? »

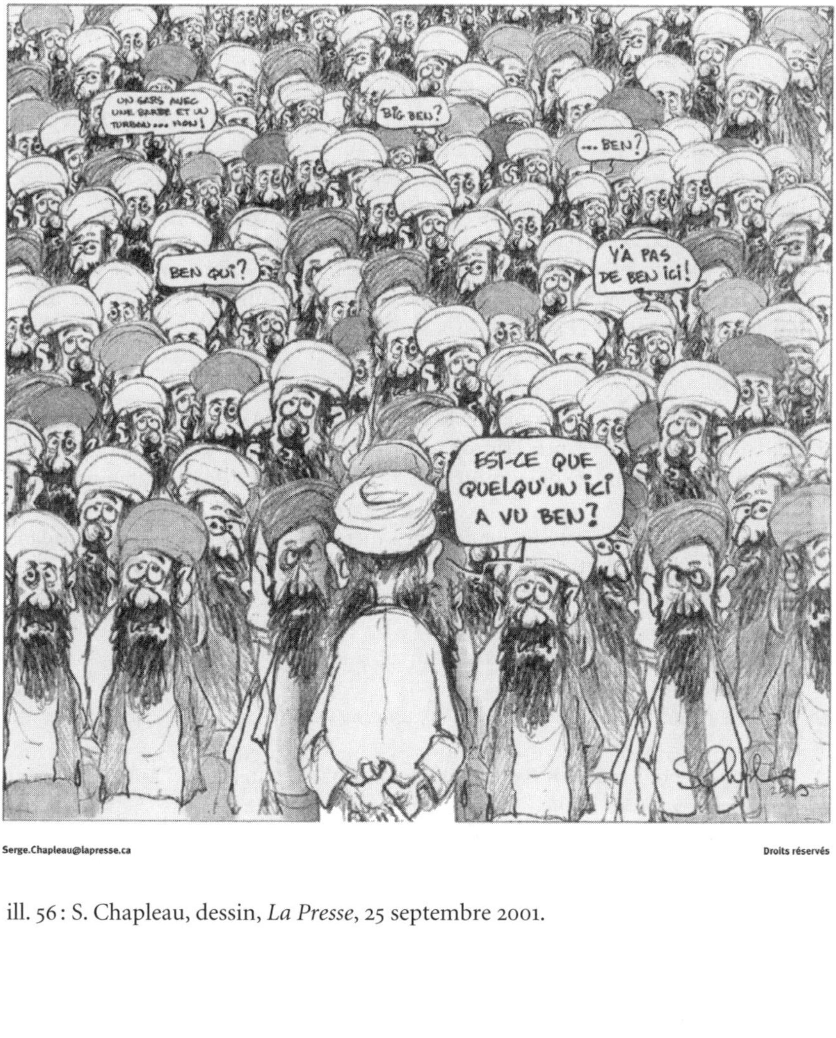

Serge.Chapleau@lapresse.ca

Droits réservés

ill. 56 : S. Chapleau, dessin, *La Presse*, 25 septembre 2001.

Notes

1. Données tirées de *L'état du monde 2002, annuaire économique géopolitique mondial*, Paris/Montréal, La Découverte/Boréal, 2002.
2. Sur l'état du développement des réseaux de télévision et des parcs de récepteurs dans le monde au début des années 1980, voir Sydney W. Head, *World Broadcasting Systems : A Comparative Analysis*, Belmont, Wadsworth Publishing Company, 1985.
3. Jean-Marie Charon (dir.), avec la collaboration de Florian Sauvageau, *L'état des médias*, Montréal/Paris, Boréal/La Découverte/Médiaspouvoirs, 1991, p. 176.
4. Christian Delporte, « Au miroir des médias », dans J.-P. Rioux et J.-F. Sirinelli (dir.), *La culture de masse en France de la Belle Époque à aujourd'hui*, Paris, Fayard, 2002, p. 333.
5. *Médiamétrie*, disponible à <http://www.mediametrie.fr>
6. C. Delporte, *op. cit.*, p. 346-347.
7. Statistique Canada (publication n° 87F006XPF au catalogue) ; disponible à <http://www.statcan.ca>. Les Québécois francophones regardent davantage la télévision : 23,9 heures en moyenne.
8. Statistique Canada, Enquête sociale générale, 1998.
9. *Médiamétrie*, *op. cit.* et Statistique Canada (publication n° 87F0006XPF au catalogue), *ibid.*
10. Marc Raboy, en collaboration avec Geneviève Grimard, *Les médias québécois, presse, radio, télévision, inforoute*, Montréal/Paris, Gaëtan Morin éditeur, 2000, p. 217.
11. André Malraux, *Les chênes qu'on abat...*, Paris, Gallimard, 1971, p. 52.
12. *Publicité automobile et sécurité routière*, rapport de recherche soumis à la Société d'assurance automobile du Québec, sous la dir. de J.-P. Lafrance et C. Saouter, assistés de Louis Brosseau et Isabelle Lafrance, 1994.
13. *Médiamétrie*, *op.cit.*
14. <http://www.cyberpressee.ca> et Agence France-Presse.
15. Michel Guerrin, « Le mythe malmené de la bonne photo », *Le Monde*, 7 juin 2000.
16. Christian Caujolle, « Entre la crise du visuel et celle d'une profession, Presse et photographie : une histoire désaccordée », *Le Monde diplomatique*, septembre 2002, p. 27.
17. Mario Bonenfant, cinéaste auteur de courts métrages, « Le court-métrage tassé dans le coin », *La Presse*, 26 février 2003, p. A19.
18. Frances J. Summers, « La réception critique du *Matou* », *Voix et images*, n° 36, 1987, p. 384.
19. Frances J. Summers citant Gérard Pourcel, journaliste au *Lac St-Jean*, 10 février 1982, *ibid.*, p. 389.
20. Antoine Char, *Comme on fait son* lead, *on écrit*, Montréal, Presses de l'Université du Québec, 2002, p. XVIII et 3-4.
21. Ce terme a été forgé par Yvon Laplante dans C. Saouter et Y. Laplante, *Oka et Rwanda : la mise en média de l'image du soldat*, colloque de l'Association québécoise d'histoire politique et de l'Association canadienne d'histoire, A. Comeau et J.-P. Gagnon (dir.), *Le Canada français et les conflits contemporains*, Montréal, Université du Québec à Montréal, 1995.

22. Voir le développement à ce sujet dans C. Saouter, « *Le Matou* de Yves Beauchemin, du fait littéraire à la chaîne de productions-médias », *Voix et images*, n° 36, 1987, p. 393-403.
23. Pour une analyse comparative plus complète, voir C. Saouter et Y. Laplante, *op.cit.*
24. Voir Claude Beauregard, « Intervention militaire à Oka : stratégie, communication et couverture de presse », *Canadian Military History*, vol. 2, n° 1, p. 23-47.
25. Entrevue réalisée par François Hamel, *Dernière Heure, le nouveau magazine de l'actualité québécoise*, vol. 2, n° 26, 29 juillet 1995, p. 9.
26. Lysiane Gagnon, *La Presse*, 4 septembre 1990.
27. Gilles Lipovestky, « Espace privé, espace public à l'âge postmoderne », *Citoyenneté et urbanité*, Paris, éditions Esprit, 1991, p. 106.
28. Témoignages reçus par l'auteure.
29. Sur ces aspects, voir C. Saouter, « Des mises en scènes de la mémoire : les albums-souvenirs de la tempête de verglas », dans *Communications en temps de crise*, Actes du colloque, UQAM 28-29 janvier 1999, Sainte-Foy, Presses de l'Université du Québec, 1999.
30. Francisco de Goya y Lucientes, *Le Colosse*, vers 1808-1812, huile sur toile, 116 cm × 105 cm, Madrid, musée du Prado.
31. Michel Guerrin citant Laurent Abadjian de *Télérama* dans « La guerre des images de New York dynamise les agences photographiques », *Le Monde*, 29 septembre 2001.
32. Louise Leduc, « Les médias sur la corde raide », *La Presse*, 19 septembre 2001.
33. Marc Greenought de CBC, *Rapport de mission Reporters sans frontières*, États-Unis, 11 octobre 2001, <http:// www.rsf.fr>.
34. *Boston Fire, 22 juillet 1975*, Stanley J. Forman, prix Pulitzer 1976, catégorie Spot News.
35. « Toilette funéraire d'un enfant mort dans un camp afghan au Pakistan », Erika Refnera, du quotidien *Berlingske Tidende*, Copenhague, Danemark, premier prix, World Press Photo, 2002.
36. Cité par Philippe Coste, *Symbole, le drapeau sur les ruines*, version en ligne de *L'Express*, 12 septembre 2002, <http://www.lexpress.fr>.
37. *Ibid.*
38. François de Bernard, « Rapport minoritaire sur la guerre hollywoodienne », *Le Devoir*, 12 mars 2003.

CONCLUSION :
NOUVEAU MÉDIA, NOUVELLES IMAGES ?

Dix-huit mois après une attaque éclair contre l'Afghanistan, identifié comme refuge des terroristes de l'attentat du 11 septembre, puis un ballet diplomatique inextricable, la communauté internationale assiste à l'attaque de l'Irak par les États-Unis, dans un concert de discours qui opposent le Bien et le Mal, qui veulent le combat de Dieu et d'Allah contre Satan, de la Civilisation contre la Barbarie, mais qui réclament aussi les moyens de la concorde plutôt que ceux du conflit. De nouveau, le théâtre médiatique met en branle toutes ses ressources et décline une rhétorique désormais bien connue. L'assaut contre l'Irak dure 21 jours et il est suivi montre en main. Les premières frappes débutent le mercredi 19 mars 2003 à 21 h 35, heure de Washington, soit 5 h 35, heure de Bagdad. Il n'est pas 22 heures que toutes les chaînes de télévision américaines passent en mode d'information continue. À 22 h 15, le président Bush prononce un discours retransmis en direct. La guerre commence judicieusement pendant le *prime time*, aux heures de grande écoute. Le mercredi 8 avril, Bagdad tombe. Dans ce cas, on ne sait pas à quelle heure exactement. Le lendemain, au téléjournal de 22 heures du réseau québécois TVA, on annonce la baisse du prix du pétrole. Des entrevues faites dans les stations-services sur la fin du conflit attirent ce commentaire d'un conducteur en train de faire le plein : « C'est bon, surtout avec la fin de semaine qui s'en vient. »

Lorsque suffisamment de temps aura passé, au-delà des occurrences convenues et facilement identifiables, il restera peut-être de la mise en images de cet ultime conflit quelques particularités dont l'importance pourra alors être évaluée à sa juste mesure. L'accès au front, contrairement à la première guerre du Golfe et à la guerre du Kosovo, a été largement ouvert aux journalistes, photojournalistes et cameramen. Le fait d'accompagner au corps à corps les troupes combattantes a manifestement moins retenu photographes et cameramen de montrer les cadavres de l'ennemi désigné. En parallèle, un certain paradoxe est identifiable. L'allègement de la censure n'a pas occasionné de renouvellement des images de la guerre, ce qui peut surprendre, d'autant plus que ce conflit ne bénéficiait pas d'un consensus international. Il semble plutôt se dessiner une impasse dans les capacités des professionnels de l'image à procéder de façon convaincante tant à la documentation qu'à la représentation des événements. Le portrait insoutenable d'un enfant amputé ne pourra probablement pas, sauf indécence, devenir une icône comparable à la photo de la petite Kim Phuc pendant la guerre du Vietnam[1]. Le rituel de l'effigie spoliée — affiches lacérées, statues déboulonnées —, qui veut symboliser l'ennemi vaincu, n'est qu'une formule convenue, sinon même délibérément orchestrée, qui ne dupe personne. C'est plutôt le nombre considérable d'images insignifiantes qui soulève les interrogations. Jusqu'aux unes des journaux et en couleurs, trouve-t-on ce genre d'images, dont une édition du quotidien *Métro*, de Montréal, est tout à fait exemplaire[2].

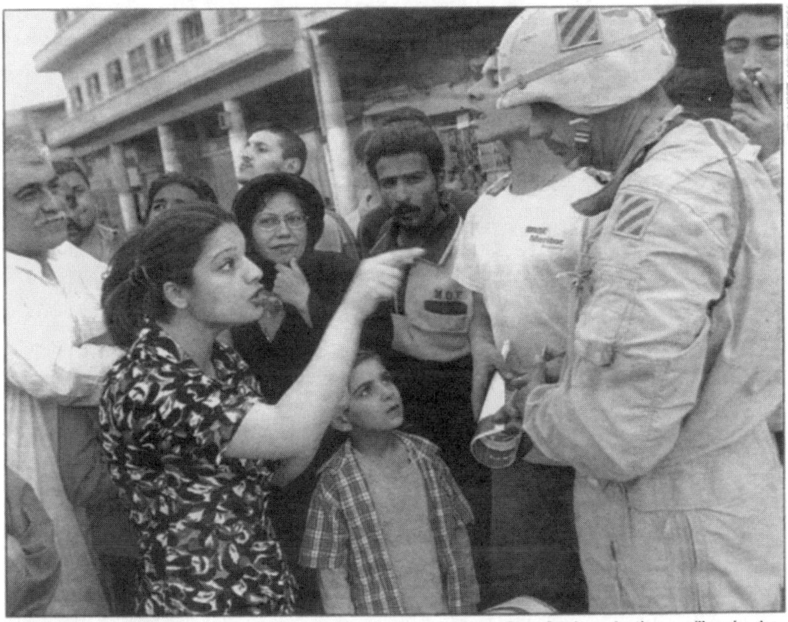

Le tankiste américain, *Terry Brake, se fait invectiver par une jeune Irakienne, Sama Samira, qui estime que l'invasion des troupes coalisées a créé le chaos dans le pays. Elle dit appuyer Saddam Hussein et refuser la présence américaine.* (Métro)

ill. 57 **:** À la une de *Métro*, le 13 avril 2003.

En plan rapproché, sous le regard amusé de la foule, une jeune fille harangue un soldat étatsunien. Une telle image aurait peut-être eu son poids en 1915, elle ne l'a pas en 2003. Il faut remarquer que la légende livre les noms et prénoms de la jeune fille et du soldat, témoignant à souhait des extrémités de l'individuation où en est rendue la société occidentale[3]. On ne se surprendrait presque pas de voir annoncer qu'Hollywood a acheté les droits exclusifs de cette histoire pour en faire un prochain film.

Faut-il alors, par voie de conséquence, considérer une certaine caricature, œuvre à nouveau de Serge Chapleau, comme étant le symptôme avoué de l'impasse communicationnelle des sociétés hypermédiatisées ? Au tout début du XXe siècle, la modernité avait trouvé un de ses fleurons dans le tableau du peintre russe Malevitch, *Carré blanc sur fond blanc*[4]. Dans *La Presse* du jeudi 20 mars 2003, Serge Chapleau propose un *Carré noir*.

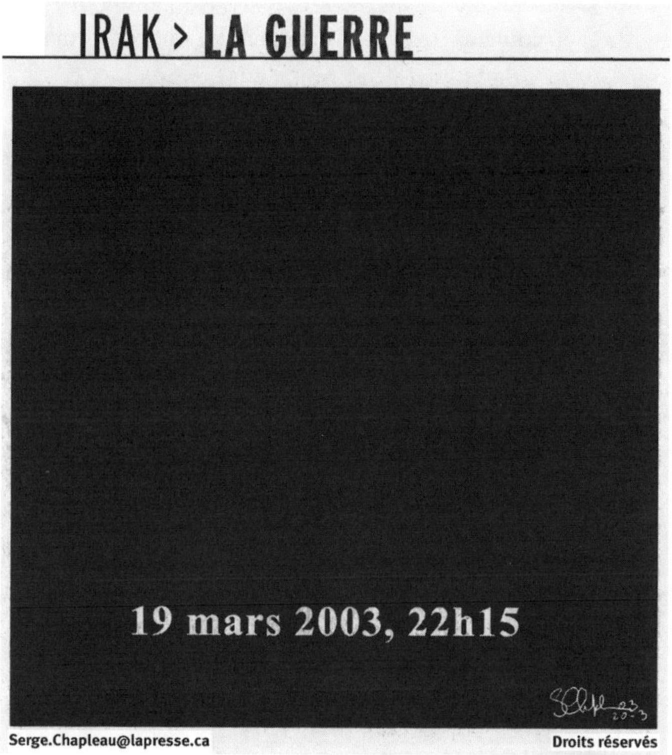

ill. 58 : S. Chapleau, dessin, *La Presse*, 20 mars 2003.

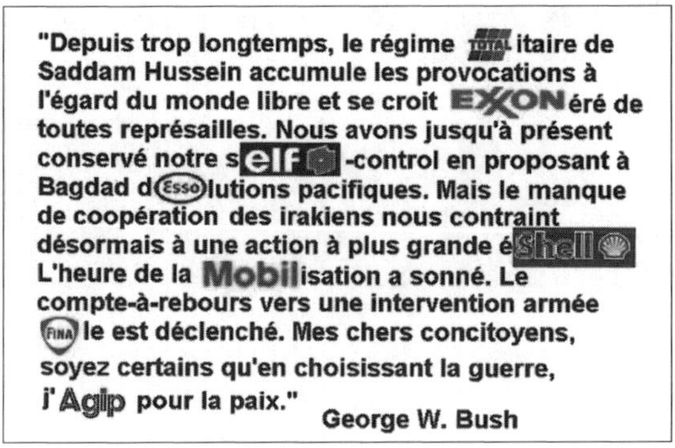

Ill. 59 : collage diffusé sur Internet.

Il faudra donc certainement surveiller le poids d'un phénomène qui a pris une envergure remarquable pendant ce conflit. À l'écart de l'espace médiatique traditionnel occupé par les professionnels de l'information, le citoyen ordinaire et anonyme s'est emparé du réseau Internet pour diffuser ses propres commentaires, sélectionner ses propres sources d'information, y compris celles de l'*autre*—tel le réseau qatarien Al Jazira, exemple notoire—, pour communiquer son propre point de vue sur les événements. De façon remarquable, il l'a fait autant par les mots que par les images. La guerre au Kosovo avait donné l'occasion des premiers usages du genre[5], mais avec une ampleur sans comparaison avec ce qui s'est passé ici. Légion sont ces montages numériques, reprenant soudain l'art du collage dadaïste, qui ont circulé par les messageries, les sites personnels et autres moyens non contrôlés à la disposition des particuliers. Après l'apparition des sites personnels, il y a là le signe supplémentaire d'une appropriation des langages, particulièrement celui de l'image, geste qui rappelle l'appropriation d'un autre média, un siècle plus tôt, celle de la photographie par la pratique amateur.

Pour le moment, il est bien impossible de mesurer tant la portée réelle d'une telle initiative sémiotique que celle d'un éventuel tarissement de la rhétorique médiatique. Reste aux citoyens et à leurs représentants un consensus partagé encore devant de mêmes émerveillements. Dans la nuit du 15 au 16 mai 2003, les Montréalais faisaient partie des privilégiés qui ont assisté à une éclipse totale de lune. Les photographes étaient là et, comme autrefois John Adams Whipple et Warren de la Rue, prenaient encore l'empreinte des phases de la lune. Pris à Quito, un cliché laisse sur toute histoire quelques points de suspension.

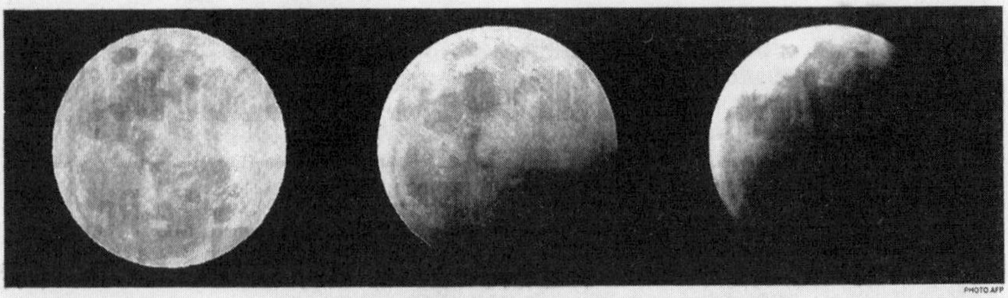

PHOTO AFP

La lune en spectacle

La lune s'est donnée en spectacle hier soir. À l'occasion de son éclipse totale, la première depuis janvier 2000, elle s'est glissée doucement dans l'ombre de la Terre. À Montréal, l'événement a débuté à 22 h 02 et s'est poursuivi jusqu'à 1 h 17 du matin. Entre 23 h 13 et 0 h 06, la lune a été entièrement plongée dans l'ombre de la Terre, prenant ainsi une teinte orangée. L'éclipse lunaire a aussi été visible de Quito, en Équateur, d'où a été prise la photo.

ill. 60 : Trois phases de la lune en 2003.

Notes

1. Sur une telle question, voir Martine Rouleau, *La photographie emblématique*, Maîtrise en communication, Université du Québec à Montréal, 2002.
2. *Métro,* Montréal, vol. 3, nº 26, 11-13 avril 2003.
3. La légende se lit comme suit : « Le tankiste américain, Terry Brake, se fait invectiver par une jeune Irakienne, Sama Samira, qui estime que l'invasion des troupes coalisées a créé le chaos dans le pays. Elle dit appuyer Saddam Hussein et refuser la présence américaine », *Métro, ibid.*
4. Casimir Malevitch (1878-1935), *Carré blanc sur fond blanc*, 1917, huile sur toile, 78,7 cm × 78,7 cm, New York, Museum of Modern Art. En 1915, Malevitch a peint d'abord un carré noir sur fond blanc. L'aboutissement *ultime* de sa démarche fut le carré blanc sur fond blanc, peint en 1917.
5. Voir à ce sujet Chantal Quesney, « L'utilisation d'Internet dans la guerre au Kosovo », dans Claude Beauregard, Alain Canuel et Jérôme Coutard, *Les médias et la guerre — de 1914 au World Trade Center*, Montréal, Méridien, 2002, p. 161-172.

BIBLIOGRAPHIE

Arago, François, *La daguerréotypie, rapport fait à l'Académie des Sciences de Paris le 19 août 1839*, reproduction de la publication dans le tome XXXV de *La France littéraire*, Paris, L'échoppe, 1839.

Baatz, Willfried, *Photography: An Illustrated Historical Overview*, New York, Barron's, 1997.

Barrois, Claude, *Les névroses traumatiques*, Paris, Dunod, 1988.

Barthes, Roland, *La chambre claire. Note sur la photographie*, Paris, Cahiers du cinéma/Gallimard/Seuil, 1980.

Baudelaire, Charles, *Variétés critiques: 1-La peinture romantique*, Paris, Éditions G. Crés et Cie, 1924.

Beauregard, Claude, « Intervention militaire à Oka: stratégie, communication et couverture de presse », *Canadian Military History*, vol. 2, nº 1, 993, p. 23-47.

Benjamin, Walter, « L'œuvre d'art à l'heure de sa reproductibilité technique », première version française, traduction des pages 40-46 du volume v de *Zeitschrift für Sozialforschung* par Pierre Klossowski en 1936, dans *L'homme, le langage, la culture*, Paris, Denoël-Gonthier, 1971.

Bernier, Serge, « Participation des Canadiens français aux combats: évaluation et tentative de qualification », *Bulletin d'histoire politique*, « La participation des Canadiens français à la Deuxième Guerre mondiale: mythes et réalités », Actes du colloque, 6-9 octobre 1994, vol. 3, nos 3-4, Montréal, AQHP et Septentrion, 1995, p. 13-24.

Brothers, Caroline, *War and Photgraphy*, London, Routledge, 1997.

Brown, Eleanor, « Les premières images par daguerréotype au monde — le photographe canadien Pierre Gustave Gaspard Joly de Lotbinière », *L'achiviste/The Archivist*, nº 118, 1999.

Char, Antoine, *Comme on fait son lead, on écrit*, Montréal, Presses de l'Université du Québec, 2002.

Charon, Jean-Marie (dir.), *L'état des médias*, avec la collaboration de Florian Sauvageau, Montréal et Paris, Boréal/La Découverte/Médiaspouvoirs, 1991.

Chéroux, Clément, « Vues du train, vision et mobilité au XIXe siècle », dans *Études photographiques*, vol. 1, nº 1, Paris, 1996, version en ligne : <http://www.sfp.fr>.

Colson, R., *Mémoires originaux des créateurs de la photographie*, Paris, Georges Carré et C. Naud, 1898, éd. en fac-similé, Paris, Jean-Michel Place, 1989.

Dagen, Philippe, *Le silence des peintres, les artistes face à la Grande Guerre*, Paris, Fayard, 1996.

De Bonville, Jean, *La Presse québécoise de 1884 à 1914, genèse d'un média de masse*, Québec, Presses de l'Université Laval, 1988.

Delporte, Christian, « Au miroir des médias », dans J.-P. Rioux et J.-F. Sirinelli (dir.), *La culture de masse en France de la Belle Époque à aujourd'hui*, Paris, Fayard, 2002.

Des Rivières, Marie-Josée, Châtelaine *et la littérature, (1960-1975)*, Montréal, L'Hexagone, 1992.

Ellul, Jacques, *Propagandes*, Paris, Économica, 1990.

État du monde 2002 (L'), annuaire économique géopolitique mondial, Paris/Montréal, La Découverte/Boréal, 2000.

Fulton, Marianne, *Eyes of Time, Photojournalism in America*, Boston/Toronto/London, A New York Society Book/Little, Brown and Company/International Museum of Photography at George Eastman House, 1988.

Gervereau, Laurent, *Les images qui mentent, histoire du visuel au XXe siècle*, Paris, Seuil, 2000.

Girard, Rodolphe, *Marie Calumet*, Montréal, Bibliothèque québécoise, [1904], 1990.

Hall, Roger, Gordon Dodds et Stanley Triggs, *The World of William Notman. The Nineteenth Century Through a Master's Lens*, Montreal, Roger Hall, Gordon Dodds and The Royal Institution for the Advancement of Learning/McGill University, 1993.

Head, Sydney W., *World Broadcasting Systems : A Comparative Analysis*, Belmont, Wadsworth Publishing Company, 1985.

Jean, François, *La rhétorique humanitaire : analyse d'un corpus publicitaire, 1994 à 2002*, Mémoire de maîtrise, Département de communication, Université du Québec à Montréal, 2003.

Lacasse, Germain, « La presse, le cinéma et la guerre 14-18 : écritures militantes et écritures résistantes », dans C. Beauregard et C. Saouter (dir.), *Conflits contemporains et médias*, Montréal, XYZ, 1997, p. 85-100.

Lafrance, J.-P. et C. Saouter (dir.), *Publicité automobile et sécurité routière*, rapport de recherche soumis à la Société d'assurance automobile du Québec, 1994.

Lavoie, Vincent, *L'instant-monument : du fait divers à l'humanitaire*, Montréal, Dazibao, 2001.

Le Marec, Gérard, *Les photos truquées, un siècle de propagande par l'image*, Paris, Atlas, 1985.

Leclerc, Hélène, *Domaine Joly de Lotbinière*, Montréal, Fides, 2002.

Legris, Renée, *Propagande de guerre et nationalisme dans le radio-feuilleton (1939-1955)*, Montréal, Fides, 1981.

Lessard, Michel, *Les Livernois photographes*, Québec, Musée du Québec/Québec agenda, 1987.

—, « La vogue des magazines illustrés », *Cap-aux-diamants*, Québec, vol. 3, n° 2, 1987.

—, « Les grands studios », dans *Photo Sélection*, Montréal, 1986.

Lipovestky, Gilles, « Espace privé, espace public à l'âge postmoderne », dans *Citoyenneté et urbanité*, Paris, éditions Esprit, 1991.

Malraux, André, *Les chênes qu'on abat...*, Paris, Gallimard, 1971.

McKay, Marjorie, *History of the National Film Board*, inédit, c. 1964.

Michaud, Yves, « Critique de la crédulité, la logique de la relation entre l'image et la réalité », *Études photographiques*, Paris, n° 12, 2002.

Naef, Weston J. et James N. Wood, « Photographers in Yosemite, 1861-1868 », dans *Era of Exploration, The Rise of Lanscape Photography in the American West, 1860-1885*, Buffalo, Albright-Knox Art Gallery, c. 1975, p. 34-69.

Payne, Carol, « Un document canadien, le Service de la photographie à l'Office national du film », dans *A Canadian Document/Un document canadien*, Ottawa, Musée canadien de la photographie contemporaine, 1999.

Paysages photographiés, mission photographique de la Délégation à l'aménagement du territoire et à l'action régionale (DATAR), conçue et dirigée par Bernard Latarjet et François Hers, Paris, Hazan, 1989.

Puisieux, Hélène, *Les figures de la guerre, représentations et sensibilités 1839-1996*, Paris, Gallimard, 1997.

Raboy, Marc, en collaboration avec Geneviève Grimard, *Les médias québécois, presse, radio, télévision, inforoute*, Montréal/Paris, Gaëtan Morin éditeur, 2000.

Reboul, Olivier, *Langage et idéologies*, Paris, Presses Universitaires de France, 1980.

Ricard, François, « *La Revue Moderne* : deux revues en une », dans *Littératures*, n° 7, 1991, p. 77-85.

Robertson, Peter, « Canadian Photojournalism During the First World War », *History of Photography*, vol. 2, n° 1, 1978, p. 37-52.

Robin, Marie-Monique, *Les 100 photos du siècle*, Paris, éditions du Chêne/Hachette Livre, 1999.

Rodger, Andrew C., « Amateur Photography by Soldiers of the Canadian Expeditionary Force », *Archivaria, The Journal of the Association of Canadian Archivists*, n° 26, 1988.

Roger, Alain, *Court traité du paysage*, Paris, Gallimard, 1997.

Rouleau, Martine, *La photographie emblématique*, Maîtrise en communication, Université du Québec à Montréal, 2002.

Saouter, Catherine, « Les Pères de la Confédération : photographie, peinture et représentation », *Revue d'histoire de la culture matérielle*, 2000.

—, « Des mises en scène de la mémoire : les albums-souvenirs de la tempête de verglas », dans Danielle Maisonneuve, Catherine Saouter et Antoine Char (dir.), *Communications en temps de crise*, Actes du colloque, UQAM 28-29 janvier 1999, Sainte-Foy, Presses de l'Université du Québec, 1999.

—, « Images emblématiques : le photojournalisme et la guerre », dans Claude Beauregard et Catherine Saouter (dir.), *Conflits contemporains et médias*, Montréal, XYZ éditeur, 1997, p. 169-181.

—, « La guerre, le documentaire et l'Office national du film : les risques de la rhétorique », dans C. Saouter (dir.), *Le documentaire, contestation et propagande*, Montréal, XYZ éditeur, 1996, p. 143-158.

—, « *Le Matou* de Yves Beauchemin, du fait littéraire à la chaîne de production-médias », *Voix et images*, n° 36, 1987.

— et Claude Beauregard, « La couverture photographique du conflit au Kosovo en 1999 », dans Claude Beauregard, Alain Canuel et Jérôme Coutard (dir.), *Les médias et la guerre, de 1914 au World Trade Center*, Montréal, Méridien, 2002, p. 173-189.

— et Yvon Laplante, « Oka et Rwanda : la *mise en média* de l'image du soldat », dans A. Comeau et J.-P. Gagnon (dir.), *Le Canada français et les conflits contemporains*, colloque de l'Association québécoise d'histoire politique et de l'Association canadienne d'histoire, UQAM, 1995.

Scheinberg, Ellen, « Images de la nation : le programme d'immigration et l'utilisation des diapositives », *L'archiviste/The Archivist*, n° 111, 1996, p. 13-24.

Summers, Frances J., « La réception critique du *Matou* », *Voix et images*, n° 36, 1987.

Wade, Mason, *Les Canadiens français*, Ottawa, Le Cercle du livre de France, 2e édition, 1966.

Williamson, Moncrieff, *Robert Harris 1849-1919 : A Unconventional Biography*, Toronto/Montreal, McClelland and Stewart, 1970.

Young, William Robert, *Making the True Graphic : The Canadian Government's Home Front Information Structure and Programs During World War II*, Thèse de doctorat, Department of History, University of British Colombia, 1978.

Sites Internet

National Geographic Society : <http://www.nationalgeographic.com>

Musée McCord : <http://www.musee-mccord.qc.ca>

Archives nationales du Canada : <http://www.anq.gouv.qc.ca>

Médiamétrie, spécialiste de la mesure d'audience : <http://www.mediametrie.fr>

Statistique Canada : <http://www.statcan.ca/start_f.html>

Cyberpresse : <http://www.cyberpresse.ca>

Reporters sans frontières : <http://www.rsf.fr>

Société française de production : <http://www.sfp.fr>

LISTE DES ILLUSTRATIONS

Chapitre 1

1864. Photographed by Livernois. Entered according to Act of the Provincial Legislature in the year 1864, by J. B. Livernois, in the Office of the Registrar of the Province of Canada. 4,5V.c.61s.6. CA du Qc, Fonds J. E. Livernois Ltée, P560, S2, P300298, n° 05855.

10. Robert Harris, Cartoon for « *Meeting of the Delegates of British North America to Settle the Terms of Confederation, Quebec, October 1864*, « *Carton pour la réunion des délégués de l'Amérique du Nord britannique devant régler les conditions de la Confédération, Québec, octobre 1864* », 1883, fusain et sanguine sur vélin, 160,02 × 361,95 cm, Musée des Beaux-Arts du Canada, n° 26955, acquis en 1981, don de la Chambre des communes, gouvernement du Canada.

Chapitre 2

11. *Canadian Illustrated News*, page couverture, 12 août 1871, Bibliothèque nationale du Québec.
12. *Sea bathing, Canadian Illustrated News*, 12 août 1871, Bibliothèque nationale du Québec.
13. Albéric Bourgeois, *Comment on fait un journal, La Presse*, 3 septembre 1910, Archives nationales du Québec.
14. Raoul Barré, *Pour un dîner de Noël, La Presse*, 20 décembre 1902, Archives nationales du Québec.
15. *Dans la bataille : la contre-attaque française/Les assaillants ont été arrêtés, leur flot se retire, et c'est sur un terrain jonché de cadavres allemands qu'avance à la baïonnette notre infanterie, précédée par une ligne de grenadiers et par nos aviateurs, volant très bas en mitraillant l'ennemi/Dessin de J. Simot, d'après le récit d'un blessé, L'Illustration*, 20 avril 1918.
16. Alexander Gardner, *A contrast : Federal buried, Confederate unburied, were they fell, on the battle field of Antietam, 1862.*
17. *Little Drummer Boy, Harper's Weekly*, 18 octobre 1862.
18. View of the first exhibition of Canadian Battle Picture taken at Grafton Galleries. Photographe : inconnu. ANC, C18848.
19. William Rider Rider, *Canadians entering The Square in Cambrai (France), Three sides of it on fire. Advance East of Arras. October 1918*, Archives nationales du Canada, PA 40 229.
20. Alexander Gardner, *Ruines du moulin de Gallejo, Richmond, avril 1865*, New York, Metropolitan Museum.
21. William Rider Rider, *(Belgian) A Canadian pacifies a little Belgian baby near Mons, whose Mother was killed by an enemy shell ; the child was wounded in its mother's arms. The father is seen in the picture. Novembre 1918.* Archives nationales du Canada, PA 3538.

Chapitre 3

Chapitre 4

41. Alexander Gardner, *Antietam, 17 septembre 1862*, Library of Congress, Civil War photographs.
42. *Argonne, c. 1914 ; le 23e d'infanterie de la 2e division tirant avec un 37 mm sur une position allemande*, anonyme, c. 1914.
43. Robert Capa, *À Cerro Muriano, vers le 5 septembre 1936*, © Robert Capa/Magnum Photos.
44. *Omaha Beach, 6 juin 1944*, Robert Capa, © Robert Capa/Magnum Photos.
45. *La prise d'Iwo Jimo*, Joe Rosenthal, 23 février 1945, © Joe Rosenthal/Associated Press.
46. David Douglas Ducan, *G.I. en Corée*, 1950, © D. D. Duncan.
47. David C. Turnley, *Soldats américains à bord d'un hélicoptère, guerre du Golfe, 1991.*

Chapitre 5

48. Albert Chartier, *Onésime*, *Le Bulletin des agriculteurs*, juin 1975, Bibliothèque nationale du Québec.
49. Page couverture, *Dernière heure, le nouveau magazine de l'actualité québécoise*, 29 juillet 1995. Photo : Shaney Komulainen/Canadian Press, coll. particulière.
50. Eduard Munch, *Geschrei (Le cri)*, 1895.
51. Anthony Jenkins, *sans titre*, The Globe and Mail, septembre 2001.
52. Cost, *sans titre*, *Le soir*, 13 septembre 2001.
53. Page de la une, *Le Devoir*, 12 septembre 2001. Photo : Peter Morgan. © Peter Morgan/Reuters.
54. « Le paradoxe des deux tours », *La Presse*, 13 septembre 2001 ; © Associated Press.
55. Tom Franklin, 11 septembre 2001, 17 h 01, *Ground Zero*, *La Presse*, 12 septembre 2001 ; © Tom Franklin/Associated Press.
56. Serge Chapleau, *Est-ce que quelqu'un a vu Ben?*, *La Presse*, 25 septembre 2002.

Conclusion

57. *Le tankiste américain, Terry Brake, se fait invectiver par une jeune Irakienne, Sama Samira, qui estime que l'invasion des troupes coalisées a créé le chaos dans le pays. Elle dit appuyer Saddam Hussein et refuser la présence américaine*, *Métro*, week-end du 11 au 13 avril 2003 ; © Métro.
58. Chapleau, *19 mars 2003, 22 h 15*, *La Presse*, 20 mars 2003.
59. Collage diffussé sur Internet.
60. *La lune en spectacle*, *La Presse*, 16 mai 2003 ; © Agence France-Presse.

TABLE DES MATIÈRES

Autres titres disponibles dans la collection Paramètres

Agrippine, Arthur et compagnie
Sous la direction de Mario Proulx, Nicole Cardinal et Lorraine Camerlain
En collaboration avec les Belles Soirées de la Faculté d'éducation permanente de l'Université de Montréal et la chaîne culturelle de Radio-Canada

Alimentation et vieillissement
Guylaine Ferland

L'autoformation
Pour apprendre autrement
Nicole Anne Tremblay

Éléments de logique contemporaine
Deuxième édition
François Lepage

L'éthique de la recherche
Guide pour le chercheur en sciences de la santé
Hubert Doucet

Éthique de l'information
Fondements et pratiques au Québec depuis 1960
Armande Saint-Jean

La face cachée de l'organisation
Groupes, cliques et clans
Luc Brunet et André Savoie

Faire dire
L'interview à la radio-télévision
Claude Sauvé
En collaboration avec Jacques Beauchesne

La gestion des ressources humaines dans les organisations publiques
Louise Lemire et Yves-C. Gagnon

Immigration et diversité à l'école
Le débat québécois dans une perspective comparative
Marie Mc Andrew

L'interaction professionnelle
Efficacité et coopération
Yves St-Arnaud

Introduction à la victimologie
Jo-Anne Wemmers

Introduction aux relations internationales
Diane Éthier avec la collaboration de Marie-Joëlle Zahar

Lexicologie et sémantique lexicale
Notions fondamentales
Alain Polguère

Le modèle ludique
Le jeu, l'enfant avec déficience physique et l'ergothérapie
Troisième édition
FRANCINE FERLAND

Pour comprendre le nationalisme au Québec et ailleurs
DENIS MONIÈRE

La psychocriminologie
Apports psychanalytiques et applications cliniques
DIANNE CASONI et LOUIS BRUNET

La radio à l'ère de la convergence
Textes présentés lors du colloque tenu à l'Université d'Ottawa le 11 octobre 2000
En collaboration avec la chaîne culturelle de Radio-Canada

Le régime monétaire canadien
Institutions, théories et politiques
Nouvelle édition
BERNARD ÉLIE

Savoir entreprendre
Douze modèles de réussite
Études de cas
LOUIS JACQUES FILION

Séduire par les mots
Pour des communications publiques efficaces
JEAN DUMAS

Le système politique américain
Nouvelle édition
Sous la direction d'EDMOND ORBAN et MICHEL FORTMANN

Les temps du paysage
Sous la direction de PHILIPPE POULLAOUEC-GONIDEC, SYLVAIN PAQUETTE et GÉRALD DOMON

L'univers social des adolescents
MICHEL CLAES

Les visages de la police
Pratiques et perceptions
JEAN-PAUL BRODEUR

Transcontinental
IMPRESSION
IMPRIMERIE GAGNÉ